湖北省社科基金一般项目"武汉城市圈土地资源空间异质性与差别化土地管理研究"（编号2015097）

教育部人文社会科学研究一般项目"土地资源空间异质性、作用机制及差别化土地政策研究：以武汉城市圈为例"（编号16YJC790133）

中南财经政法大学公共管理文库

土地资源空间异质性与差别化土地管理研究

武汉城市圈的实证分析

张俊峰　著

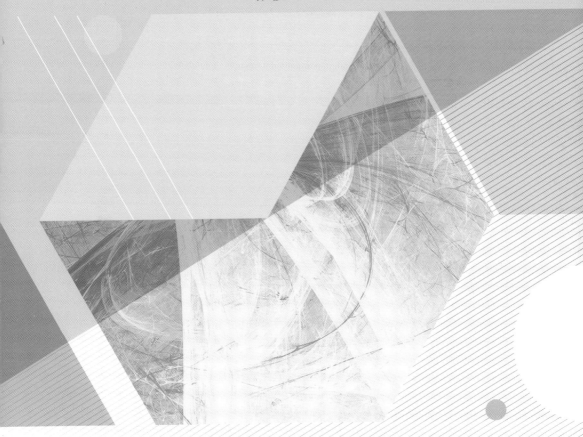

中国社会科学出版社

图书在版编目（CIP）数据

土地资源空间异质性与差别化土地管理研究：武汉城市圈的实证分析／张俊峰著．
—北京：中国社会科学出版社，2018.4

（中南财经政法大学公共管理文库）

ISBN 978-7-5203-2097-9

Ⅰ.①土…　Ⅱ.①张…　Ⅲ.①土地资源—异质—特性—研究—武汉②土地资源—
土地管理—研究—武汉　Ⅳ.①F323.211

中国版本图书馆 CIP 数据核字（2018）第 033687 号

出 版 人	赵剑英
责任编辑	李庆红
责任校对	李　剑
责任印制	王　超

出　　　版	中国社会科学出版社
社　　　址	北京鼓楼西大街甲 158 号
邮　　　编	100720
网　　　址	http：//www.csspw.cn
发 行 部	010-84083685
门 市 部	010-84029450
经　　　销	新华书店及其他书店

印　　　刷	北京明恒达印务有限公司
装　　　订	廊坊市广阳区广增装订厂
版　　　次	2018 年 4 月第 1 版
印　　　次	2018 年 4 月第 1 次印刷

开　　　本	710×1000　1/16
印　　　张	14.5
插　　　页	2
字　　　数	245 千字
定　　　价	59.00 元

凡购买中国社会科学出版社图书，如有质量问题请与本社营销中心联系调换
电话：010-84083683

序　言

当前，我国土地利用呈现出多样化、精细化、复杂化特征，区域土地资源数量、质量、结构、区位等空间异质性明显，区域非均衡发展日趋显著。如果采用普适性土地政策或统一化土地管理模式，必然难以发挥土地资源比较优势，造成土地供需不平衡、资源配置和利用效率低下。近年来，国家部委陆续制定和出台了一系列推进差别化管理的政策与文件，引导并要求根据区域社会经济发展状况和土地资源禀赋差异，实施差别化土地管理。但是，目前我国差别化土地管理还处于探索阶段，相关理论体系与政策措施尚不完善，全国性推广实施还存在技术障碍。因此，非常有必要探讨土地资源空间上的差异性、作用机制，进而创新差别化土地管理模式，推动差别化土地政策全面实施。

本书在区域差异、政策诉求、技术障碍三重背景下，建立了"资源是基础—异质是本质—差别化为手段—效率是目的—公平是保障"的分析框架，系统研究土地资源空间异质性及其对土地利用与管理的作用机制与路径，在此基础上构建集时空、地类、产业、管制、部门等于一体的差别化土地管理模式，并完善差别化土地政策支撑体系。本书拟解决的重点问题有三个：

一是土地资源空间异质性综合测度与传导机制。我国土地资源空间异质性普遍存在，在对土地的利用与管理中需要考虑土地资源的空间异质性，提高土地管理的针对性和有效性。目前，土地资源空间异质性的相关研究多通过单项指标或单一属性刻画土地资源空间异质性，割裂了土地资源的整体性、相关性、多属性等特性。土地资源被赋予自然和社会双重属性，是高度分化的资源类型，无疑又增加了土地资源空间异质性的测算难度。本书拟从资源属性角度出发，在界定土地资源空间异质性内涵的基础上，梳理土地资源空间异质性形成机理，通过表征土地资源数量、质量、结构、区位及其空间匹配关系，构建土地资源空间异质性测度模型，进而测度土地资源空间异质程度，并进一步对土地资源空间异质性影响土地资源管理的机制与路径进行实证检验与理论探讨，为差别化土地管理提供技术依据。

二是土地资源对经济增长贡献的空间异质性。根据经济增长理论，经济增长中存在马尔萨斯技术和索洛技术，经济发展初期，土地是重要的生产要素，促进了经济增长。随着经济发展和科技水平的提高，土地要素对经济增长的贡献作用开始降低。在马尔萨斯增长时期，土地作为基础投入要素对经济增长贡献很大，后马尔萨斯阶段和现代持续增长阶段，人力资本、人口结构和技术进步及其相互作用是经济增长的重要原因，土地要素的贡献有限。因此，现阶段土地要素投入能否促进经济增长，直接影响土地资源的配置方式与管理模式。本书首先通过对土地与总体经济增长的实证关系研究，判定土地资源对总体经济增长的贡献作用，验证土地资源能否促进经济增长。其次分阶段测算土地要素对经济增长的贡献，分析不同发展阶段土地要素对经济增长贡献率的差异。最后分地区测算土地要素对经济增长的贡献并探讨其空间异质性。

三是差别化土地管理模式与政策支撑体系。差别化土地管理已经成为新时期国土管理的战略选择，是土地管理适应社会经济发展、经济结构方式转变的现实要求。目前全国土地差别化政策的大体框架已经明确，即区域差别化、产业差别化和管理差别化，但是差别化土地政策制度还处于探索阶段，差别化土地管理理论与体系尚未完善，全国性推广实施仍有困难。本书在阐述差别化土地管理经济原理、内涵、目标的基础上，设计了差别化土地管理政策框架，按照框架体系分别从建设用地差别化管理、产业供地差别化管理和土地用途差别化管制三个方面对差别化土地管理模式的内容、实施路径、预期效果进行了探究。为保障差别化土地管理模式顺利执行，同时兼顾区域均衡发展与社会公平，本书从差别化土地管理模式的试点政策、补偿政策和监管政策三个方面建立和完善了差别化土地管理政策支撑体系。

相较于以往研究，本书可能的创新点有三个：一是研究思路与分析框架的创新。我们构建了"资源是基础—异质性是本质—差别化为手段—效率为目的—公平是保障"的整体分析框架，按照"问题分析—模型构建—管理创新—政策体系设计"的总体思路，在探讨土地资源空间异质性的基础上，构建差别化土地管理模式，同时配套差别化土地管理政策支撑体系，兼顾了效率与公平。二是土地资源空间异质性的测度。我们从资源经济学角度分析土地资源空间异质性内涵和形成机理，构建土地资源空间异质性测度模型，实现了土地资源空间异质性综合测度，为土地资源空间异质性测度提供了可行的参考。三是差别化土地管理模式的构建。本书从建设用地差别化管理、产业供地差别化管理、土地用途差别化管制三个方面构建集时间、空间、地类、产业、部门等于一体的差别化土地管理模式，确立了差别化土地管理框架体系、丰富了差别化土地管理内容，也是对传统土地管理模式的创新。

　　本书脱胎于笔者的博士论文，该书的出版为探索区域土地资源空间差异问题提供了新的研究思路与方法，丰富了差别化土地管理的理论与内容，为差别化政策设计提供了技术依据，能够推动土地管理制度和相关机制体制改革。在此要感谢我的导师张安录教授，该书的出版凝聚了他的智慧和汗水。该研究工作还得到了湖北省社科基金一般项目（2015097）和教育部人文社会科学研究一般项目（16YJC790133）的资助，在此表示感谢。我希望该书的出版能够推进土地资源空间异质性深入研究和差别化土地政策的全面实施，同时为热衷于土地利用与管理问题的研究者和管理者提供参考。由于水平有限，书中错误和缺点在所难免，还请广大读者不吝赐教。

张俊峰

2017 年春于文泉楼

目　　录

第一章 绪论

第一节 研究背景

一 区域差异现状与趋势

我国幅员辽阔,地形地貌复杂,自然条件和人文地理差异很大,加上城镇化、工业化进程中资源利用方式与管理模式以及相关政策制度的差异,造成区域社会经济发展存在显著差异,且这一差异主要体现在行政区划与城乡二元结构上。

在行政区划差异方面,我国不同省份之间由于社会经济发展阶段、水平、速度不同,同一省份不同市(县)社会经济发展阶段、水平、速度等也不尽相同,总体形成了我国区域社会经济的差异。按照省、市、县、乡的管理体系,我国分为 34 个省级行政区(23 个省、4 个直辖市、5 个自治区和 2 个特别行政区),333 个地级行政区以及 2800 多个县级行政区。由于自然地理文化以及管理方式与水平的不同,各省、市、县等行政区之间社会经济发展存在明显的差异。首先是社会经济发展水平的差异。以 32 个省级行政区为例(不包括港澳特别行政区),2012 年,广东省生产总值最高,达到 5.71 万亿元,江苏省和山东省也在 5 万亿元以上,然后依次是浙江省 3.47 万亿元、河南省 2.96 万亿元等,新疆、贵州、甘肃、海南、宁夏、青海、西藏等地均未过万亿元,其中西藏不足千亿元,广东省 GDP 是西藏的八十多倍。从人均 GDP 来看,2012 年人均 GDP 居前三位的天津、北京、上海均在 8 万元以上,排名紧随其后的江苏、内蒙古、浙江等均在 6 万元以下,排名靠后的西藏、云南、甘肃、贵州等均不足 2.5 万元,其中贵州不足 2 万元,天津人均 GDP 是贵州的近 5 倍。可见,我国省级层面社会经济发展强弱差异显著,各省份之间的梯度差异也

比较明显。其次是社会经济发展速度的差异。以人均 GDP 年均增长速度
来衡量社会经济发展水平，2012 年，我国省级层面人均 GDP 年均增长速
度最快的是贵州省，达到 19.65%，然后依次是云南、陕西，增速在 15%
以上，而浙江、广东、上海等地区人均 GDP 增长速度较慢，均在 7% 以
下，其中上海仅为 3.68%，与贵州、云南、陕西等地差距甚大。而且，
同一省份不同市（县）之间的社会经济差异也尤为明显。以湖北省为例，
2012 年，武汉市人均 GDP 最高达到 7.95 万元，而最低的黄冈市却不足 2
万元，仅约为前者的 1/4。我国省级行政区数量远不及市（县）数量，市
（县）之间的社会经济差异更为显著。同样以人均 GDP 为衡量标准，可
以发现，克拉玛依市人均 GDP 是和田市的二十多倍，区域差异较省级层
面更为明显。

在城乡二元结构方面，我国早期实行计划经济体制，因此最终形成了
城乡二元体制。城乡二元体制阻碍了城乡资源要素的流动，尤其是农村资
源要素的流动，导致农村发展受限，城镇盲目扩张、畸形发展，城乡差距
逐步拉大。虽然近年来我国不断开展缩小城乡差距的实践探索，推进城乡
二元体制改革，促进城乡协调发展，但当前我国城镇和农村社会经济发展
阶段、水平、速度与方式仍存在不同程度的差距，城镇社会经济发展质量
远远高于农村，城乡差距依然显著。这一点从城乡收入差距比上可以看
出，2012 年我国 31 个省份城乡收入差距比均在 2 以上，城乡收入差距比
最大值接近 4，城镇居民人均可支配收入增长速度也仅仅略低于农村居民
人均纯收入增长速度，我国城乡差距仍将长期存在。

综上所述，我国区域社会经济发展存在显著差异，需要实施差别化管
理来缩小区域社会经济差异，促进区域社会经济协调、均衡发展，保障社
会公平。土地作为基础资源承载着人类的实践活动。土地资源高效利用与
管理能够节约资源、促进要素流动、优化资源配置，为社会经济持续、快
速发展提供要素投入，而社会经济发展也改变着土地利用方式、程度、效
率以及土地管理模式。土地资源利用与管理和社会经济发展密切相关，并
相互影响。因此，差别化土地管理政策与模式，能够有效控制城镇过度扩
张，促进城乡要素流动，是统筹城乡发展、促进区域均衡的重要途径。

二 差别化政策诉求

我国土地资源总量紧缺，耕地后备资源不足，人均耕地面积偏少。随

着城镇化进程的加快，城镇规模不断扩张，建设用地占用耕地面积不断增加，农地"非农化、非粮化"现象普遍。而建设用地规模盲目扩张，又导致土地利用效率不高、土地资源浪费严重、违规违法用地增多。为缓解建设用地需求矛盾，落实耕地保护制度，保障国家粮食安全，促进区域经济社会持续、协调发展和土地资源集约节约利用，近年来，国家政策层面不断提出制定并实施差别化土地政策，差别化土地政策已经成为我国土地管理的重要战略选择。国务院审议并通过的《全国土地利用总体规划纲要（2006—2020年）》明确提出了"强化土地利用总体规划的整体控制作用，落实差别化的土地利用计划政策""制定和实施差别化的土地利用政策，促进主体功能区的形成"的目标任务，并进一步强调要根据区域土地利用现状与潜力、资源的承载能力，综合考虑区域经济发展、产业布局、人口空间分布以及土地开发空间格局，制定和实施差别化的土地利用政策，确定各地的耕地保有量、基本农田保护面积、城乡建设用地规模等土地利用约束性指标，以及园地、林地等预期性指标（国务院，2008）。2010年国务院颁布实施了《全国主体功能区规划》（国发〔2010〕46号），要求根据各功能区的主体功能定位以及发展方向，实行分类管理模式和精细化区域政策，为差别化土地利用和土地管理政策提供了基础与平台，保障土地空间管理更加具有针对性、有效性和公平性。2011年，国土资源部印发的《国土资源"十二五"规划纲要》中强调要实施差别化的供地政策，坚持区别对待、分类管理，提高供地政策的针对性和灵活性。2012年，国土资源部正式出台了《关于推进土地利用计划差别化管理的意见》（国土资发〔2012〕141号），推进了计划差别化管理措施的实施，正式落实了计划差别化管理政策。由国土资源部牵头，国家发展改革委、环保部、住建部等27部委联合参与编制的《全国国土规划纲要（2014—2030年）》也已颁布，该纲要中明确指出，针对中西部不同地区，实行"一省一策"的差别化土地管理政策。国家政策的引导与要求以及差别化土地政策的不断出台，表明差别化土地政策已经是新时期土地管理的战略选择，是土地管理适应社会经济发展、促进产业结构升级转型、转变经济发展结构的内在要求和助推器。

三　差别化管理技术障碍

当前差别化土地管理还存在一些技术难题，要求对差别化土地政策与管理模式不断进行完善，最大程度发挥差别化土地管理政策效益。差别化土地管理技术性障碍主要表现在土地资源非均质性和差别化土地管理理论体系两个方面。一方面，土地资源是非均质的，存在空间异质性。土地管理需要根据资源特性与区域社会经济发展需求优化土地资源配置，促进土地资源高效利用。但是区域土地资源数量、质量、结构、区位等存在差异，社会经济发展阶段与水平不一，如果按照统一的管理模式进行管理，难以提高土地资源利用效率。而传统的土地管理模式普适性强、针对性不足，很少兼顾土地资源空间异质性，进行分类管理与精细化管理，资源配置效率不高。因此，差别化土地管理必须考虑资源空间异质性，实行分类管理、精细化管理，解决普适性管理模式所带来的低效利用问题。另一方面，差别化土地管理理论体系需要进一步完善，为差别化土地管理政策的制定与实施提供技术依据。国家部委明确提出了实行差别化土地政策，出台了相关政策与指导意见，为差别化土地政策制定与实施指明了方向、提供了基础平台。同时也选取了一些行业和区域进行试点，颁布并实施了土地利用计划差别化管理的实施意见，为差别化土地政策全国性推广实施提供了参考和借鉴。但是差别化土地政策与管理涉及产业结构、经济发展、基础设施建设、土地开发、城镇化建设等内容，覆盖面广，还需要不断创新与完善。一是要界定差别化土地管理内涵，明确差别化土地管理框架体系与内容。虽然当前差别化土地政策提得较多，但是对差别化土地管理政策的认识和见解还存在分歧，缺乏统一的认识。而且，当前差别化土地管理框架体系也尚未明确，差别化政策仅在土地税收、土地供应、土地利用计划等土地管理活动中经常被提出。但差别化土地管理内容涉及土地利用与管理有关的各类活动，包括农业生产、城镇化建设、产业结构调整、经济转型、基础设施建设等，应尽快建立差别化土地管理框架体系，明确差别化土地管理内容。二是差别化土地管理技术和配套政策需要进一步完善。差别化土地管理是经济社会发展的新要求，需要转变传统的土地管理模式与职能，可视化、动态化监管技术以及精细化、系统化管理方式将被广泛运用，以提高土地管理的技术水平。另外，差别化土地管理政策是土地管理相关机制与制度的改革，涉及面广，需要不断完善差别化土地管理的配套政策，保障差别化土地管理政策顺利实施。

综上可知，我国区域社会经济的差异要求实行更为精细化、有针对性、有效的土地管理模式，促进区域社会经济协调、均衡发展。近年来，一系列推进差别化土地管理的政策措施和指导文件的发布，为差别化土地管理提供了政策和制度环境，同时也凸显了差别化土地管理的政策诉求。但是目前差别化土地管理政策在全国推广实施还存在技术障碍，难以最大程度发挥效益，需要进一步深入研究。本书在区域差异、政策诉求、土地管理技术三重背景下，从资源经济学的角度入手，在全面分析土地资源数量、质量、结构、区位、组合等属性异质性的基础上，定量刻画土地资源空间异质性，探讨资源异质性与土地管理的关系；结合宏观和微观尺度的异质性，从建设用地差别化管理、产业供地差别化管理和土地用途差别化管制三个方面构建差别化土地管理模式，促进土地资源高效利用，同时完善差别化土地管理模式政策支撑体系，保障差别化土地管理政策顺利实施，并兼顾社会公平。

第二节 研究目的与意义

一 研究目的

差别化土地政策能够优化土地资源配置、提高土地资源利用效率，是统筹区域均衡发展、缩小地区差异的重要调控手段，也是当前土地管理适应社会经济发展的新要求和新选择。但目前差别化土地政策体系和技术手段并不完善，需要不断丰富差别化土地管理内容，创新差别化土地管理模式。因此，本书主要研究目的为：一是探讨土地资源空间异质性及其对土地管理的传导机制，以期为土地管理提供技术依据；二是构建差别化土地管理模式，提高土地资源利用效率，同时建立和完善差别化土地管理政策支撑体系，保障差别化管理模式顺利实施，兼顾社会公平。具体研究任务有：

（1）全面了解和掌握区域土地资源结构、数量、效益等的差异性与特征，梳理区域土地管理制度与运行机制，对区域土地利用与管理存在的问题进行深入剖析，为研究土地资源空间异质性和差别化土地管理模式提供基础依据。

（2）界定土地资源空间异质性内涵，分析其形成机理与特征，探讨土地资源空间异质性与土地利用、经济水平以及产业发展的关系。空间异质性的形成和发展是一种客观现象，资源禀赋，资源诅咒，资源数量、质量和结构以及资源空间组合多样性等都会在一定程度上造成资源在空间上的不均衡性，影响资源利用与管理，需要对土地资源空间异质性内涵、形成机理及其特征进行探讨。

（3）探究土地资源空间异质性对土地管理的作用机制与传导路径，为差别化土地管理模式构建提供依据。均质是相对的，异质是绝对的，资源的异质性是造成区域经济发展、产业结构、资源利用效率等差异的本质原因，是资源利用与管理的重要依据，有必要对土地资源空间异质性影响土地资源利用与管理的机制进行探讨，为制定差别化土地政策提供技术依据。

（4）构建集时间、空间、地类、产业、管制、部门等于一体的差别化土地管理模式，提高土地资源利用与管理效率。土地资源利用与管理存在空间交互作用或空间效应，如果忽略这种空间效应的影响，就会造成资源低效利用。同时，土地资源利用与管理涉及产业、地类、粮食安全、经济发展、社会建设、城镇化进程等众多领域，需要构建集时间、空间、地类、产业、管制、部门等于一体的差别化土地管理模式，有针对性、有差别地进行土地管理。

（5）建立和完善差别化土地管理政策支撑体系，保障差别化土地管理模式的顺利实施。实行差别化土地管理必须注意以下几个问题：首先是公平性问题。享受差别化政策优惠的区域，资源利用效率更高，区域发展相对迅速，而对由于区域限制或者其他原因不能享受差别化政策优惠的区域，要给予一定的补偿，保障区域均衡发展。其次是差别化土地政策的实施问题。差别化土地政策是惠及整个区域的政策，目前尚处于探索阶段，并没有成熟的体系和可套用的经验，所以差别化政策应从试点开始，稳步推进。最后是差别化政策的绩效问题。差别化政策实施需要建立可行的监督预警体系，定期对政策执行效果、运行绩效进行评估，及时发现并解决问题，提高差别化土地管理水平。

二　研究意义

《全国土地利用总体规划纲要（2006—2020年）》《国土资源"十二五"规划纲要》《全国主体功能区规划》等均提出并强调要实施差别化土地管理政策，说明当前实行差别化土地管理政策的迫切需求和重要性。国土资源部和国家发展改革委已经在江苏、河南、甘肃等地开展调研，研究在全国范围内推广实施土地差别化政策的可能性，同时探索建立与产业政策、金融政策和财税政策相结合的、有保有控的差别化土地调控政策体系。实行区域差别化、产业差别化和管理差别化的土地政策，一方面能够调整区域经济结构，平衡区域经济社会发展；另一方面能够提高土地资源集约节约利用水平，促进土地资源高效利用，确保 18 亿亩耕地红线。因此，差别化土地政策已成为土地管理新的战略选择。本书从资源经济学角度出发，在分析土地资源空间异质性的基础上，构建集时空、产业、地类、部门等于一体的差别化土地管理模式，并完善差别化土地管理政策支撑体系，具有重要的理论与现实意义。①明确土地资源空间异质性内涵与形成机理，综合测度土地资源空间异质性，探讨土地资源空间异质性对土地管理的作用机制与路径，能够了解不同区域土地资源利用的方式、特征，在异质中寻求均质区域，为土地管理方式改进与政策制定提供依据。②集时空、地类、产业、管制、部门等于一体的差别化土地管理模式，能够因地制宜、因时制宜地管理土地资源，统筹产业、经济、社会、区域等协调发展，促进土地资源高效利用，加速产业结构升级和经济方式转变。③差别化土地政策是"区域差别化、产业差别化和管理差别化"土地政策体系的重要内容，本书通过对差别化土地管理内涵的界定、框架的建立以及模式的创新，丰富了差别化土地管理内容，为当前差别化土地政策改进与创新指明了方向。④通过建立和完善差别化土地管理试点、补偿、监管政策支撑体系，能够保障差别化土地管理的顺利实施，同时为土地管理制度和相关机制提供改革基础，进而推动相关体制机制改革。

第三节　研究内容与方法

一　研究内容

本书在界定和分析土地资源空间异质性内涵与形成机理的基础上，综合测度土地资源空间异质性程度，探讨土地资源空间异质性与土地管理的传导机制与路径，并在此基础上构建包括建设用地、产业供地和土地用途管制等内容的差别化土地管理模式，以提高土地资源利用与管理效率，同时建立和完善差别化土地管理模式的相关政策体系，保障差别化土地政策的执行和社会公平。

本书的内容安排如下：

第一章为绪论，该部分介绍本书研究背景、研究目的与意义、研究内容与方法、分析框架与思路以及可能的创新。

第二章为理论基础与相关研究进展。该部分主要介绍本书编写的理论基础以及土地资源空间异质性和差别化土地管理的相关研究进展。

第三章为武汉城市圈土地利用差异与管理制度改革。主要介绍武汉城市圈的自然地理和社会经济条件、土地利用与管理现状、土地利用与管理中存在的问题以及实施差别化土地管理的必要性。

第四章为土地资源空间异质性内涵、机理与测度。主要研究内容为土地资源空间异质性内涵界定、形成机理分析、综合测度及空间异质性特征分析。本章首先从资源经济学角度界定了土地资源空间异质性内涵，分析了土地资源空间异质性形成机理，在此基础上构建了土地资源空间异质性综合测度模型。其次以武汉城市圈为实证对象，分析了城市圈土地资源空间异质性特征，对土地资源空间异质性与土地利用、经济水平和产业发展关系进行了简单探讨。

第五章为土地资源空间异质性传导机制与实证检验。首先，通过理论和实践的考察，分析土地资源空间异质性传导机制，并提出理论假说；其次，以武汉城市圈为实证对象，对土地资源空间异质性传导机制与假说进行实证检验；最后，探讨土地资源空间异质性与土地管理的互动机理，为差别化土地管理模式构建提供参考。

第六章为土地要素对经济增长的贡献及差异。首先，从理论上阐述了我国现阶段土地要素对经济增长的重要作用；其次，根据理论分析构建土地要素贡献率测度模型，以武汉城市圈为例，分别测度不同发展阶段、不同区域土地要素对经济增长的贡献率，并对测度结果进行分析，为建设用地差别化管理提供依据。

第七章为差别化土地管理框架与模式。首先，对差别化土地管理的目标和内涵进行了界定，依此构建差别化土地管理模式框架；其次，依据要素贡献率和土地资源空间异质性，划分建设用地管控区，实施建设用地差别化管理，解决"总量控制和差别化调控"问题；再次，根据产业用地的空间异质性，从产业用地退出和产业供地准入两方面构建产业供地差别化管理模式；最后，从区域主体功能的异质性和地块用途的异质性入手，划分土地用途管制分区，并制定差别化的管制规则，进而构建土地用途差别化管制模式。

第八章为差别化土地管理政策支撑体系。主要从试点、补偿、监管三个方面建立和完善差别化土地管理政策支撑体系。差别化土地管理试点体系包括试点选择、试点类型、管理战略。差别化土地管理补偿体系包括建设用地指标补偿、产业补偿和土地用途管制补偿。差别化土地管理监管体系包括控制预警、监测评估、可视化管理等。

第九章为结论与展望，总结本书的研究结果与结论，然后对研究的不足进行讨论，最后展望进一步研究和改进的方向。

二　研究方法

本书采用定性研究和定量研究相结合、实地调查和资料分析相结合、理论探讨与实证研究相结合的研究方法，综合运用经济学、统计学、管理学理论及相关分析工具，研究土地资源空间异质性，在此基础上构建集时空、地类、部门、产业等于一体的差别化土地管理模式。具体研究方法为：

（一）向量自回归模型

向量自回归模型（Vector Auto-Regression，VAR）主要是以相应的经济理论为依据，通过数据反映变量之间的动态变化。本书运用向量自回归模型探讨土地资源空间异质性与土地利用、经济以及产业发展的关系，进而研究土地资源空间异质性对土地管理的传导机制与路径。

（二）主成分分析

主成分分析（Principal Component Analysis，PCA）是一种降维方法，目的是用较少的指标或变量反映出更多的数据信息，又称主分量分析。本书采用主成分分析法对空间异质性变量集进行因子分析，提取主成分，求解因子负荷矩阵。然后将主成分的方差贡献率作为各异质性变量对土地资源空间异质的权重，构建土地资源空间异质性综合测度模型，进而描述和度量城市圈土地资源空间异质性。

（三）Tobit 模型

Tobit 模型是经济学家、诺贝尔经济学奖获得者 Tobin 于 1958 年提出的一个计量经济学模型。它的主要特点是因变量的观测值受到某种限制，取值在某个范围内或者在数据整理时进行了截断，利用 Tobit 模型估计将是无偏和有效的（赵翔，2010；耿献辉等，2014）。本书利用 Tobit 模型研究经济水平、产业发展对土地资源空间异质性的影响。

（四）面板数据模型

面板数据（Panel Data）是截面数据和时间序列数据的合体，能够表征截面单元不同时间段的数据信息，也称平行数据、合成数据、混合数据等。本书运用面板数据模型，结合 C-D 生产函数，求解土地要素对经济增长的贡献率，按照贡献率划定建设用地差别化管理类型区，以此构建建设用地差别化管理模式。

第四节　分析框架与技术路线

一　分析框架

土地资源管理是国土管理的重要内容，为我国城镇化建设提供了有力支撑。但是，随着城镇化进程的加快，土地利用呈现出多样化、精细化、复杂化特征，区域土地资源数量、质量、结构、区位等属性差异显著，如果忽略区域土地资源的差异性，采用统一的土地管理模式，将难以发挥资源比较优势和综合效益。因此，有必要研究土地资源空间差异性，实施差别化土地管理模式，有针对性、精细化、差别化管理土地资源，促进土地资源高效利用。

研究土地资源空间异质性与差别化土地管理，首先要厘清几个问题：①土地资源是基础。土地是基础资源，与人类实践活动密切相关，充分了解土地资源的概念、特性、属性、利用特征、管理制度与政策是研究一切土地问题的基础。②异质性是本质。均质是相对的，异质是绝对的，土地资源特性决定了区域土地资源是非均质的。土地资源的异质性是造成区域经济发展、产业结构、土地资源利用方式与管理模式等差异的本质原因。③差别化为手段。差别化土地管理手段能够实现土地分类管理和精细化管理，有针对性、差别化地管理土地资源，发挥土地资源比较优势，优化土地资源配置，是提高土地资源利用效率的重要手段。④效率是目的。研究资源异质性和差别化土地管理最终目的是提高资源利用效率。⑤公平是保障。制定政策与制度时，必须考虑到不同参与主体的利益，在政策优惠区域获得政策或制度红利时，需要对其他利益受损的区域或主体给予一定的补偿，保障公平性。因此，本书确定了"资源是基础—异质性是本质—差别化为手段—效率为目的—公平是保障"的整体分析框架，在对土地资源数量、质量、结构等属性以及土地管理制度等进行分析的基础上，对土地资源空间异质性进行探究，构建差别化土地管理模式，建立和完善差别化土地管理政策支撑体系。本书分析框架见图1-1。

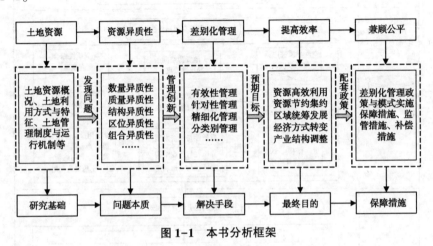

图1-1　本书分析框架

二　技术路线

按照分析框架，本书建立了"问题分析—模型构建—管理创新—政策体系设计"的总体研究思路。首先，对区域自然地理和社会经济条件、土地利用与管理现状以及土地利用与管理中存在的问题进行剖析。其次，界定土地资源空间异质性内涵，分析其形成机理，据此建立土地资源空间异质性综合测度模型，探讨土地资源空间异质性与土地管理的传导机制与作用机理。再次，从宏观和微观尺度构建包括建设用地、产业供地和土地用途管制的差别化土地管理模式，创新土地管理模式，提高土地资源利用与管理效率。最后，建立和完善差别化土地管理模式的相关政策体系，保障差别化土地政策的执行，兼顾社会公平。本书技术路线见图1-2。

第五节　可能的创新

（一）研究思路与分析框架的创新

均质是相对的，异质是绝对的，土地资源的非均衡性普遍存在于土地

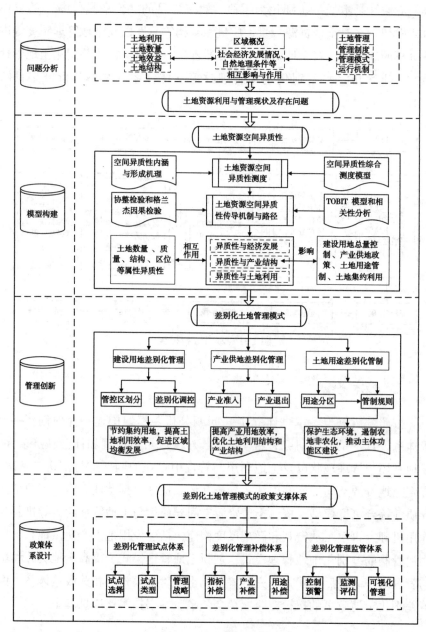

图 1-2　本书技术路线

利用与管理中。随着城镇化进程的推进，土地利用呈现出多样化、精细化、复杂化特征，区域资源属性的差异更为明显，影响着土地的利用与管理。已有的相关研究，多从区域社会经济情况或土地资源单一指标来研究土地资源空间差异特征或差别化土地管理，将土地资源空间异质性与差别化土地管理相结合的研究并不多见。本书确定了"资源是基础—异质性是本质—差别化为手段—效率为目的—公平是保障"的整体分析框架，建立了"问题分析—模型构建—管理创新—政策体系设计"的总体研究思路，在深入研究土地资源空间异质性的前提下，尝试构建差别化土地管理模式，同时配套差别化土地管理政策支撑体系，兼顾了效率与公平，是分析框架和研究思路的创新。

（二）土地资源空间异质性的测度

土地资源的特性决定了土地资源存在空间异质性，主要表现在土地资源自然和社会属性的异质上，是土地资源数量、质量、结构、区位、组合等属性综合异质的结果。从相关研究文献可以看出，已有研究多通过单项指标或单一属性刻画土地资源空间异质性，忽视了土地资源自然和经济的双重属性，较少集成土地资源各项指标综合测度其空间异质性。本书从资源经济学角度分析土地资源空间异质性内涵和形成机理，构建土地资源空间异质性测度模型，实现了土地资源空间异质性综合测度，是研究内容的创新。

（三）差别化土地管理模式的构建

国土资源部在全国的调研计划已经完成，已经确定全国土地差别化政策的大体框架：区域差别化、产业差别化和管理差别化。差别化用地政策已经成为我国土地管理的必然趋势和战略选择，全国推行土地差别化政策已进入倒计时阶段。但是，目前差别化土地管理政策体系还不成熟，管理手段和实现途径还存在技术阻碍，亟须加强差别化土地管理的系统和理论研究。本书从建设用地差别化、产业供地差别化、土地用途差别化三个方面构建集时间、空间、地类、产业、部门等于一体的差别化土地管理模式，确立了差别化土地管理框架体系、丰富了差别化土地管理内容，也是对传统土地管理模式的创新。

第二章　理论基础与相关研究进展

第一节　理论基础

一　经济增长与要素投入理论

经济增长的源泉和途径一直是人们关注的焦点，经济增长理论的发展就是人们探寻经济增长源泉的过程（毕秀水，2004）。在这个过程中，对经济增长的源泉和影响因素一直存在争论，也形成了几个具有代表性的经济增长理论学说与学派。下面主要从要素投入角度来介绍不同的经济增长理论。以亚当·斯密（Adam Smith）为代表的古典经济增长理论认为，劳动要素、资本要素、土地要素的投入构成了决定经济增长的要素投入。哈罗德—多马经济增长理论运用数理工具建立规范的模型，对经济增长及影响经济增长的变量进行研究和考察（杨依山，2008），该模型特别强调了资本的投入，认为只要资本产出比不变且储蓄与收入之比等于1，经济就能实现均衡增长（熊俊，2002）。以索洛（Robert M. Solow）和斯旺（Trevor W. Swan）为代表的新古典增长理论将劳动要素和资本要素的投入看作经济增长的源泉和动力，并提出了索洛—斯旺模型（Solow – Swan Model）来测算各要素的产出弹性和对经济增长的贡献率（Solow，1957；Swan，1956）。以罗默（Romer P.）和卢卡斯（Lucas R.）为代表的经济学家提出了新增长理论，认为经济增长是内生技术变化即内部力量作用的结果，而不是外生技术变化造成的（Romer，1986；Lucas，1988）。可以发现，不同的经济增长理论和学派对决定经济增长的投入要素有着不同的观点，其中争论之一便是土地要素投入在经济增长中的作用。2000年以来，统一增长理论兴起，为这一现象与人类社会不同发展阶段以及经济增长的源泉或特点提供了合理的解释（严成樑、王弟海，2012）。统一经济增长理论认为，在马尔萨斯阶段，土地资源的丰裕有利于经济发展，土地是决定产出水平的重要投入要素。但随着经济的发展、技术水平的提高以及人力资本的变化，资本、人口结构和技术进步及其相互作用成为经济增长的重要原因。由经济增长理论发展史可知，不同经济发展阶段，土地要素对经济增长所起的作用不同，但土地资源在人类社会经济增长过程中发挥了重要的作用。

如果土地要素对我国现阶段经济增长具有重要作用，则通过土地资源数量优化配置，可以统筹区域均衡发展，促进区域经济增长。相反，如果土地要素对我国现阶段经济增长没有作用或作用很小，土地数量差别化配置便没有意义。本书中建设用地对经济增长的贡献测算以及将土地要素贡献率的差异性作为建设用地差别化管理依据之一，便是以经济增长与要素投入相关理论为基础的。

二　资源稀缺性理论

资源稀缺性指资源是有限的，不能无限制获取或供给。资源稀缺性是资源本质属性之一。伊斯特尔（K. W. Easter）和瓦尔蒂（J. J. Waelti）指出，"如果某资源存在竞争利用状况，那么就可以说该资源是稀缺的"（曲福田，2001）。资源的稀缺性表现为绝对数量的稀缺性和相对数量的稀缺性。绝对数量的稀缺性是指地球上资源的总量是不会增加的，相对数量的稀缺性是指相对于人们的需求，资源是稀缺的，供给小于需求。这里我们运用经济学供需曲线对资源稀缺性的含义进行释义。如图 2-1 所示，横轴表示资源数量，因为资源的稀缺性，资源数量是有限的，横轴不可能趋向正无穷；纵轴表示资源价格，只要人们有需求，资源价格可以无穷大，这就是资源绝对数量的稀缺性。当全部资源拿来供给时，资源供给曲线 S 和需求曲线 D 相交于 E_0，E_0 为均衡点，此时资源供给量为 Q_0，资源价格为 P_0。但是现实中，不可能将资源全部用于供给，需坚持可持续利用。因此，资源将减少供应量，资源供给曲线 S 向左移动变为 S'，与需求曲线 D 相交于 E_1，此时资源价格为 P_1，资源供给数量为 Q_1。这个均衡点并不稳定，因为资源价格高了很多，资源需求数量减少（人们选择资源替代品来满足需求），需求曲线 D 向 D' 移动，与供给曲线 S' 交于 E_2，此时资源价格为 P_2，资源供给数量为 Q_2，小于人们对资源的需求量 Q_0，是稀缺的。尽管资源相对人们的需求是稀缺的，但是可以通过调控资源价格和寻找替代品来满足人们的需求。

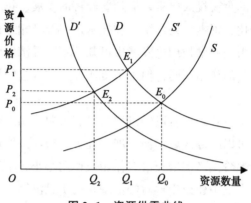

图 2-1　资源供需曲线

土地是基础资源，具有负载、养育、仓储、生产和景观等功能，土地资源的稀缺性更为明显。土地资源稀缺性主要表现在两个方面：一是土地资源总量是固定不变的，是稀缺的；二是土地资源相对数量是有限的，有限的供给与人们无限的需求对比，是稀缺的。在资源利用与管理中，必须要考虑土地资源的稀缺性，合理配置土地资源。在后文研究内容中，产业供地差别化管理模式和建设用地差别化管理模式设计便是以土地供应量和建设用地指标的稀缺性为基础。

三　土地报酬递减规律

土地报酬递减规律是指一定时期内，在土地利用技术相对稳定的条件下，当对一定面积的土地连续追加劳动和资金等要素时，追加部分所得报酬是逐渐增多的，当连续追加的要素超过一定界限时，追加部分所得报酬逐渐减少，土地总报酬呈现递减趋势（黄贤金、张安录，2008）。土地报酬递减规律本质是变动要素的报酬变化规律，是针对某一个生产单位，在一定不变要素的条件下，因投入变动要素的数量差异，造成的总产出和要素的边际产量的差异（毕宝德，2006）。土地报酬递减规律可用图 2-2 来描述。第一阶段：当生产要素 X 数量由 0 增加到 A 时，边际产量 $MPP>0$，且是递增的，在 A 点达到最大值 I，此阶段总产量 TPP 和平均产量 APP 均以递增的速度增加。第二阶段：当生产要素 X 数量从 A 增加到 B 时，边际产量 $MPP>0$，但是递减的，此阶段总产量 TPP 和平均产量 APP 均是增加的，在边际产量 *MPP* 和平均产量 *APP* 相交于 *D* 点时，平均产量 *APP* 达到最大值。第三阶段：当生产要素 *X* 数量从 *B* 增加到 *C* 时，边际产量 *MPP>O*，但是递减的，此阶段平均产量 *APP* 开始减少，总产量 *TPP* 是增加的，并在 *C* 点达到最大值 *H*。第四阶段：当生产要素 *X* 数量超过 *C* 时，边际产量 *MPP<O*，再继续追加 *X* 的投入量，总产量 *TPP* 开始减少（至少不会增加），说明超过临界点 *C* 后，生产要素 *X* 不再是总产量增加的限制因素。

如果以土地要素作为投入要素，根据土地报酬递减规律，如果某区域处于边际产出大于 *O* 的阶段，为获得报酬可以增加供应土地数量；如果该区域处于边际产出小于 *O* 的阶段，再追加土地投入显然是无效的。因此，在土地管理中，可根据区域土地边际产出来优化配置土地资源，提高土地资源利用效率和集约度。本书基于要素贡献率构建建设用地差别化管理模式依据的就是这一规律。

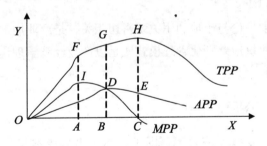

图 2-2　土地投入产出阶段分析

四　产业经济学理论与土地利用

产业经济学是现代经济学中用于分析现实经济问题的新兴应用经济理论（刘志彪，2002）。目前产业经济学形成了包括产业发展理论、产业组织理论、产业结构理论、产业布局理论、产业政策理论等在内的产业经济学理论体系。产业发展理论主要研究产业的产生、成长和进化等过程，不同产业不同发展阶段对土地需求特征不同，产业发展规模决定土地利用规模，产业发展导向决定土地利用导向（鲁春阳，2011）。例如，土地资源依赖型产业在成长阶段对土地资源的需求强度大，成熟阶段对土地数量需求强度下降，但对土地投入产出强度要求提高。技术依赖型产业在产生初期需要一定的土地资源作为发展基础，在成熟阶段，土地不再是决定产业发展的决定因素。产业组织理论重点分析产业内企业与企业之间的竞争与垄断关系（余良晖，2014）。产业结构理论主要研究产业之间的相互关系及其演化的规律性（李孟刚、蒋志敏，2009）。产业布局理论主要研究产业布局原理、规律及影响因素。产业结构理论和产业布局理论与土地利用关系密切。土地结构和空间布局的调整会改变产业集聚效应和规模效应，土地利用结构调整与布局优化为产业结构升级提供了条件和动力。产业结构和布局通过主导产业区的区位选择和不同产业结构对土地占用比例差异性两个途径影响土地利用结构与布局（鲁春阳，2011），进而影响土地资源优化配置。产业政策理论主要关注促进产业发展的政策制定、实施和评估等内容。产业政策的变化很大程度上会引起土地利用的变化，而土地利用的变化也会影响产业政策的制定与调整。土地利用制度、方式、政策的改变，会改变土地资源在产业经济各部门的分配，促进产业规划和发展战略的调整。产业政策的执行，往往要求土地供应、土地资源配置、土地管理等政策做出回应。

产业经济学理论与土地利用关系密切相关，是产业用地管理的重要依据。本书中产业供地差别化管理模式便是以产业经济学理论与土地利用关系为重要依据的。

五　效率与公平理论

所谓效率主要指经济效率，即投入与产出或成本与收益的对比关系（赵振华，2005）。公平则包括机会的均等和分配的公平。效率与公平问题一直是经济学、社会学、管理学等领域研究的重点，也是人们不断探索与争论的焦点。公平与效率，何者为先？持自由主义观点的西方经济学家们，如亚当·斯密、哈耶克、弗里德曼、科斯等主张效率优先（吴海燕，2007），他们认为高效率生产可促进社会总财富增长，而兼顾公平可通过相关的制度性补偿实现（吴邛，2005）。持公平主义观点的学者如罗尔斯、德沃金、诺齐克等主张"公平优先"，他们认为社会制度与法律应以保障公平为目的。效率与公平的主要矛盾表现在效率提高并不意味着促进了公平，公平增进也不一定能提高效率。单纯地强调效率，则会导致公平的丧失；单纯地强调公平，也会造成效率的丧失（吴海燕，2007）。如何解决效率与公平之间的矛盾，实现效率与公平的统一？阿瑟·奥肯的效率公平统一论提出了"在一个有效率的经济体中增进平等"的论断，为我们解决公平与效率的对立矛盾提供了思路：效率优先、兼顾公平（阿瑟·奥肯，1999）。即通过市场机制和差别化管理优化资源配置，提高经济效益，然后通过税收政策、政府支出、价格调控、产权管理等手段，促进机会均等和分配公平。运用经济学分析方法进一步阐述"效率优先、兼顾公平"的运行机制，如图 2-3 所示（高鸿业，2007）。

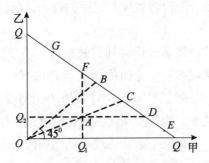

图 2-3　效率与公平变动线

图 2-3 中，横轴和纵轴分别表示两个社会成员甲和乙的收入，全部可能的收入分配方法组成图中 45°的 QQ 曲线，曲线上每一点都是最有效率的。A 点表示该社会实际收入分配情况，Q_1 和 Q_2 分别表示两个人的产出数量，整个社会的产出数量为（Q_1+Q_2），$Q_1>Q_2$ 且 $Q_1+Q_2<Q$。在 A 点，现实的产出数量小于可能最大产出数量，且甲的产出数量大于乙的产出数量，说明该点不是最优效率点，且分配并不绝对公平。为了提高效率，政府需增加社会产出数量，从 A 点向 QQ 曲线移动，则甲和乙的产出数量均增加。从效率观点来看，由 A 移动到 QQ 曲线上的任一点，均提高了效率（因为 $Q_1+Q_2<Q$）。但从公平的观点来看，由 A 向 QQ 曲线上的任一点移动时，社会收入分配状况会发生变化。从 A 到 B，甲和乙的产出数量均是相同的（B 点位于过原点的 45°曲线上）且社会效率最优（B 点位于 QQ 曲线上），B 点是效率与公平的最优结合。从 A 到 C，甲和乙的产出数量保持同样比例变化（AOC 在同一直线上）且社会效率最优（C 位于 QQ 曲线上），C 点效率提高而分配状况没有变坏，但是福利变得更好了。按照罗尔斯标准，C 点收入分配得到了改善，因此 C 点同时兼顾了效率与公平（罗尔斯，1977）。从 A 到 D，甲的收入提高了，乙的收入不变，社会效率提高，甲的分配得到了改善，乙的收入分配虽然没变，但相对甲是变坏的，因此，D 点效率提高的同时没有兼顾公平。同样，从 A 到

E，甲的产出和收入分配均提高了，但是乙的产出和收入均下降了，虽然社会效率提高了，但是 E 点没有兼顾公平。从 A 到 F 或 G 点，在 F 点时，甲的产出未变，乙的产出增加，社会效率提高，同时乙的收入分配得到改善，社会收入分配状况得到改善（因为在 A 点甲的收入分配状况好于乙）。在 G 点时，乙的产出增加幅度大于甲的产出减少幅度，社会效率是提高的，但乙的收入分配改善程度超过甲的收入分配程度后，社会收入分配状况恶化。

从效率与公平的经济学分析可知，效率与公平虽然存在矛盾与对立，但也可以在矛盾中实现统一。比如从 A 点到 FD 之间的 QQ 曲线上，均可以实现"效率优先、兼顾公平"。本书构建差别化土地管理模式的目的之一是提高土地利用效率，构建差别化土地管理政策支撑体系的目的之一是保障公平，效率与公平理论是重要的理论基础和依据。

六　不平衡发展理论与土地伦理

不平衡发展是指某一个区域在经济长期发展过程中，由于一系列因素存在差异，内部多个地区经济发展水平处于一种不平衡的状态（易广波，2009）。不平衡发展理论主要包括累积性因果循环理论、点轴开发理论、增长极理论、梯度推进理论、中心—外围理论、资源禀赋理论、不平衡增长理论、倒"U"形曲线理论等。不平衡发展理论不是使用平均力量发展，而是根据不平衡发展规律，有重点、有差异、有特点地发展。同时，在区域发展系统中总是存在支配性的因素，要寻找这些支配因素，在不同时期选择支配全局的重点地区、重点部门发展经济（刘黎明，2004）。根据不平衡发展理论，在区域开发、经济发展、生产力布局等决策上，不应急于追求绝对的区域平衡，可集中资源、人力和财力对条件优越的地区实行针对性的重点开发与发展，等到区域进入快速发展阶段时，再发挥其扩散效应，实现从不均衡到均衡发展。实际上，由于地区地理位置不同，再加上文化、环境、资源、资金、技术和劳动力等差异的存在，区域绝对均衡发展是不现实的，不平衡发展理论集中区域优势重点发展，能更好地提高资源优化配置效率。不平衡发展理论与我国现阶段发展状况相适应，被广泛应用于我国区域国土资源开发、空间格局优化、生产力布局和区域发展战略规划之中。

面对日益恶化的全球性资源环境现状，人们开始明白，技术不能解决一切问题，尤其是面对土地质量退化、土壤污染、土地生态环境破坏等问题时，虽然技术能解决，但也困难重重，而伦理却可以防止问题的发生，防患未然。土地伦理是指建立在一定道德价值观念上的人类利用土地资源的行为规则，它的核心就是善待土地，视土地为人类生存伙伴，把人类与土地看作一个相互依存的共同体，并把人类社会的伦理道德扩充到土地，提倡对土地的尊重，节俭和合理地利用土地资源（陈美球等，2006）。土地伦理以生态学为基础，是人类对土地永久价值观的体现，也是人类社会文明发展到一定阶段的必然结果（陈美球等，2006）。土地伦理要求我们从三个方面对土地利用问题进行考察：①伦理上是否正确；②美学上是否有价值；③经济上是否可行（吴次芳、叶艳妹，2001）。人们在土地利用与管理中，应将土地当作伙伴，将其与人类看作相互依存的共同体，从伦理和道德的角度去关心、尊重和利用土地，使土地尽可能迅速和完美地康复（Beatley，1994）。土地伦理利用应遵循以下原则：①公众利益最大化：土地利用应追求最高公众利益或社会福利；②分配公正：土地利用要确保低收入阶层社会经济生态状况至少不会恶化，人与生物合理分享自然资源；③环境损害最小：土地伦理利用要求保护生物多样性和生态系统稳定性等，促进可持续发展；④权利对等：土地所有者利用土地的权利与土地自身的权利是平等的；⑤代内和代际公正：土地伦理利用应保证当代人共同、平等享有权利并履行义务，同时满足后代人权利和权益需要；⑥风险规避和预防：土地伦理利用应干涉自愿冒险的我行我素的土地利用行为，防止环境损害，或把对人类和环境的损害降到最低（欧名豪等，2000；黄贤金、张安录，2008）。

　　不平衡发展理论强调将有限的生产要素按照回报率高低进行决策配置，由高回报率区域带动全局发展，更侧重经济效率的提升，而忽视了区域整体功能的提升，容易造成社会不公平现象。土地伦理利用将土地用途管制、土地规划限制、土地权属制度改革、土地可持续利用等活动从伦理和道德层面进行规范和约束，改变"经济人"的思维方式，加强土地养护，促进地区经济的均衡发展，更强调公平、保护、持续等内容。而不同用途的土地配置是一个重要的、不可避免的基本伦理选择问题，一块地用作自然保护地或用于工业活动也是一个伦理选择问题（欧名豪等，2000）。因此，土地伦理思想和原则应是土地用途差别化管制和保障公平措施的重要理论依据。本书中土地用途差别化管制和差别化土地管理及其政策支撑体系等研究内容与思路便以不平衡发展理论和土地伦理为重要理论依据。

第二节 相关研究进展

一 空间异质性

（一）空间异质性概念

空间异质性（Spatial heterogeneity）又称空间差异性，最早被用来描述某空间区位上的事物和现象区别于其他区位上的事物和现象的特点（Anselin，1988）。关于空间异质性的概念，国内外学术界已经有了初步的界定。Li 和 Reynolds（1995）结合前人的研究，将空间异质性描述为一个定量的、便于描述和应用的概念，即系统或系统属性在空间上的复杂性（Complexity）和变异性（Variability）。所谓复杂性，主要指对系统属性的定性表征，变异性主要指对系统属性的定量表征。当测度空间异质性只涉及结构特征时，我们称之为系统或系统属性的结构异质性（Structure heterogeneity）；当我们测度系统空间异质性与生态学过程和功能相关时，我们可称之为系统或系统属性的功能异质性（Functional heterogeneity）。国内学者从地理学角度出发，认为空间异质性主要是指地理空间上的区域缺乏均质性，造成区域社会经济发展、产业优化布局以及生产创新行为等存在空间上的非均质性（吴玉鸣，2007）。不同区域某种特定属性上的空间趋散，表现在经济行为或经济关系的不稳定上就是空间异质性（黄益东，2009）。

（二）空间异质性研究方法

描述与度量空间异质性是研究空间异质性的前提和基础。当前应用于空间异质性度量和描述的方法主要是根据数据类型的差异，使用针对性的研究方法或度量手段（Li 等，1995）。若数据类型为景观图，可以通过描述和度量缀块组成与结构的复杂性来研究空间异质性，如缀块数目与比例、形状与大小、景观组分优势度、相对丰富度、破碎度、聚集度、亲和度等；若数据类型为数值图，可运用空间统计学方法研究空间异质性，如巢状样方分析、半方差图或相关图、分形方法、趋势面分析、谱分析等（陈玉福等，2003）。另外，多元分析方法被认为是处理复杂的多变量数据、分析不同系统特征异质性和相互关系的有力工具，包括直接梯度分析或回归分析、间接梯度分析或排序以及分类或聚类分析（McIntosh，1991；Jongman 等，1987；万丽，2006）。在计量经济学领域，随机系数模型、变异系数法、异方差以及空间结构变化特征也可用来测度空间异质性（Anselin，2010）。

（三）空间异质性研究领域

空间异质性的普遍性和重要性已毋庸置疑，人们对空间异质性的研究日趋成熟，空间异质性的应用领域也越来越广。空间异质性被广泛运用于景观学、遗传学、管理学、地理学、经济学等众多领域。Baumont（2002）等对欧洲 138 个地区 1980—1995 年的经济增长 β 趋同中的空间依赖性与异质性进行了研究，分析空间依赖性与异质性在经济增长 β 趋同中的作用。祁元等（2002）运用景观学理论，选取典型区域，通过具体的景观特征指数分析了西北农牧交错景观的结构和空间异质性。Geenhuizen（2005）选取 21 家创新型企业作为样本观测对象，对这些异质性企业的集聚特征与现象进行了研究。薛付忠（2005）定量分析了人类群体遗传空间结构异质性及其理论。Chris（2006）采用 GWR 模型和空间扩展模型，研究了美国图森市住房价格的空间异质性。马劲松等（2010）通过对研究区域不同时段的土地利用强度指数及其空间变异特征进行分析，挖掘出了更多的土地利用信息。苏松锦（2012）采用地统计学与 GIS 技术相结合的方法，对格氏栲天然林土壤的空间异质性进行了分析与评价。许和连等（2012）基于空间异质性模型研究了经济增长、FDI 与环境污染的关系。世界是异质的，非平衡的，未来空间异质性的应用将更为广泛，定量分析和学科交叉运用将是空间异质性重要的研究方向和内容。

二　土地资源空间异质性

（一）土地资源空间异质性研究内容

土地资源空间异质性即土地资源空间差异性，是指区域土地资源在空间上的非均质性，表现为土地资源数量、质量、结构及区位等属性的异质性和土地资源与其他资源组合方式及匹配关系的异质性（张俊峰、张安录，2014）。土地资源空间异质性是一个综合性概念，是对土地资源利用与管理等活动中土地数量、质量、结构等特征信息空间差异的总称。土地资源空间异质性相关内容的研究主要集中在土地功能用途、利用结构、诅咒程度、禀赋、利用效率、管理绩效的空间差异性等方面。在土地资源功能用途方面，赵小敏等（2011）依据土地功能空间差异，将区域土地划分为农业用地区、生态林用地区、城镇及工业用地区和湿地保护区等不同功能区，以实施差别化土地用途管制。Kruska 等（2003）和 Mottet 等（2006）指出，人类活动将会改变土地用途与功能，土地集约程度、轮作方式、弃耕与否等管理方式的差异将使得土地功能发生很大变化。在土地资源利用结构方面，闵捷和张安录等（2006）在分析江汉平原土地利用城市化和耕地非农化空间差异的基础上，探讨了土地利用结构的空间差异及其与耕地非农化空间差异之间的关系，结果表明各市县土地利用结构存在显著差异。谭术魁、朱祥波等（2014）运用计量地理模型和信息熵法研究了湖北省 17 个市（州）土地利用结构的地域差异，结果表明各市州土地利用多样化差异较大，土地利用信息熵的空间格局呈现"高—东、中—中、低—西"的分布递进规律。张健和濮励杰等（2007）运用多样性指数、优势度指数和均匀度指数等方法，对滁州市 1996—2005 年的土地利用结构分异做了定量分析，结果表明滁州市主城区和各县（市）各类用地的相对变化及结构变化情况存在显著空间差异。在土地诅咒程度方面，文兰娇和张安录（2013）基于资源诅咒假说，对武汉城市圈土地资源诅咒程度的空间异质性及其空间传导机制进行了研究，并按照诅咒程度的差异性，将研究区域划分为完全无诅咒区、潜在诅咒区、轻微诅咒区、严重诅咒区，且指出影响各区土地诅咒程度的因素存在差异。在土地禀赋方面，皮啸菲等（2010）采用多边形综合指标法对江苏全省各市县土地资源禀赋现状及空间变化进行了研究，结果显示研究区域土地资源禀赋存在明显差异。在土地利用效率方面，陈江龙和曲福田等（2005）从比较优势的角度对区域建设用地和耕地产出效益空间差异性进行了探讨，指出我国土地利用效益存在明显的区域梯度差距，并提出了基于空间效率差异的土地利用政策调整思路。张俊峰和张安录等（2014）对武汉城市圈 2002—2012 年土地利用效率的时空差异进行了研究，研究结果表明城市圈及其内部各城市土地利用效率变化趋势、周期、幅度及同期土地利用水平等都呈现出空间差异性。邵挺和崔凡等（2011）对全国 211 个地级市的土地利用效率进行了计算，发现各地级市间的土地利用效率差异主要来自省间差距，而不是省内差距。在土地管理绩效方面，王良健和韩向华等（2014）在 DEA-Tobit 两阶段分析框架下研究了 2002—2011 年我国 30 个省份的土地供应绩效，研究得出各省份之间土地供应绩效差异显著，东部地区较高，西部地区次之，中部地区最低。张红霞和谭术魁（2012）以北京、上海等14个城市为例，评价了2003—2007年我国城市土地供给总量调控的绩效，研究发现我国土地供给总量调控的绩效较低，存在明显的城市差异和年际差异。罗文斌和吴次芳（2012）通过对我国2003—2007年31个省份的农村土地整理项目绩效评价，指出我国农村土地整理项目绩效具有明显的区域差异特征。吴泽斌和刘卫东等（2009）评价了全国31个省级行政区域的耕地保护绩效，结果表明研究区域耕地保护绩效的差异明显，耕地保护制度安排应考虑耕地资源禀赋区域差异与耕地保护机会成本。张俊峰和张安录（2014）从资源经济学角度对土地资源空间异质性的内涵进行了界定，即土地资源空间异质性包含土地资源数量、质量、时间、区位、组合等属性的异质性。综上可知，已有文献多通过分析与探讨土地资源结构、功能用途、禀赋、利用效率与管理绩效等特征信息的空间差异性，来研究土地资源空间异质性。关于土地资源空间异质性的全面综合性研究，除了笔者自己的一些相关研究外，鲜有报道。

（二）土地资源空间异质性应用领域

土地资源空间异质性普遍存在于土地利用与管理活动中，在土地生态景观规划、土地资源利用、产业用地布局、土地市场调控、区域均衡发展和土地管理创新等领域得到了广泛运用。在土地生态景观规划方面，不少学者尝试通过研究土地景观结构与功能以及土地生态功能价值的异质性，实现土地景观与生态要素数量、比例及时空配置的优化、调整和管理（赵玉涛等，2002；龚建周，2010）。也有学者通过研究城市空间结构异质性特征、形成及变化机制，识别城市生态安全影响因子（Andr，2002），在考虑异质性的基础上，对城市景观格局进行规划设计。在土地资源利用方面，已有研究表明，一定时段内区域土地利用强度的时空变化，可以在一定程度上反映该时段人类干扰活动的空间异质性（王国杰，2006）；研究土地利用强度的空间异质性，能提取相关的土地利用与覆被变化信息，推断人类活动对土地利用的改造程度与强度，得知地区城镇发展模式与水平（马劲松等，2010）。在产业用地布局方面，不同地区产业用地效率存在差异，区域比较优势不同，存在产业结构调整和土地利用效率提升的内在动力，因此，根据区域产业用地集约程度、产业用地比较优势的空间差异性，调整与优化区域产业用地结构与空间布局，这样才能够发挥产业用地的最大效益，缓解区域产业发展对土地资源的压力（顾湘、曲福田、付光辉，2009）。在土地市场调控方面，有研究表明，土地交易价格、人均可支配收入、城镇化水平和住房租赁价格指数等因素具有明显的空间异质性，造成了住房土地市场的空间异质性（Paredes，2009；龙莹，2010），研究土地市场空间异质性能够为土地区位配置、供需平衡调节、运行机制建立和完善提供有效参考依据。在土地区域均衡发展方面，Brunsdon 等（1999）将空间异质性引入经济地理与区域经济领域，发现地理空间是非均质性的，存在"边缘与核心地带、落后与发达地带"等非均衡地理结构，正是地理空间和地理要素集聚的异质性，造成了不同地理空间经济活动与密度以及区域土地承载能力的差异，加剧了地理要素空间分异和区域非均衡发展。在土地管理创新方面，根据要素贡献率差异性、土地集约利用水平差异性和土地资源诅咒空间差异性，设计建设用地差别化配置方案和管理模式与政策，提高土地资源利用与配置效率，正成为当前土地管理制度与模式的改革方向与创新路径。另外，考虑区域经济差异（杨遴杰，2008）、比较优势理论（吴郁玲等，2006）、产业集聚特征（葛立成，2004）、主体功能区（杜黎明，2009）的差异性和非均衡性，创新差别化土地管理模式与政策，也是空间异质性的实际运用。综上可见，土地资源空间异质性存在于土地规划、土地利用、土地市场、产业布局和区域发展以及土地管理政策等众多领域，是土地利用与管理活动的重要依据。

（三）土地资源空间异质性测度方法

生态学、统计学和计量经济学等领域描述和度量空间异质性的方法与工具，为测度土地资源空间异质性提供了参考与借鉴。目前土地资源空间异质性测度方法中具有代表性的有地统计学方法、分形维数、变异系数法、主成分分析法、GWR 模型等。地统计学的理论基础为区域化变量理论，主要通过变异函数来实现，是研究空间异质性问题的有效方法。如张金萍和汤庆新等（2008）利用地统计学方法探讨了冠县 1990—2000 年土地利用强度变化的空间异质性，李灿和张凤荣等（2013）利用地统计学相关方法研究了不同尺度下大城市边缘景观破碎化的空间异质性，王国杰和廖善刚（2006）运用半方差函数分析了晋江市特定时期土地利用强度的空间异质性，都取得了很好的效果。变异系数法利用样本数据变异程度提取信息，不受平均数和指标单位的影响，客观地呈现异质性信息，可以很好地反映土地资源各属性异质变量对土地综合异质程度的影响，防止空间异质性被弱化。如张俊峰和张安录（2014）利用变异系数方法实现了武汉城市圈土地资源空间异质性的综合测度。主成分分析法是一种多变量分析方法，用较少的变量信息解释大部分变异，能够实现空间异质性的综合测度。车前进和曹有挥等（2011）采用主成分分析法构建了土地景观空间异质性综合模型，准确测度了江苏省沿江地区景观空间异质性。地理加权回归模型（GWR模型）容许局部参数估计，考虑了变量数据的空间结构，估计结果可以反映出变量间的局部特性、空间相关性与变异性，可以有效地解决空间非平稳性问题（Lesage，2001；彭薇、冯邦彦，2013）。如Harris等（2013）运用GWR模型对北京市住宅土地市场空间异质性进行了模拟与预测。多种分析方法相结合也是测度土地资源空间异质性的有效方法。如马劲松和刘晓峰等（2010）利用分形维数和半方差变异函数分析了南京市两个时段土地利用的空间异质性特征。胡和兵等（2012）采用半变异函数和空间自相关方法，探讨了研究区土地利用程度变化的空间异质性特征。Paredes（2011）采用准实验方法、享乐价格和费舍尔空间价格指数三种技术构建了匹配估计方法，衡量了跨区域的住房价格指数的空间异质性。综上可见，有关文献从不同角度、不同学科定量研究了土地资源空间异质性，相关研究方法和思路为我们开展土地资源空间异质性研究提供了很好的参考和借鉴。

三　差别化土地政策背景与含义

2008年，国务院审议并原则通过了《全国土地利用总体规划纲要（2006—2020年）》，强调要"根据各地资源条件、土地利用现状、经济社会发展阶段和区域发展战略定位的差异，划分土地利用区，明确各区域土地利用方向与管理的重点，实施差别化的土地利用政策"（国务院，2008）。土地利用总体规划是指导土地管理的纲领性文件，规划的颁布实施为我国土地管理指明了方向，推动了差别化土地利用政策的出台。为了推动经济发展转型和土地节约集约利用，国土资源部一直在努力探索差别化土地供应管理模式，确保基础设施与民生项目用地，限制高能耗、高排放以及重复建设的项目供地，推进国土资源管理由单纯满足需求转向需求与供应双向调节的差别化管理（徐绍史，2010）。2010年，《全国主体功能区规划》颁布实施，按区域主体功能将全国划分为优化开发、重点开

发、限制开发、禁止开发四类主体功能区，要求各地依据所在区域的主体
功能与发展方向，实施差别化土地利用与管理政策。该规划为差别化土地
管理提供了平台和基础，加快了差别化土地管理政策的实施。2011 年，
国土资源部正式印发了《国土资源"十二五"规划纲要》，提出以"实行
总量控制、供需双向调节、差别化管理"为指导思想，针对不同区域、
不同产业和经济发展的阶段性要求，探索建立以市场配置为基础，以总量
平衡为目标，以供需双向调节和差别化管理为手段的国土资源宏观调控政
策体系。该纲要明确了差别化土地管理政策实施手段和差别化调控机制，
为探索和实施差别化土地管理政策体系奠定了基础。2012 年，国土资源
部正式出台文件《关于推进土地利用计划差别化管理的意见》（国土资发
〔2012〕141 号），就推进土地利用计划差别化管理提出了具体意见和保障
措施。当前，由国土资源部牵头，国家发展改革委、环保部、住建部等
27 部委联合参与编制的《全国国土规划纲要 （2014—2030 年)》已编制
完成并上报，明确要实行"一省一策"的差别化土地管理政策，这说明
差别化土地管理将成为我国土地管理改革与创新的方向。虽然差别化土地
管理是近年来我国土地管理相关研究的热门词汇，但其实差别化管理思想
和做法一直贯穿于我国土地管理工作中。比如差别化的土地整理政策
（罗明、王军，2001）、差别化土地供应政策（卢为民，2008）、差别化主
体功能区划（许根林、施祖麟，2008）、差别化地价政策（王博，2009）
等，都是差别化管理在土地管理中的理论探讨与运用。实际上，我国土地
行政管理也一直着力体现差别化管理的思想，比如新增建设用地有偿使用
费和工业用地最低价等级在计算上就考虑了地区差异和经济发展差距等
（杨遴杰，2008）。但是，针对整个土地资源的一体化差别化土地管理政
策至今仍处于探究中，差别化土地管理内涵、目标、实施途径和相关理论
体系仍需进一步完善。

四 国外差别化土地管理实践

（一）美国差别化管理实践

美国是一个分权、分税制国家，其土地制度为公私兼有的多元化土地
所有制，其中私人占有一半以上，土地管理也采用分级管理体系（孙利，
2006）。另外，美国的历史、地理、经济、政治、文化、人口等方面存在
显著区域差异，是土地管理政策制度制定和演变的重要依据。因此，美国

差别化土地管理在其土地管理法律政策体系和土地分区规划中得以体现。

美国完善和细化的土地管理法律政策体系是其土地管理制度高效运行的重要保障。美国联邦法律对各级政府关于土地利用与管理的权限与内容有着明确规定，对具体的管理措施进行立法，引导并控制土地利用而不是事后控制干预（何芳等，2008）。各州可根据自身的自然和财政资源、政治、实际需求，制定处理土地利用问题的政策，使得各州的土地利用法律存在显著的差异，土地管理政策具有地方特色，增强了土地资源管理政策的灵活性（龙花楼、李秀彬，2006），体现了明显的差别化管理特征。而在土地利用中的一些争议问题上，各州的司法原则也普遍存在显著差异，充分体现出差别化管理的思想。美国这种差别化土地管理法律政策以及处理争议的司法原则，使得土地管理法律政策更加完善与细化，具有持续性、多尺度性和灵活性，为我国土地管理法律法规体系建设和差别化管理政策制定提供了参考与借鉴的价值。

土地分区制是美国实行差别化土地管理的基本做法。分区制是依据《标准分区法》，按照土地结构及用途等特征，将土地分为不同的区（块），并实施不同的土地利用规划，是政府为了社区利益而实施土地管理的基本方法（张文彪，2002）。分区规划统筹地指定社区范围的各个规划区进行适合的土地利用，包括规划区的方位和有关土地利用、密度、地基开发的管理办法等内容（郧文聚等，2014）。分区规划将地方自治体划分成若干规划区，分别用于住宅、商业、工业等，根据地块详情和控制规划，可对规划区进一步细分，如住宅区可再分为单户式住宅开发区和多户式住宅开发区等。虽然美国农用地资源丰富，但是为保护农地，美国将农地划分为基本农地、特种农地、州重要农地、地方重要农地四类，实施农用地分类保护制度，同时，通过土地利用分区规划，划定耕地（基本农田）保护区，实行严格的用途管制（李茂，2006；林目轩，2011）。分区制是各地方政府控制土地利用的最主要措施，可有效引导土地利用的内涵式发展，提高了土地利用效率。

（二）新加坡差别化管理实践

新加坡土地制度采用公有制和私有制共存的形式，以公有制为主，政府拥有全国90%左右的土地，土地市场调控中政府处于主导地位，可以通过立法强制征用私人土地以扩大土地供给，广泛干预管制土地使用和城市规划（曹端海，2012；柳岸林，2005）。新加坡差别化土地管理的做法体现在产业供地政策和土地精细化管理两方面。

新加坡差别化产业政策具体表现为土地供应政策和土地价格及税费政策（郭冬艳、毛良祥，2015）。新加坡产业用地供应主要采取土地与厂房租赁两种方式，土地租赁期一般是 30 年，可续租 30 年（陈立定，2007）。一是考虑到产业生命周期，产业存在发展、成熟、衰败等阶段，土地出售方式供应将会阻碍产业的升级；二是考虑到租赁期限太短会导致投资者缺乏信心，太长又会影响未来产业升级（鲍克，2002）。新加坡厂房租赁是指由政府统一建设一至多层规范厂房，依照现实情况出租给企业，时间最长为 60 年，到期后由政府无偿收回（郭冬艳、毛良祥，2015）。新加坡政府实行土地批租政策，依据每年经济发展与土地供应状况，调整与修改土地出售与出租计划，土地租金和价格每年调整一次，只设上限，不设下限，企业可自由选择租赁或购买土地（柳岸林，2005；陈立定，2007）。另外，实施差别化地租，对于鼓励发展的项目，采用较低的租金；对于限制发展的项目，则采用较高的租金（郭冬艳、毛良祥，2015）。新加坡差别化的产业用地供应政策和税费调节政策，能够适应新加坡经济发展形式和土地利用变化，兼顾了产业用地效率和未来产业发展，对我国产业用地供应、管理等差别化产业政策的制定有着参考价值。

新加坡土地精细化管理和土地利用过程管理充分体现了差别化土地管理思想。新加坡非常重视土地规划和土地分区管理，将所有土地划分为900 多个小区，每个小区内都有土地使用的详细规划，包括地块的发展利用方向、容积率、建设控制指标等，都有详细的控制与规定。土地分区的开发指导规划更具体，比全国整体规划更容易操作，更有针对性，更具指导意义（徐璐璐，2010）。同时，新加坡按照功能不同将全国土地分为居住用地、工业用地、交通用地、空白用地、中央商务区用地五类（张永兴，2005），每类土地利用与发展都注重与环境、经济、社会发展的平衡。从宏观层面规划到微观层面实施，新加坡实现了土地精细化管理，提高了土地管理的针对性和有效性。在土地管理方面，新加坡通过产业用地项目的审核制度和企业退出机制，加强土地利用过程管理。一是按照分区规划和地块详细控制规划，对选择入驻的产业项目进行审核，与土地分区规划和地块用途、发展方向不符的，严格审慎进入；二是对已入驻的产业项目，每三年对土地投资额、容积率、增加值和运营业绩等实施评估，判定是否符合入园承诺指标，根据评估结果，清退达不到要求的企业（曹端海，2012）。同时，新加坡通过调高租金、到期不再续租等手段，引导效益不佳或已经处于衰落阶段的产业项目退出。另外，新加坡对土地用途实施监管，利用税收等手段对土地用途进行管制，如土地利用用途变动，加收土地使用者土地增值收益的增值税。

（三）英国差别化管理实践

英国实行的是土地分类管理，中央一级并未设置统一的土地管理机构，负责土地管理的机构主要有社区和地方政府事务部、环境食品和农村事业部、林业委员会以及司法部等（陈勇，2007）。社区和地方政府事务部主要负责城市发展和住房用地；环境食品和农村事业部主要负责农地和农村发展用地；林业委员会负责森林和林地管理与统计等；司法部主要管辖土地登记局及处理相关法律事务（陈美华、罗亦泳，2009）。英国土地管理机构按照土地类型进行设置，体现出了土地用途与功能的差异性，对我国土地用途管制和地类差别化管理具有参考意义。

英国中央政府每年通过各类经济计划，为一些尚未有机构开发的特殊用地与地区提供资助，资助目的主要是废弃地、工业区、旧城区的升级改造及保护（谭文兵，2008）。同时，英国中央政府通过改变税收政策来调控土地市场行为，减免某些特殊地区的地方税、土地开发税、公司所得税等，利用税收资金为城区内投资大、周转慢、利润低甚至亏损的大型基础设施、公用服务设施、公共工程、生态环境平衡保护工程等项目承担土地开发费用（谭文兵，2008）。英国这种经济计划和土地税收制度更加精细、有效，针对性强，我国可参考借鉴，针对不同区域或项目制定差别化的税收标准和土地税收调控手段，提高土地市场运行效率。

英国的土地利用规划具有法律效力，政府实施"为社会的未来而规划"的政策，根据出现的不同问题不定期地出台规划政策指引，有针对性、差别化地对某些方面的规划做出纲领性的规定，其土地规划的重点是土地开发（陈美华、罗亦泳，2009；蔡玉梅，2013）。英国土地开发利用活动主要是利用存量土地进行开发建设。英国通过规定新增用地区域、鼓励开发存量用地等途径实现土地集约节约利用。在建设用地节约集约利用方面也运用了差别化的土地政策，具有如下特点：新增建设用地规模变化平稳；新增建设用地中服务业用地有所增加；不同类型的新增建设用地占用存量建设用地比重存在差异化；新建住宅密度不断增加（蔡玉梅，2013；郭冬艳、毛良祥，2014）。英国的存量用地开发利用模式对我国开展差别化的存量建设用地调查与监测具有重要指导意义。

五 国内差别化土地管理研究

（一）建设用地差别化管理

建设用地是我国经济增长、社会发展的重要投入要素。建设用地的高效管理能够推动区域社会经济健康持续发展、促进资源高效利用。但是随着城镇化的不断推进，我国建设用地面积快速扩张，利用效率低下，土地供需矛盾更加突出，区域经济呈现非均衡发展态势。建设用地差别化管理可以对建设用地总量和增量指标进行调整，提高建设用地配置效率；同时，通过建设用地差别化管理，可推动用地指标向着用地效率更高的区域和产业流动，促进土地资源的均衡配置（欧胜彬等，2014）。因此，建设用地差别化管理是落实节约优先战略、保障和促进科学发展的根本要求，也是立足我国国情和发展阶段的现实选择（董祚继，2012）。有关建设用地差别化管理的研究主要集中在建设用地总量差别化配置方法和建设用地差别化管理模式等方面。

（1）建设用地总量差别化配置方法

建设用地总量差别化配置是在建设用地总量约束下，综合考虑各区域经济社会发展需求、生态环境约束及土地资源禀赋特征，差别化确定一定时期内各区域建设用地总量的过程（刘琼等，2013）。不少学者围绕建设用地总量差别化配置展开了研究。刘琼等（2013）利用国民生产总值、建设用地容量、总人口、农村建设用地整理潜力等指标，采用信息熵求和最大化方法确定了建设用地总量的区域差别化配置方案，为建设用地总量区域差别化配置提供了一种技术方法。夏燕榕（2009）依据建设用地扩张的经济效率，探讨了差别化用地计划的编制方法，为土地利用计划差别化管理提供了参考。翟腾腾等（2014）在考虑"相对资源承载力"的基础上，建立了建设用地总量测度模型，实现了研究区域规划目标年建设用地合理规模的测算，为总量差别化配置提供了参考。上述总量配置思路以"控量"为主，通过指标体系来控制和分配，而指标体系往往存在"不易算""不易分""不易控"的问题。因此，有学者提出了以"控界"为主的建设用地总量差别化配置模式，即通过确定建设用地扩展边界，实现城镇建设用地空间管制和总量控制。吴次芳（2009）、Pendal（2002）等提出通过边界设定和配套政策两方面实施城市用地空间增长管理：在边界设定方面，可将城市绿化带、增长边界及服务边界在不同区域综合使用；在配套政策方面，可制定相应的税收、产权管理等政策，增强边界控制政策的灵活性和适应性。冯小杰（2011）通过对城市增长边界理论与应用的探讨，指出城市增长边界控制是城市增长管理的重要手段，在提高城市空间增长质量和控制城市建设用地扩张等方面起到了一定的作用，实际操作中应结合现行规划管理手段展开城市增长边界的适用设计。实际上，《全国土地利用总体规划纲要（2006—2020年）》也明确指出，实行城乡建设用地扩展边界控制，落实建设用地空间管制规则。但是，目前我国城市建设用地边界控制的实施仍然处于一种模糊和探索的阶段，边界控制的地位缺乏明确的法律保障，边界划定较为模糊和粗糙，边界控制缺乏相应的配套措施，导致建设用地边界控制实施的约束力不强，控制成效也不理想，未来仍然有很大的改善空间（冯科等，2010）。由此可见，建设用地总量配置是以"控量"为主还是以"控界"为主，一直存在争论，还需要进一步深入研究。

（2）建设用地差别化管理模式

建设用地差别化管理不仅包括建设用地"量"的管控，还包括"质"的管理。建设用地差别化管理模式则是在"控量"的基础上，加强对"质"的管理，是推进建设用地差别化管理的重要措施。建设用地差别化管理模式应坚持效率优先、着眼产业发展、强化土地合理利用等原则，通过优化产业空间布局、突出"差别化"特征、提高土地利用效率、实行用地指标奖励等途径来实现（欧胜彬等，2014）。为进一步落实建设用地差别化管理政策，发挥政策绩效，有学者提出，在划分管控区的基础上，实施建设用地差别化管制，提高政策的针对性和有效性。如李鑫指出，建设用地差别化管理必须创新思路，一方面，通过总量控制方式调控建设用地供给，另一方面，差别化调控建设用地在不同区域的配置（李鑫、欧名豪，2011）。孔伟等（2014）考虑到资源禀赋的区域差异，按照建设用地集约利用特征将研究区域划分为不同的建设用地管控区，并在总量管控、增量供给、用地门槛、存量挖潜等方面实施差别化集约利用管控策略，为建设用地差别化管理实施提供了借鉴。翟腾腾等（2014）基于相对资源承载力将研究区建设用地分为优先开发、适度开发、合理缩减、快速缩减四类管制区域，并从总量控制、增量分配、产业调整、集约管控、土地置换等方面探索建立差别化建设用地管制政策体系。吴斌等（2013）

根据建设用地利用效益的区域差异，将研究区分为调整优化、重点发展、适度发展与生态保护等不同区域，并制定差别化的建设用地管理政策，为土地精细化管理提供了参考。实际上，建设用地差别化管理能否真正实现差别化，能否真正发挥管理绩效，还取决于相关配套制度设计是否完善，包括用地审批、监督管理、绩效评估等配套政策与制度（童彤，2012）。

（二）产业结构调整与差别化土地管理

加快经济发展方式转变，促进产业结构调整和转型升级是"十二五"规划中的重要内容，也是经济社会平稳可持续发展的重要战略选择。目前我国主要通过相关的财政与金融方面的政策与手段推进产业结构调整与升级，对效益差、产能低、技术落后的产业进行限制甚至淘汰（高向军等，2012）。然而，由于市场机制的运行，再加上资源环境的约束，传统调控手段在促进产业结构调整和升级中面临产业结构不合理、产能过剩、资源消耗大、产业用地效率不高等诸多困境。土地政策是政府宏观调控的重要工具，土地调控为缓解产业用地需求矛盾，促进产业结构转型升级和产业用地效率提升提供了一条新的途径（甘藏春，2009；高向军等，2012）。从理论上看，土地资源的开发利用结构是形成产业结构的基础，土地利用结构的不断调整与优化可以促进产业结构的调整与升级（Lin 和 Ho，2005；彭快先，2009；张杰，2011）。而土地利用结构的调整直接取决于相关的土地利用政策，已有研究详细阐述和论证了土地政策促进产业结构调整的作用机制、调整路径及对策措施（卢为民，2008；杨重光，2010；张杰，2011）。

2012 年，国土资源部和发展改革委联合颁布了《限制用地项目目录（2012 年本）》和《禁止用地项目目录（2012 年本）》，将我国产业供地目录分为鼓励、限制、禁止三类。国土资源部出台的《关于推进土地利用计划差别化管理的意见》明确提出有保有压安排产业用地，以支持战略性新兴产业、高技术、高附加值、低消耗、低排放的项目用地。之后，国土资源部一直在积极研究支持战略性新兴产业发展的地价、供地政策，探索以产业转型、相关项目发展状态和前景为依据的差别化产业供地政策。我国各省份也根据产业政策和差别化土地政策，积极实施产业差别化供地政策。云南借助国家给予的差别化产业政策引导支持，立足资源和区位优势，优化产业布局，对优势产业实行"一产一策"，加快产业转型升级，实现产业跨越发展。海宁市出台了《海宁市土地供应差别化管理实施意见（试行）》，对新出让土地实行差别化供地政策、差别化供地方式、差别化土地供应、差别化地价标准、差别化用地管理，从而进一步优化全市土地供应，积极探索实施差别化的土地供应政策，调整与优化产业结构（沈虹，2013）。深圳通过差别化供地、差别化地价、差别化管理模式，以结构性、差别化的土地供给，引导空间资源向产业转型升级的重点方向、重点领域、重点行业和重点企业配置（游春亮，2013）。珠海市充分发挥土地的调控作用，按照统筹安排、突出重点、区别对待、有保有压的原则，实行差别化土地供应政策，引导产业有序转移，促进产业结构调整优化，推进区域经济协调发展（国家土地督察广州局，2010）。为确保最优质的土地资源用于优势产业，三亚市加强土地供应调控，实行差别化供地，土地供应重点向旅游产业及相关的现代服务业、民生项目、基础设施项目倾斜，通过调整土地利用结构促进区域优势产业发展（周旋、邢代洪，2011）。可见，差别化土地政策已成为当前及今后调整产业结构、促进产业转型升级的重要的土地调控手段。然而，综观当前的产业差别化土地政策，主要侧重对产业用地供应环节的管理，对已有产业用地的差别化管理关注较少，对产业用地批后的差别化管理尚未深入讨论。

（三）区域发展与差别化土地管理

目前，我国土地要素投入对区域经济增长依然有着显著的贡献。通过耕地保护、土地规划、用途管制、用地计划等土地管理手段，对区域土地资源功能用途、开发利用方式、用地总量、利益分配等进行调控，是促进区域经济快速发展的重要途径。但是，我国土地管理政策的普适性以及区域的差异性，导致土地管理政策针对性不强，没有考虑到区域经济发展和自然资源禀赋的非均衡性，未能发挥区域比较优势，难以提高土地利用的总福利水平（姜开宏等，2004）。而差别化土地政策能够根据区域比较优势，有针对性地解决区域发展的突出问题，促进耕地保护和用地集约，推进经济结构转型与区域协调发展，能够适应区域社会经济发展的新形势和新要求（杨刚强等，2012；陈晟，2011），成为我国土地管理的重要战略选择。

关于差别化土地管理与政策作用，以及其对促进区域发展的传导机制，目前已有较为丰富的研究。熊凯（2010）认为，差别化的土地利用政策可用于生态和农业地区土地政策制定，增加林地、水系、湿地等绿色生态用地，协调经济发展与环境保护的关系；同时，能充分发挥各区域的优势和潜力，实现总体区域效益最大。杨刚强等（2012）认为，差别化土地政策可以对不同地区的土地供应总量、布局、结构和时序进行适时适度调节，实现经济活动和利益分配更有效、更公平的区际分布，缩小地区发展差距和促进基本公共服务均等化。差别化土地政策通过两种方式作用于区域发展：一是影响市场机制的发展；二是影响社会、市场、政府及三者之间的关系。差别化土地政策对区域发展的传导途径主要有三种方式：对区域土地要素供给的差别化调控、对区域土地资产价格的差别化调控、对区域土地金融市场的差别化调控（杨刚强、张建清，2012）。

为完善差别化土地政策体系，更好地发挥差别化土地管理作用，已有研究从差别化土地分区管制、主体功能区差别化土地政策、差别化土地管控手段、差别化土地管理配套政策等方面建立和完善差别化土地管理模式与政策，以促进区域快速协调发展。蔡玉梅等认为，我国各地区间的区域差异显著，客观上要求划分不同的区域，明确各区域土地利用方向与重点，应在分区的基础上，因地制宜地实施差别化土地政策，充分发挥各地区的比较优势，促进区域间合理分工与协作（蔡玉梅、郑伟元，2009）。胡存智（2011）通过分析主体功能区建设与差别化土地管理的关系，指出不同功能区应实施差别化土地政策，如在优先开发区实施转变经济发展方式的土地政策，在限制开发区保护耕地、加强基本农田建设，保障重点开发区用地需求，禁止在自然保护区进行土地开发建设，等等，推进主体功能区建设，进而促进区域发展。刘新卫（2011）指出，差别化土地政策应从区域社会经济发展阶段、土地利用现状和土地资源禀赋出发，运用经济、行政、法律等多种手段来实现。其中，经济手段包括税费调节、价格管理、收益分配、融资改革；行政手段包括计划调控、规划管制、审批管理；法律手段则包括执法监察和建章立制等。当然，为充分发挥差别化土地管理与政策绩效，还应完善差别化土地政策调控工具和调控监测及预警体系，加强差别化土地政策与财政、货币等政策的配套协调，同时提高差别化土地政策传导机制的运行效率（杨刚强等，2012）。

六　相关研究评述

（一）土地资源空间异质性研究评述

通过对空间异质性和土地资源空间异质性的内容、应用领域、研究方法的总结与分析，可以发现：

（1）空间异质性的普遍性和重要性是毋庸置疑的，空间异质性普遍存在于土地资源利用与管理中，且影响着土地资源利用与管理。从土地资源空间异质性研究内容可知，土地功能用途、土地利用结构、资源诅咒程度、资源禀赋、土地利用效率、土地管理绩效等都存在空间差异性，实质上这些就是土地资源空间异质性的直接表现。而从其应用领域可以看出，在土地生态景观规划、土地资源利用、产业用地布局、土地市场调控、统筹区域发展和创新土地管理模式等活动中，均需要考虑土地资源的空间异质性，土地资源空间异质性是土地利用与管理活动的重要影响因素和参考依据。

（2）关于土地资源空间异质性的全面系统研究还比较少见，尤其是土地资源空间异质性的内涵、机理、研究方法等，还需要进一步深入研究。现有关于土地资源空间异质性的研究文献，大多侧重于研究土地、产业、社会、经济等某一种资源的单一属性的空间异质性，割裂了土地资源的整体性、相关性和多属性等特性，缺乏基于土地资源整体视角的研究。同时，已有对于土地资源空间异质性的研究，侧重于空间异质性的定性描述，缺少全面的定量分析，降低了研究结果的应用价值。总体来讲，土地资源空间异质性的研究还缺乏一套完整的分析框架和度量方法。

（二）差别化土地管理研究评述

从国外差别化土地管理做法和国内差别化土地管理相关研究可以看出：

（1）差别化土地管理已成为我国深化土地管理制度改革，缓解土地供需矛盾，调整产业结构，促进区域协调发展的重要政策选择。从差别化土地管理的政策背景可知，我国最新的土地规划、主体功能区规划以及相关部委文件多次明确和强调了实施差别化土地管理的必要性和重要性，国土部门也在不断实践和探索创新差别化土地管理模式。差别化土地管理将是新时期土地管理改革的重要内容与创新领域。

（2）我国差别化土地管理模式与政策还处于不断探索与完善阶段，现有的差别化土地管理研究主要集中在建设用地差别化管理和差别化产业供地模式等方面，差别化土地管理内容和政策体系还有待丰富和完善。已有研究重点关注建设用地总量和增量配置、产业供地环节管理等内容，对其他类型土地利用以及建设用地批后管理、存量建设用地差别化管理和已有产业用地差别化管理等方面的关注度不够。而差别化土地管理与产业结构调整、经济社会发展以及城镇化进程密切相关，需要综合考虑多方面需求。因此，丰富差别化土地管理内容、完善差别化土地管理政策体系是值得深入研究的问题。

（3）资源环境承载能力、土地利用效率、区域主体功能、社会经济发展阶段、资源禀赋状况、区域比较优势等差异性，是制定和实施差别化土地管理的重要依据。然而，在已有研究中，针对单一资源的差别化或基于某一种视角的差别化政策研究较多，未能充分结合土地资源禀赋差异性和土地资源所处空间的差异性。因此，应充分考虑土地资源空间异质性及其对土地资源利用与管理的作用机制，构建差别化土地管理模式显得十分必要。

（4）虽然已有研究认识到差别化土地管理需要相关配套政策设计，以保障差别化土地管理顺利实施，但是这方面的研究还比较滞后，差别化土地管理政策支撑体系还有待创新。差别化土地管理涉及众多领域和部门，在推广实施过程中难免遇到现行的相关体制与机制阻碍，影响差别化土地管理运行效率。而现有研究对差别化土地管理政策支撑体系的研究还不够深入，亟须建立和完善差别化土地管理政策支撑体系。

第三章 武汉城市圈土地利用差异与管理制度改革

第一节 武汉城市圈概况

一 自然地理概况

（一）地理位置条件

武汉城市圈是由武汉及其周边 100 千米内的黄石、鄂州、孝感、黄冈、咸宁、仙桃、天门、潜江九个城市构成的区域经济联合体，城市圈以武汉为中心。2002 年，湖北省委省政府首次提出了发展"武汉城市群"的战略构想。2004 年，湖北省政府下发文件，正式确立了武汉城市圈概念，并明确提出了武汉城市圈建设实施"四个一体化"发展思路，即推进城市圈产业、基础设施、城市发展、区域市场一体化建设。2007 年，武汉城市圈被批准为全国资源节约型和环境友好型社会（简称"两型社会"）建设综合改革配套实验区，要求其以"资源节约和环境保护"为目标，全面投入各个领域的改革，探索新型城镇化发展道路，促进资源、环境、人口、经济、社会等协调发展，为推动我国体制改革、社会和谐科学发展发挥示范作用。城市圈位于湖北省东部，长江中下游，是我国"中部之中"的经济腹地和重要交通枢纽。武汉城市圈中，武汉为城市圈中心城市，黄石为城市圈副中心城市。武汉城市圈区位示意图见图 3-1。

（二）地形地貌条件

武汉城市圈总面积为 5.8 万平方千米，呈现出三面环山、向西开口的地貌特征，东北部为桐柏—大别山脉，东南部为幕阜山脉，形成了城市圈"横八字"的中低山丘陵地貌；城市圈西部开阔，为波状岗地平原，与江汉平原接壤（宁国民等，2006）；中部为平原和低山丘陵，地势低洼，湖泊众多，是长江、汉江交汇处。城市圈地形以平原、低山丘陵和山地为

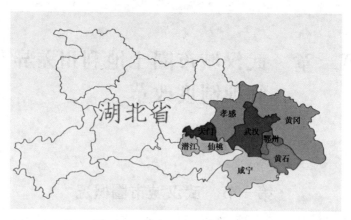

图3-1　武汉城市圈区位示意图

主，平原面积占城市圈土地面积的一半，低山丘陵和山地分别占总面积的30%和20%，城市圈水域面积（湖泊、河流、坑塘、水库等）占总面积的15%。武汉城市圈的整体地势表现为中间低、南北高，地势起伏较小，城市圈地势最高的是大别山主峰天堂寨，海拔1729米；城市圈北部为鄂东北低山丘陵，被桐柏山和大别山环绕；南部为鄂东南低山丘陵，属幕阜山脉；中部和西部为江汉平原，湖泊众多，水资源丰富（黄彧，2012）。

（三）气候土壤条件

武汉城市圈位于我国中部地区，为北亚热带季风湿润气候，日照比较充裕、降雨量丰富、四季分明、夏热冬冷。由于受到江淮准静止锋和西北太平洋副热带的影响，城市圈夏秋较干旱。武汉城市圈年均日照达2000—2250小时，平均气温为15—18℃，无霜期为250—300天，大于10℃积温为4700—5400℃，年降水量为95—160厘米，水资源和热量比较丰富，适合农作物生长。城市圈地处江汉平原，土壤肥沃，土壤类型以黄棕壤、水稻土、红黄壤、潮土等为主；其中，黄棕壤主要分布在城市圈长江以北地区；水稻土主要分布在江汉平原区；红黄壤主要分布在城市圈东南低山丘陵地带，如黄石、咸宁地区；潮土广泛分布在长江与汉江沿岸的冲积平原、河流阶地、河漫滩及滨湖地区的广阔低平地带，城市圈中武汉、孝感、黄冈等地区潮土面积分布较多（黄彧，2012）。

（四）水资源概况

武汉城市圈水系发达，江河纵横，河网密布，水库众多，水资源丰富，内部水域面积占武汉城市圈总面积的15%。城市圈内全长超过5千米的河流近 700 条，主要河流有长江、汉江、举水、倒水等，其中长江为最长，长度为 549.81 千米，流经咸宁、武汉、鄂州、黄石等城市（黄彧，2012）。武汉城市圈湖泊纵横，大小湖泊近千个，其中面积较大的有梁子湖、斧头湖、保安湖等，为城市圈涵养水源、调节气候发挥了重要作用。2012 年，武汉城市圈降水量、水资源总量、人均与亩均占有量空间分布不均衡，从地表水资源量看，城市圈地表水资源量为 313.53 亿立方米，地下水资源量为 84.44 亿立方米，其中黄冈地下水资源量最为丰富，为 27.81 亿立方米，而鄂州最少，为 1.90 亿立方米。从降水量来看，城市圈降水量为 740.95 亿立方米，黄冈、咸宁降水量比较丰富，鄂州市降水量偏少；从水资源总量来看，咸宁、黄石等城市水资源总量丰富，而天门、潜江水资源匮乏；从亩均水资源占有量看，咸宁、黄石、鄂州、黄冈亩均水资源占有量高于全省平均水平，孝感、天门等农业大市水资源需求量大，但亩均水资源占有量较低，不利于农业生产。从人均水资源拥有量看，城市圈各地区人均水资源拥有量差异显著，武汉、孝感的人均水资源量较低，不足 500 立方米，而咸宁人均水资源量则高于 4000 立方米，远远高于全省和城市圈平均水平。2012 年武汉城市圈水资源量见表 3-1。

表 3-1　　　　　　　　　　　　2012 年武汉城市圈水资源量

	年降水量 （亿立方米）	地表水 资源量 （亿立方米）	地下水 资源量 （亿立方米）	总水资 源量 （亿立方米）	产水模数 （万立方米/ 平方千米）	亩均 （立方米）	人均 （立方米）
武汉市	106.60	40.94	10.86	44.22	51.90	1446	437
黄石市	67.10	36.09	8.15	37.21	81.70	2769	1524
孝感市	78.32	18.62	6.62	19.89	22.30	505	411
黄冈市	212.93	84.70	27.81	87.46	50.20	1727	1404
鄂州市	19.70	9.05	1.90	10.66	66.60	1777	1012
咸宁市	178.18	101.57	20.31	103.54	105.10	4408	4183
仙桃市	29.51	9.13	3.24	10.97	43.30	808	926
天门市	26.34	6.76	3.49	8.15	31.10	495	593
潜江市	22.27	6.67	2.06	7.96	39.80	752	837
全省	1942.93	783.76	262.77	813.88	43.80	1601	1408

数据来源：根据湖北省 2012 年水资源公报整理得到。

（五）矿产资源概况

武汉城市圈矿产资源较为丰富、分布广泛，跨越了湖北省成矿带的

"三带一区"，即武当山—大别山成矿带：鄂东北（孝感北部、黄冈）地区处于此成矿带，主要分布有铁、钒、铜、铅、锌、银及各类建筑石材等矿产；长江中下游成矿带：该矿带主要有铜、铁、金、银和建材非金属等矿产分布，黄石、鄂州、咸宁北部地处此成矿带；钦杭成矿带：主要分布有金、银、钨、钼、锑和建材非金属等矿产，鄂南地区（咸宁市）处于此成矿带；鄂中江汉坳陷区：该区有石油、盐矿、卤水、芒硝、石膏等矿产，天门、潜江、孝感南部处于此成矿带。从矿产资源种类看，武汉城市圈能源类矿产稀缺，建材化工与冶金辅助材料等矿产丰富，优势矿产主要有盐、石膏、石灰岩等，芒硝、钛等为城市圈潜在优势矿产。从矿产资源分布情况看，城市圈矿产资源分布地域特征明显。其中，城市圈东南部主要有富铁、富铜和金、钨等矿产；东北部重稀土、钛、萤石矿产资源分布较为集中；中南部石油、石膏、芒硝等矿分布广泛。2012年武汉城市圈矿山企业统计见表3-2。从工业总产值来看，排名前三的城市为黄石（589125.4万元）、黄冈（217155.1万元）、鄂州（206499.34万元）。从矿山分布来看，矿山数排名前三的城市为黄石（357家）、黄冈（344家）、咸宁（274家）。从销售总收入来看，排名前三的城市为黄石（589897.24万元）、鄂州（206121.16万元）、黄冈（197508.6万元）。从矿山从业人员分布来看，排名前三的为黄石（33043人）、孝感（13302人）、黄冈（7145人）。可见，黄石矿产资源最为丰富，开发利用程度高，鄂州矿产资源开采利用也较好，而孝感、黄冈和咸宁需要进一步提高矿产开发中的科技含量，发展矿产资源深加工业，提高产品附加值和矿产综合利用效率。

表3-2　　　　　　　　　2012年武汉城市圈矿山企业统计表

行政区	矿山数（家）	从业人员（人）	工业总产值（万元）	销售总收入（万元）	利润总额（万元）
武汉市	49	1967	7233.20	7118.20	-1102.49
黄石市	357	33043	589125.40	589897.24	111171.94
鄂州市	87	6105	206499.34	206121.16	68363.18
孝感市	155	13302	105938.55	103189.79	8902.90
黄冈市	344	7145	217155.10	197508.60	15500.40
咸宁市	274	5260	79827.00	79482.54	9421.44

二　社会经济概况

武汉城市圈由武汉、黄石等 9 个城市 48 个县级行政单元组成，处在我国中部的经济腹地。目前，城市圈内武咸、武冈、武黄城际铁路已开通运行，城市圈城际铁路网已初步形成。城市圈环线高速的东环、南环已经通车，一体化的综合交通运输体系即将面世。同时，城市圈拥有长江中游最大的航运中心，长江、汉江等主航道运行通畅，水路运输极为便利。另外，城市圈拥有我国第三大通信业务指挥调度中心和电信光缆环网的交会中心，具有优越的通信区位。城市圈公路、铁路、水运、网络信息等交通运输方式极为便利，是湖北最活跃的区域。武汉城市圈长期作为国家"粮棉油"主产区，农业基础坚实，现代工业体系齐全，服务业初具规模，具有比较雄厚的产业基础。同时，武汉城市圈是中部地区人才与智力资源的密集地，具有科技教育与智力资源优势。2012 年，城市圈总面积为 5.8 万平方千米，占湖北省总面积的 1/3，其中黄冈土地面积最大，占城市圈总面积的 30.05%，鄂州最小，占 2.75%。2012 年，城市圈常住人口 3062.85 万，占湖北省总人口的 53.00%，其中武汉市人口规模最大，占城市圈总人口的 33.04%，潜江市人口规模最小，仅为城市圈总人口的 3.10%。当前，城市圈城市化率为 37.39%，高于全省 34.56% 的平均水平，就业人口规模 1736.79 万人，占全省总就业人口的 47.11%，其中武汉市就业人员最多，占总就业人口的 29.16%，潜江市最少，仅占 3.19%。从城镇化水平来看，武汉城市圈的户籍城镇化率为 37.79%，虽然比全省的平均水平高出 3.24%，但仍然偏低，提高和改善居民物质生活水平仍然是城市圈发展的重中之重。另外，城镇化水平最高的武汉市，城镇化率达到 67.54%，而最低的孝感市不足 20%，有 2/3 的城市城镇化水平低于全省平均水平，城市圈内部城镇化水平差异显著。综上所述，武汉城市圈在土地面积、人口规模、城市化水平、就业人口规模等方面存在显著区域差异，在社会发展和政策制定过程中，应有的放矢地考虑各区域的社会发展状况。

优越的交通区位、坚实的产业基础以及较强的科教实力，使武汉城市圈成为中部崛起中极为重要的战略支点和增长极，也是中部重要的人口集聚中心和先进的产业集聚区。尤其是近年来，城市圈根据"两型社会"建设要求，全面投入各个领域改革，社会经济发展迅速，城市圈整体竞争力显著提高，在探索新型城市化道路、推动全国体制改革、实现科学发展与社会和谐中发挥了积极作用。2012 年城市圈 GDP 为 13883.58 亿元，比上年增长 17.01%，人均 GDP 为 45329 元，比上年增长了 16.10%，社会消费品零售总额为 5992.54 亿元，比上年增长了 15.11%，社会固定资产投资额为 9761.80 亿元，比上年增长了 24.78%。城市圈三次产业结构比例由 9.41∶49.21∶41.38 调整为 9.75∶49.50∶40.75，农业和工业比重有所提升，服务业比重有所降低，农民人均纯收入由 6992.76 元增加到 7957.00 元，城镇居民可支配收入由 21636.25 元增加到 24297.13 元。城市圈地区生产总值和社会消费品零售总额分别占湖北省的 62.40% 和 62.67%。各城市单元中，武汉市地区生产总值和社会消费品零售总额均占了城市圈总产值的近六成，其他城市生产总值和社会消费品零售总额所占比重均在 10% 以下。九个城市中，地区生产总值最高的是武汉市，是天门市的 24.92 倍；人均地区生产总值最高的是武汉市，是黄冈市的 4.13 倍；武汉市农民人均纯收入和城镇居民可支配收入最高，分别为 11190.44 元和 27061.00 元，黄冈市农民人均纯收入最低，仅为武汉市的一半，天门市城镇居民可支配收入最低，不足武汉市的六成；武汉市社会固定资产投资额和消费品零售总额也远远高于其他城市。可见，武汉城市圈内部地区生产总值、人均生产总值、社会消费品零售总额、社会固定资产投资额、农民人均纯收入等经济发展水平存在明显的区域差异。2012 年武汉城市圈主要社会经济指标见表 3-3。

表 3-3　　　　　　　　2012 年武汉城市圈主要社会经济指标

指标 单位	土地 面积 (平方千米)	常住 人口 (万)	GDP (亿元)	人均 GDP (元/人)	就业 人员 (万人)	固定资产 投资额 (亿元)	农民 人均 纯收入 (元)	城镇居民 可支配 收入 (元)	消费品 零售总额 (亿元)	城镇化 率 (%)
武汉市	8494	1012.00	8003.82	79089	506.40	5031.25	11190.44	27061.00	3467.37	67.54
黄石市	4583	244.07	1040.95	42650	134.80	750.95	7477.35	19417.00	413.50	47.05
鄂州市	1594	105.35	560.39	53193	64.07	450.01	9072.08	19306.60	182.20	25.74
孝感市	8910	483.31	1105.16	22866	301.60	980.82	7988.21	18091.00	535.50	18.63
黄冈市	17446	623.19	1192.88	19142	355.00	1102.94	6141.91	16765.39	559.37	32.70
咸宁市	9861	247.50	773.20	31240	150.55	756.45	7505.41	16913.00	289.54	27.17
仙桃市	2538	118.49	444.20	37488	89.20	241.33	9076.40	17280.00	200.81	26.71
潜江市	2004	95.04	441.76	46481	55.37	237.06	8785.07	17450.85	137.36	49.06
天门市	2622	133.90	321.22	23990	79.80	210.99	8506.80	15685.00	206.91	26.51

指标 单位	土地 面积 (平方千米)	常住 人口 (万)	GDP (亿元)	人均 GDP (元/人)	就业 人员 (万人)	固定资产 投资额 (亿元)	农民 人均 纯收入 (元)	城镇居民 可支配 收入 (元)	消费品 零售总额 (亿元)	城镇化 率(%)
城市圈	58052	3062.85	13883.58	45329	1736.79	9761.80	7957.00	24297.13	5992.54	37.79
湖北省	185900	5779.00	22250.45	38572	3687.00	16504.17	7852.00	20840.00	9562.50	34.56
占全省 比重 (%)	31.23	53.00	62.40	117.52	47.11	59.15	101.34	116.59	62.67	109.37

数据来源：根据《湖北统计年鉴》(2013) 整理得到，其中城镇化水平等于非农业人口与户籍人口之比，数据来源于《全国分县市人口统计资料 (2012) 》。

第二节　土地利用差异分析

一　土地利用数量差异分析

(一) 土地利用数量空间差异

根据武汉城市圈第二次土地利用调查及变更数据，2012 年武汉城市圈总面积为 5.8 万平方千米，其中耕地面积所占比例最大，为 35.87%，然后依次为林地、其他农用地、居民点及工矿用地，占比分别为 28.82%、11.36%、10.09%，牧草地和交通运输用地占比较低，其中，交通运输用地占比不足 1%，见图 3-2。从各用地类型面积占比可见，城市圈各类型用地数量存在明显差异。城市圈中，交通运输用地和居民点及工矿用地所占比例偏低，基础设施建设力度有待进一步加大；耕地面积所占比例虽然较高，但是人均耕地仅 0.98 亩，低于全省和全国水平（分别为 1.18 亩和 1.4 亩），表明城市圈耕地资源比较紧张。此外，武汉城市圈未利用地比重为 7.14%，说明城市圈土地尚有开发利用空间，但未利用地中多为滩涂和盐碱地，土地开发利用潜力有限。

2012 年城市圈九个城市中，耕地面积比重最大的是天门市，占其总面积的 64.39%，比重最小的是咸宁市，仅为天门市的 1/3。园地比重最大的是黄冈市，占 4.63%，是最小的仙桃市的 17.15 倍。林地比重最大的是咸宁市，占其总面积的 55.04%，仙桃市最小，仅 1.74%，但是仙桃市其他农用地比重较高，是咸宁市的 5.14 倍。牧草地比重最大的是黄石市，

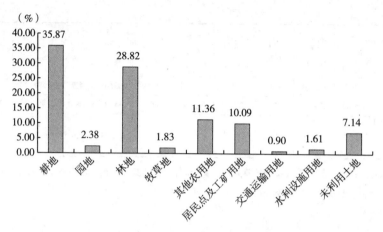

图 3-2　2012 年武汉城市圈土地利用现状

其次为咸宁市，均在 3% 以上，而武汉、仙桃、潜江、天门等市均不足 1%。居民点及工矿用地和交通运输用地比重最大的均为武汉市，分别占到 17.28% 和 2.04%，远高于其他城市，尤其是咸宁、黄冈居民点及工矿用地比重较小，不足 10%，天门、潜江等市交通运输用地比重很小。鄂州、武汉、黄石未利用地比重较高，均占到土地面积的 10% 以上，天门、潜江比重较低，不足 4%。相对其他用地类型，各城市水域及水利设施用地比重差异较小，比重最大的为潜江市，最小的为鄂州市和仙桃市，前者为后者的 2.77 倍。2012 年武汉城市圈各城市用地类型比重见表 3-4。

表 3-4　　　　　　　　2012 年武汉城市圈各城市用地类型比重　　　　单位:%

区域	耕地	园地	林地	牧草地	其他农用地	居民点及工矿用地	交通运输用地	水域及水利设施用地	未利用土地
武汉市	35.85	0.94	11.26	0.41	15.55	17.28	2.04	1.75	14.92
黄石市	26.14	1.53	37.13	4.19	7.58	11.20	0.85	1.08	10.30
鄂州市	36.49	0.54	9.00	1.50	17.30	14.39	1.36	0.92	18.50
孝感市	49.90	2.16	16.15	1.52	13.25	10.74	0.74	1.48	4.06
黄冈市	30.78	4.63	39.52	1.89	7.69	7.85	0.64	1.70	5.30
咸宁市	20.68	2.03	55.04	3.35	6.04	5.26	0.65	1.89	5.06
仙桃市	47.31	0.27	1.74	0.27	31.03	11.62	0.73	0.92	6.11
潜江市	62.23	0.42	3.21	0.03	18.10	9.57	0.60	2.55	3.29
天门市	64.39	0.34	3.42	0.33	14.24	11.69	0.60	1.34	3.66
城市圈	35.87	2.38	28.82	1.83	11.36	10.09	0.90	1.61	7.14

从上述分析可知，武汉城市圈土地数量存在显著的空间差异，一是土地利用类型的数量差异，即城市圈不同土地利用类型数量不同，存在差异；二是城市圈内部不同城市之间，土地利用类型数量存在差异。

（二）土地利用数量时序差异

总体来看，武汉城市圈各土地利用类型的增长速度和增减幅度等存在差异，主要表现为耕地呈现阶段性下降趋势，未利用地明显减少，而居民点及工矿用地和交通运输用地明显增加，林地稍有增加，等等。以2009—2012年为例，武汉城市圈耕地减少了316722.75亩，年均减少0.34%，林地减少了205269.15亩，年均减少0.27%，园地减少了71418.95亩，年均减少1.12%，草地减少了63334.80亩，年均减少1.28%，而居民点及工矿用地增加了97336.05亩，年均分别增加1.97%，交通运输用地增加了641715.15亩，年均增加2.58%。可见，武汉城市圈居民点及工矿用地和交通运输用地增加明显，建设用地扩张较快，应严格控制城市圈建设用地规模；而耕地和林地减少的速度虽然较慢，但是减少的数量较大，对城市圈耕地保护和生态环境保护造成压力。

从各城市单元来看，武汉城市圈内部各城市单元不同土地利用类型数量存在差异，主要表现在各城市单元不同土地利用类型变化趋势、增长速度和变化幅度等方面。如图3-3至图3-6所示，通过城市圈2002—2012年耕地、林地、居民点及工矿用地、交通运输用地四种主要用地类型来分析各城市单元土地利用类型数量的时间差异。在耕地数量方面，武汉市和仙桃市耕地数量一直呈现下降趋势；咸宁市和鄂州市变化趋势比较平稳；其他城市耕地数量变化趋势可分为三个阶段：2002—2008年呈现下降趋势，2008—2009年受土地分类标准与调查数据更新影响，呈现明显上升趋势，2009—2012年呈现出下降趋势。耕地数量增加幅度最大的是黄冈市，其次是孝感市，分别增加了25.87%、34.41%，年均分别增加3.62%和2.56%，武汉市和仙桃市减少幅度较大，分别减少了20.39%和11.48%，年均分别减少2.23%和1.19%，其他城市变化幅度相对平稳。在林地方面，林地数量呈上升趋势的城市为黄石、武汉、咸宁、天门等市，鄂州、潜江林地数量呈明显下降趋势，孝感、黄冈、仙桃呈先上升后下降的变化趋势。林地数量变化幅度最大的是天门市，增加了107.62%，年均增加11.22%；然后依次为武汉、黄石、咸宁，分别增加了37.65%、32.82%、27.03%，年均分别增加3.38%、3.25%、2.69%，波动较大；

黄冈变化幅度最小，较为平稳；仙桃总体变化幅度不大，但波动较大；鄂州减少幅度最大，减少了 19.84%，年均减少 2.01%。在居民点及工矿用地方面，城市圈内各城市用地规模都呈上升趋势，武汉市上升趋势最为明显，增加了近 70 万亩，上升趋势比较平稳的是仙桃市，增加了 5.5 万亩，与武汉差距明显；居民点及工矿用地增加幅度最大的是鄂州市，增加了 59.81%，年均增长 5.21%，其次为黄石市，增加了 56.79%，年均增长 4.87%，武汉市增加幅度也较大，达到 47.25%，年均增加 3.96%，孝感、黄冈、咸宁、潜江等市增幅均在 30% 以上，天门增幅相对较小，不足 20%，年均增速为 2%，增速较慢。在交通运输用地方面，黄冈市呈现先上升后下降再上升的趋势，其他城市用地数量呈现明显的上升趋势，变动幅度最大的是武汉市，增加近 15 万亩，其次为咸宁市，增加 6.29 万亩，变动幅度最小的是仙桃市，增加了 1.45 万亩；增长速度最快的是黄石市，年均达到 6.89%，增加了 84.61%，然后依次为鄂州、武汉、咸宁，分别增加了 59.37%、57.27%、47.13%，年均增速均在 4% 以上。

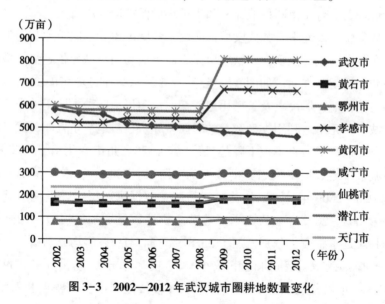

图 3-3　2002—2012 年武汉城市圈耕地数量变化

由上述分析可知，武汉城市圈土地数量存在明显的时间差异，主要体现在城市圈各类用地数量变化特征以及城市圈内部各城市单元用地数量的变化趋势、变化幅度和增减速度等方面。

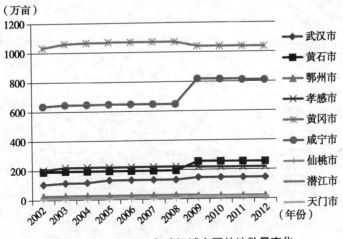

图 3-4　2002—2012 年武汉城市圈林地数量变化

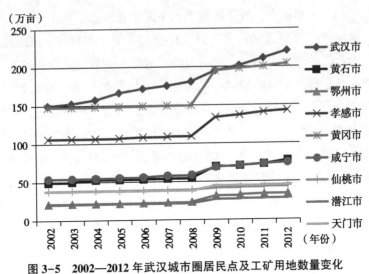

图 3-5　2002—2012 年武汉城市圈居民点及工矿用地数量变化

二　土地利用结构差异分析

（一）土地利用结构变化

采用三级分类体系，对武汉城市圈 2002—2012 年土地利用结构进行统计分析，结果如表 3-5 所示。2002—2012 年，武汉城市圈土地利用结构呈现出耕地比重阶段性变动、建设用地比重增加和未利用地比重大幅减少的总体态势。这说明，近年来武汉城市圈土地利用开发强度不断加大，

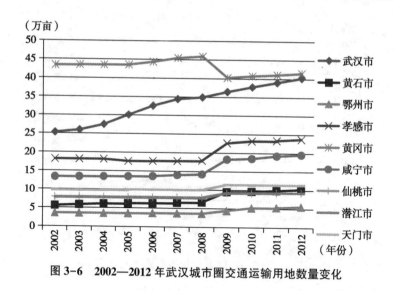

图3-6　2002—2012年武汉城市圈交通运输用地数量变化

土地利用程度不断提高，城镇用地规模不断扩张。农用地中，2002—2008年，耕地比重一直呈递减趋势，从32.99%降到31.74%，主要是因为城镇化、工业化的进程占用了大量的耕地。近年来，耕地减少的速度开始放缓，耕地总量得到适当的控制，一方面，严格保护耕地政策起到了作用，另一方面，土地整理开发与复垦在一定程度上增加了耕地数量。但是耕地比重依然处于递减状态，比重从2009年的36.25%减少到2012年的35.87%。2002—2012年，城市圈林地比重由25.59%变为28.82%，总体上呈现增长态势，表明我国退耕还林和林地保护政策得到有效实施。随着农业现代化的发展，城市圈农业种植结构不断调整，农用地集约水平不断提高，零散园地、草地以及粗放型其他农用地不断被开发与重复利用，导致其他农用地、园地和草地比重有所减少。再加上城镇化建设过程中建设用地的占用，农用地总体上呈现减少趋势。近年来，武汉城市圈城镇建设用地不断扩张，无论是总量还是变化速度，总体均呈上升趋势，建设用地比重从2002年的9.77%增加到2012年的12.60%。建设用地中，居民点及工矿用地增长最为明显，2002—2012年所占比重从7.22%增加至10.09%，增加近3个百分点；交通运输用地比重由2002年的0.60%增加到2012年的0.90%，增幅较为明显。未利用地在此期间减少较多，一是由于近年来土地整理开发复垦力度加大，宜农宜耕的未利用地被开发，成为补充耕地的重要来源；二是由于城镇化建设的开展，土地开发利用程度加大，尤其是未利用地的开发，为满足城镇发展的用地需求提供了用地来源。

表 3-5　　　　　　　2002—2012 年武汉城市圈土地利用结构变化　　　单位：%

	年份	2002	2003	2004	2005	2006	2007	2008	2009	2010	2011	2012
农用地	耕地	32.99	32.33	32.18	31.89	31.80	31.76	31.74	36.25	36.14	36.00	35.87
	园地	2.55	2.59	2.58	2.51	2.51	2.50	2.48	2.44	2.43	2.40	2.38
	林地	25.59	26.37	26.50	26.72	26.73	26.72	26.70	29.12	29.05	28.95	28.82
农用地	牧草地	0.29	0.29	0.23	0.11	0.11	0.11	0.11	1.92	1.91	1.88	1.83
	其他农用地	11.33	11.33	11.36	11.53	11.55	11.53	11.52	11.48	11.44	11.42	11.35
	小计	72.75	72.91	72.85	72.78	72.71	72.62	72.55	81.21	80.96	80.64	80.25
建设用地	居民点及工矿用地	7.22	7.27	7.37	7.50	7.60	7.69	7.79	9.29	9.50	9.76	10.09
	交通运输用地	0.60	0.62	0.64	0.68	0.72	0.76	0.78	0.75	0.79	0.82	0.90
	水利设施用地	1.95	1.95	1.95	1.95	1.95	1.95	1.95	1.61	1.61	1.61	1.61
	小计	9.77	9.84	9.96	10.13	10.26	10.40	10.52	11.64	11.90	12.20	12.60
未利用地	其他土地	9.67	9.61	9.61	9.77	9.74	9.73	9.72	0.49	0.50	0.50	0.50
	未利用土地	7.81	7.64	7.59	7.34	7.29	7.25	7.21	6.66	6.65	6.65	6.64
	小计	17.48	17.25	17.19	17.10	17.03	16.98	16.94	7.15	7.14	7.16	7.14

数据来源：根据武汉城市圈土地变更调查数据整理得到。

（二）土地均衡度变化

为了进一步分析城市圈土地利用结构变化特征，我们利用土地均衡度来反映城市圈内部各单元用地类型的结构格局和土地利用类型之间面积大小的差异，以指导区域土地利用结构调整与优化。土地利用均衡度计算公式为：

$$H = -\sum_{i=1}^{n} (A_i/A) \ln(A_i/A) / \ln n \qquad (3-1)$$

其中，H、n、A_i、A 分别表示土地利用均衡度、区域土地利用类型数、第 i 种土地利用类型面积、区域土地总面积。其中，A_i/A 表示第 i 种土地利用类型出现的概率，$\sum_{i}^{n} A_i/A = 1$。为方便计算，将土地利用类型分为耕地、园地、林地、草地、其他农用地、居民点及工矿用地、交通运输用地、水利设施用地、未利用地、其他土地十类。根据土地利用调查及变更数据，利用式（3-1），可计算出 2002—2012 年武汉城市圈土地均衡度，结果见表3-6。

从表3-6中可以看出，2002—2012年武汉城市圈土地均衡度逐渐增加，由0.813增加到0.830，表明城市圈土地类型面积差异在缩小，土地职能结构逐渐趋于均衡。从各城市单元来看，城市圈各城市单元土地均衡度存在明显差异。以2012年为例，土地均衡程度最高的是黄石市，均衡度为0.845，其次为孝感市，均衡度为0.805，表明黄石市和孝感市各类用地面积差异较小，比较均衡。土地均衡程度最低的是潜江市，均衡度为0.551，远低于黄石市，主要是因为潜江市农业用地较多，占了总用地的六成以上，土地结构比较集中。另外，城市圈各城市单元土地均衡程度总体上呈上升趋势，但在上升速度和局部变动特征上存在一定差异。如武汉市土地均衡度一直呈上升趋势，增加了5.36%，增长速度最快、增加幅度最大；咸宁市土地均衡度则增加缓慢，呈先下降后增长的变化特征，仅提高了0.36%，黄石和鄂州增长幅度也不足1%，变动比较平稳；而黄冈市土地均衡度总体上处于负增长状态，降低了0.28%，呈现先下降后上升再下降再上升的不规则变动特征；潜江市2002—2008和2009—2012年土地均衡度基本没有变化，2008—2009年波动较大；仙桃市则呈现出先增加后减少再增加的变动特征。可见，城市圈各城市单元土地均衡度增长速度、幅度和变动特征等存在明显差异。

表 3-6 　　　　　　　　　　2002—2012 年武汉城市圈土地均衡度

年份	2002	2003	2004	2005	2006	2007	2008	2009	2010	2011	2012
武汉市	0.726	0.739	0.742	0.745	0.750	0.754	0.755	0.758	0.759	0.762	0.765
黄石市	0.837	0.839	0.840	0.840	0.840	0.841	0.842	0.850	0.843	0.843	0.845
鄂州市	0.720	0.721	0.722	0.721	0.723	0.723	0.724	0.725	0.726	0.726	0.727
孝感市	0.789	0.792	0.792	0.771	0.771	0.771	0.771	0.779	0.803	0.804	0.805
黄冈市	0.796	0.791	0.789	0.789	0.789	0.789	0.790	0.794	0.793	0.793	0.794
咸宁市	0.754	0.751	0.751	0.751	0.751	0.753	0.753	0.754	0.752	0.755	0.757
仙桃市	0.597	0.603	0.610	0.610	0.612	0.612	0.611	0.628	0.615	0.617	0.618
潜江市	0.538	0.539	0.539	0.539	0.539	0.539	0.539	0.550	0.550	0.551	0.551
天门市	0.577	0.578	0.579	0.578	0.578	0.578	0.577	0.581	0.583	0.585	0.584
城市圈	0.813	0.814	0.814	0.813	0.814	0.815	0.815	0.824	0.827	0.829	0.830

　　由土地利用结构和均衡度变化可知，武汉城市圈土地利用结构存在差异。一是城市圈土地利用空间结构及其变化存在差异。城市圈土地利用类型比重差异显著，耕地、林地等比重较高，交通运输用地、牧草地等比重较低。各类型土地比重的变化速度、幅度、变动特征存在显著差异。二是各城市单元土地均衡程度存在时空差异。城市圈各城市单元土地均衡程度不一，黄石、孝感等城市土地均衡度较高，而潜江、天门等城市土地均衡度较低。另外，各城市单元土地均衡度的变化速度、幅度和变动特征也存在显著差异。掌握土地结构差异和变化特征，对调整和优化城市圈土地利用结构具有重要指导意义。

三　土地利用效益差异分析

　　武汉城市圈已利用的土地以农用地和建设用地为主，所以我们用农用地和建设用地的产出效益来分析城市圈的土地利用效益及其变化。建设用地效益由第二、第三产业增加值与建设用地面积之比表示，农用地效益等于第一产业增加值除以农用地面积。以武汉城市圈 2002 年和 2012 年土地和经济数据为基础，分别计算城市圈 2002 年、2012 年农用地与建设用地的产出效益，结果见表 3-7。2002 年，城市圈农用地产出效益最高的是鄂州市，达到 1.64 万元/公顷，产出效益最低的是咸宁市，仅为 0.50 万元/公顷，不足鄂州市的 1/3。建设用地产出效益最高的是武汉市，达到 128.77 万元/公顷，其次为黄石市的 65.12 万元/公顷，其他城市均不足武汉市的一半，差异明显。建设用地产出效益与农用地产出效益之比最大的是黄石市，达到了 93.92 倍，其次为武汉市，达到了 83.65 倍，最小的为天门市，仅为黄石市的 1/3。2012 年，农用地产出效益最高的是鄂州市，达到 8.88 万元/公顷，较 2002 年提高了 5.41 倍，平均每年增长 40.08%，增长速度也是城市圈最快的，产出效益最低的仍然是咸宁市，但较 2002 年提高了 3.64 倍，平均每年增长 23.98%。2012 年，城市圈建设用地产出效益最高的是武汉市，达到 442.92 万元/公顷，平均每年增长 22.18%，增长速度最快，然后依次为鄂州市、黄石市、潜江市等，但也未达到 200 万元/公顷，而咸宁、黄冈、孝感、天门等城市均不足 100 万元/公顷，建设用地产出效益差距明显。2012 年武汉城市圈建设用地与农用地的产出效益差距最大的是武汉市，达到 62.88 倍，其次为黄石市，达到 60.73 倍，咸宁市差距也比较明显，达到 55.00 倍，仙桃、天门等城市建设用地与农用地的产出效益差距相对较小，但也超过了 17.00 倍。与 2002 年相比，2012 年城市圈建设用地与农用地的产出效益差距缩小，说明农用地产出效益正不断提高，且提高幅度和速度明显快于建设用地。

表 3-7　　　2002 年和 2012 年武汉城市圈建设用地与农用地效益对比

城市	农用地产出效益（万元/公顷）		建设用地产出效益（万元/公顷）		建设用地与农用地产出效益比	
	2002 年	2012 年	2002 年	2012 年	2002 年	2012 年
武汉市	1.54	7.04	128.77	442.92	83.65	62.88
黄石市	0.69	2.68	65.12	162.85	93.92	60.73
鄂州市	1.64	8.88	62.10	185.08	37.82	20.84
孝感市	1.21	3.55	31.25	79.24	25.91	22.35
黄冈市	0.61	2.37	25.61	53.06	41.65	22.43
咸宁市	0.50	1.81	30.15	99.69	60.51	55.00
仙桃市	1.28	5.86	31.98	104.69	24.95	17.86
潜江市	0.95	4.58	47.34	151.86	50.05	33.16
天门市	1.01	3.85	30.27	66.60	29.83	17.32
城市圈	0.90	3.33	57.45	180.23	63.77	54.18

数据来源：根据《湖北统计年鉴》(2003) 和《湖北统计年鉴》(2013) 整理得到。

一般来说，土地投入越多，土地开发力度越大，土地利用强度越高，有效的资本和人力与土地组合将能够更大地发挥土地价值。单位面积土地产值越大，土地经济效益越高，土地利用效益相对也越高。因此，土地投入产出强度在一定程度上反映了土地利用效益。这里我们利用地均固定资产投资强度和地均 GDP 分别表示土地投入强度和产出强度，以分析土地利用效益变化。根据武汉城市圈 2002 年和 2012 年社会经济和土地数据，可以计算出城市圈地均固定资产投资和地均 GDP，结果见表 3-8。由表 3-8 可知，武汉城市圈各城市单元土地投入和产出强度存在显著的差异。在土地投入方面，武汉市土地投入强度最大，黄冈市最小，2012 年武汉市地均投入是黄冈市的 9.29 倍，是排在第二的鄂州市的 2.08 倍，武汉一家独大，黄冈、咸宁、仙桃、天门较弱，城市圈不同城市单元土地投入强度梯度差距明显。城市圈土地投入强度提高幅度最大和增长速度最快的是咸宁市，比 2002 年提高了 14.11 倍，平均每年增长 119.17%，仙桃市土地投入增长最慢，提高了 7.54 倍，平均每年增长 59.48%，仅为咸宁市的一半。在土地产出方面，依然是武汉市最大，2012 年地均 GDP 达到 93.40 万元/公顷，比 2002 年提高了 5.32 倍，平均每年增长 39.24%。武汉市地均 GDP 是鄂州市的 2.66 倍，是黄冈市的 13.67 倍，黄冈、咸宁地均 GDP 均不足 10 万元/公顷，各城市单元土地产出强度差异明显。城市圈土地产出增长速度最慢的是天门市，提高了 3.24 倍，平均每年增长 20.33%，增长速度为武汉市的一半，远落后于潜江、鄂州、咸宁等市。

表 3-8　　　　2002 年和 2012 年武汉城市圈土地投入产出强度对比

城市	地均固定资产投资（万元/公顷）		地均 GDP（万元/公顷）	
	2002 年	2012 年	2002 年	2012 年
武汉市	6.72	58.71	17.57	93.40
黄石市	1.19	16.45	5.36	22.81
鄂州市	2.03	28.19	6.98	35.10
孝感市	0.91	11.01	3.52	12.41
黄冈市	0.55	6.32	2.08	6.83
咸宁市	0.55	7.76	1.59	7.93
仙桃市	1.27	9.58	4.34	17.63
潜江市	1.19	11.89	4.26	22.16
天门市	1.00	8.08	3.80	12.30
城市圈	1.67	16.48	5.13	23.95

数据来源：根据《湖北统计年鉴》（2003）和《湖北统计年鉴》（2013）整理得到。

综上可知，武汉城市圈土地利用效益存在明显的差异，主要为土地利用类型的效益差异和土地投入产出强度的差异。土地利用类型的效益差异包括两个方面：一是不同土地类型的利用效益存在差异，如建设用地利用效益明显高于农用地利用效益；二是不同城市单元的土地利用效益存在差异，如武汉市建设用地产出效益和鄂州市农用地产出效益明显高于其他城市。土地投入产出强度差异也包括两个方面：一是城市圈不同城市单元土地投入产出强度差异明显，如武汉市土地投入产出强度远远高于其他城市，而且其他城市之间也存在梯度差异；二是城市圈不同城市单元土地投入产出强度增长速度和变化幅度存在差异，如武汉市土地产出增长速度最快，远高于天门、黄冈等市。分析和了解城市圈土地利用效益差异，对配置土地资源和资金、统筹区域均衡发展起着重要的指导作用。

第三节　土地管理制度与运行机制

武汉城市圈土地管理中，运行得比较成熟的土地管理制度主要有用地规划与计划管理制度、农村土地产权制度、土地供应制度、征地制度、土地节约集约管理制度等。差别化土地管理涉及土地产权及收益分配、土地集约节约利用、建设用地指标分配和管理、产业用地供给与监管、耕地保护与农业规模经营、土地利用规划与调控等内容，是对现行土地管理制度与模式的改革与创新。因此，分析城市圈土地管理制度与运行机制，有利于掌握土地管理制度的实践经验、制度绩效与存在问题，为差别化土地管理制度的改革与创新提供参考与借鉴。

一　用地规划与计划管理制度

用地规划与计划管理制度的主要任务是通过规范土地使用行为及其关系，制定周密的土地利用总体规划，以达到统筹区域土地利用、保障经济建设发展用地、加强耕地保护和基本农田建设以及加强生态环境建设的目的。用地规划与计划管理制度确定了建设用地指标分配与管控标准，划分了不同土地用途区和区域空间管制规则，是保障建设用地差别化管理和土地用途差别化管制顺利实施的重要措施。所谓土地利用计划是为了落实土地利用目标，在符合土地利用总体规划的前提下，合理计划安排各类用地规模，满足社会经济发展对土地的需求。用地规划与计划管理是保障土地利用计划实施的主要措施与宏观调控的基本依据，是实现经济和社会和谐发展的重要措施，是促进土地节约集约利用的重要手段。近年来，武汉城市圈积极探索用地规划与计划管理制度改革，加强土地用途管制，强化土地规划统筹管控作用，保护耕地和基本农田，促进了土地资源高效利用。如武汉市提出"强化两规引导和调控""实行用地计划差别化管理"。武汉市从 2010 年开始推行新增建设用地计划差别化管理的政策，根据土地利用总体规划和城市近期建设规划，按照节约集约、突出重点、有保有控、整体规划、分步实施的原则，合理确定建设项目及其用地规模，保障重点项目、交通、基础设施和民生工程用地计划。用地规划与计划管理制度实施以来，社会经济水平持续上升，城镇化率稳步增长；耕地减少的趋势得到扭转，耕地质量得到改善；建设用地投入产出强度增加，节约集约水平显著提高。

二　农村土地产权制度

土地产权是土地各种权利的总和，由土地所有权、收益权、占有权、使用权、处分权等组成，是一项权利。土地产权制度是经过土地制度安排后的产权关系与产权结构。农村土地产权制度及运行机制是土地用途差别化管制模式构建的重要制度基础。我国农村土地归农村集体经济组织所有，农村土地所有权主体为集体，农民拥有承包经营权。随着城镇化的发展，土地资产概念出现，产权主体将进一步细化，由村民委员会、乡（镇）政府逐渐向"公司"制、乡（镇）直属单位、村民小组转变。近年来，城市圈紧紧围绕农地使用权流转、集体建设用地流转、农村集体土地确权登记发证等内容，积极开展农村土地产权制度改革与实践。例如，鄂州在"五权"抵押融资和"两指标"交易等方面创新农地产权制度设计，对集体建设用地使用权抵押、指标交易、指标使用管理等做了详细规定，出台了相关政策文件，取得了很好的效果。武汉作为全国农村土地产权制度改革与建设试点城市，制定了《武汉市农村集体土地产权制度改革研究工作方案》（武土字规发〔2012〕223号），以建立"权属清晰、权责明确、保护严格、流转顺畅、分配合理"的现代农村产权制度和城乡一体化土地流转市场；此外，武汉还充分利用第二次土地调查成果，开展农村集体土地所有权、宅基地使用权、集体建设用地使用权等确权登记发证工作，强化农民特别是全社会的土地物权意识，切实维护农民权益，促进农村经济发展和农民增收。城市圈农地产权制度改革实践与探索盘活了集体资产，壮大了集体经济实力，进一步明晰了农村土地产权，保障了农民权益，增强了农民的主人翁意识。但是，目前武汉城市圈农村集体土地产权主体只有占有、使用和收益的权能，而国有土地产权主体拥有占有、使用、收益和处分的权能，两种土地权能不对等，同时，由于确权登记等工作不到位，农村集体土地产权的法律保障性更低。

三　土地供应制度

差别化土地供应政策与方式是差别化土地管理模式创新的方向与重要内容，是实现产业供地差别化管理的重要途径。土地供应制度是土地供应内在关系的总和，包含土地供应计划、土地供应渠道、土地供应方式、土地储备制度等,是产业供地差别化管理模式的基础制度。地方政府应通过土地利用年度计划、土地储备计划和土地供应年度计划等,对土地供应总量、供应结构和供应时序进行调控,以影响城市土地空间扩展的速度、方向和结构。土地供应制度是地方政府运用征用、收购等方式将土地集中并开发,然后根据年度土地供应计划,通过招标、拍卖、挂牌等方式供应土地,以满足和调控城市建设用地需求的一种经营管理机制。

近年来,城市圈积极推行新增建设用地计划差别化管理,合理确定建设项目及其用地规模,保障重点项目、交通运输、基础设施用地需求,重点支持远城区新型工业化建设和民生工程用地计划,实现用地计划从单一的规模控制向规模、结构和布局相统一的方向转变。一方面,城市圈通过土地供应方式改革与创新,增加土地出让比例,减少划拨用地和租赁用地比例,土地出让收入大幅提升,土地资产得以显化。另一方面,城市圈增加土地储备力度,开拓土地供应来源,将低效用地和存量用地作为土地供应的重要来源。如 2012 年黄石市首创 120 平方千米的工矿废弃地利用试验区,修复生态,打造低碳工业园区和城市新区;组织开展城中村、棚户区及旧城改造节地潜力调查、工业项目提高容积率和工矿废弃地复垦等盘活存量措施;开展打击"囤地"、清理"闲地"、预防"圈地"活动。2010 年黄石市共清理闲置房地产用地 47 宗,涉及土地面积共 166 公顷,其中因政府原因闲置的土地 124 公顷,已基本处置完毕。

四 征地制度

征地制度为建设用的获得提供了法律手段,为工业化、城镇化发展提供了充足的用地空间,同时征地带来的土地级差收益以及与城镇国有土地相关的税费收入,为社会事业发展提供了强有力的财力支持。征地制度是建设用地管理的重要内容,也是建设用地差别化管理需要考虑的创新方向。近年来,武汉城市圈围绕征地审批制度、征地补偿标准和安置方式、征地补偿费分配和使用、被征地农民社会保障等内容开展了实践探索。在征地审批制度方面,通过建立三级交换联网审批机制,打造集成式服务平台,简化报批材料,优化报批程序,同时增强部门联动,建立多部门用地报批联席会议制度,提升服务能力。在征地补偿标准和安置方式方面,统筹区域差异,稳步提高征地补偿标准;积极探索和创新留地安置、入股经营安置、调田安置、异地移民安置等多渠道复合安置被征地农民的途径。

在征地补偿费分配和使用方面，一是按照土地补偿费主要用于被征地农户的原则，规范征地补偿费的分配和使用；二是根据不同安置途径确定安置补助费的支付对象，如将安置补助费分配给被征地村组、农民，或办理保险和入股；三是加强部门联动配合，建立征地补偿费的分配与使用监管机制。在被征地农民社会保障方面，省政府办公厅印发《关于做好被征地农民就业培训和社会保障工作的意见》（鄂政办发〔2009〕39号），为城市圈被征地农民社会保障制度提出了指导性意见，明确了"区别对待、分类处理、自愿选择、多方筹资"的原则；同时制定了《国土资源领域重大事项社会稳定风险评估办法》和《湖北省征地补偿安置争议协调裁决办法》，进一步拓宽了城市圈被征地农民的救济途径，保护了其合法权益。

五　土地节约集约管理制度

节约集约用地是差别化土地管理的重要目标，尤其是建设用地和产业供地差别化管理。严格土地使用标准、实施土地利用监测与评估、鼓励节地型产业供地是实现土地差别化管理的重要手段与途径。武汉城市圈已经形成的节约集约用地管理制度主要包括：土地利用计划调节制度、土地利用规划管控制度、建设用地使用标准控制制度、土地利用监测监管制度、土地利用评价考核制度、节约集约用地鼓励政策制度等。在改革和完善节约集约用地制度过程中，城市圈争取的主要措施为：强化规划计划管理，严控建设用地总量与增量；强化建设用地供应管理，从严从紧执行用地标准，提高用地效率；立足内涵挖潜，盘活存量，缓解用地需求矛盾；优化城乡建设用地布局，挖掘农村建设用地潜力；加大落实力度，扎实推进节约集约用地工作。如城市圈通过开展土地资源节约集约利用"三个攻坚战"（闲置低效用地处置、单位GDP地耗下降、土地利用综合监管），努力打造节约集约用地升级版，降低了单位GDP地耗水平，盘活了闲置低效用地，提高了土地集约利用水平；以"四项试点"（挂钩、低丘缓坡、工矿废弃地、城镇低效用地再开发）为平台，加大对存量建设用地的挖潜和再利用，充分利用低丘缓坡土地资源，为保障城市圈经济发展和新型城镇化建设提供有力的资源要素支撑；通过土地节约集约管理，盘活了城市圈土地资源存量，提高了城市圈节约集约用地水平，为城市圈新型城镇化发展和经济建设提供了有力的保障。

第四节　土地利用与管理中存在的问题

土地利用与管理中存在的问题如下：

（1）城镇用地扩张，耕地保护压力加大

随着工业化、城镇化的不断推进，武汉城市圈建设用地扩张迅速，建设用地规模增加 27 万公顷（包括水利水面用地），建设用地面积占城市圈土地总面积的比重从 2002 年的 9.77% 增长为 2012 年的 12.6%，增加近 3 个百分点。在建设用地迅速扩张的同时也出现一些问题，如：①城市建设用地布局不合理，工业用地布局在城市中心，住宅用地供应比例偏低，土地投入产出强度不高，高污染、高能耗、高成本、占地多的产业大量重复布局，而高产值、高新技术、节能环保等产业引入较少，导致产业用地绩效较低，城镇用地节约集约利用水平不高。②农村建设用地大量闲置，人均建设用地面积严重超标，尤其是农村居民点布局散乱，缺乏统一规划，随着农村人口的减少，农村居民点面积不减反增，农村建设用地也无序扩张。③城镇用地的盲目扩张，加大了社会经济发展用地需求与城镇用地资源紧张的矛盾，于是农地城市流转成为缓解用地需求矛盾的主要途径。大量耕地资源被占用，耕地后备资源潜力有限，耕地占补平衡只重数量不重质量，造成武汉城市圈耕地面积不断减少（虽然较早期增加了，但是由于统计口径差异，耕地数量每年还是减少的），耕地保护压力持续增加。

（2）土地生产要素流失，农民市民化困难

随着经济的发展和城市聚集效应的扩散，更多劳动力从农村转移到城市，但家庭承包的土地并未随之转移，其使用权依然固化在承包者身上，制约土地经营向适度规模转变，造成土地撂荒、农村生产要素流失。据调查，农村居民的主要财富相当一部分沉淀在土地及其附着物上，包括土地在内价值应在 20 万亿元以上。但由于流通受限，财富被捆绑在土地上，农民变市民缺乏内生的市场推动力，农民市民化困难。一方面，农村集体土地退出机制不健全，尤其是农村宅基地的流转限制，导致部分外出务工农民的宅基地荒废，不少地方出现空心村。靠近城市周边的宅基地以其优越的区位条件和较低的价格诱导农村宅基地地下灰色交易市场活跃。另一方面，农民不能有效实现集体土地价值，加之户籍制度缺陷，导致大量长期在外打工的农民缺乏市民化的资本和制度保障，妨碍了城镇化进程。

（3）土地利用结构不合理，用地空间受限

城市圈地形地貌复杂，土地利用受到自然地理条件的限制较大，再加上人口空间分布与经济发展水平的非均衡性，导致城市圈土地利用结构不合理。在农用地方面，林地比重大，低效林地偏多，且林地空间分布不均衡，咸宁等地林地面积占总面积的近一半，而仙桃等地仅占2%；耕地在各城市单元的分布也不均衡，潜江、天门超过60%的土地为耕地，而咸宁、黄冈不足30%，同时耕地比重呈现出减少趋势。近年来，由于市场经济的运行和比较利益的存在，农用地中经济作物与经济林比重上升，城市圈农地"非粮化"问题较为严重。在建设用地方面，城市圈城市用地布局散乱，重复建设现象严重，工商业用地布局挤占了城市生活空间；城市圈各城市工业、商业、住宅用地比例不合理，尤其是工业用地偏多，道路、绿化等基础设施用地较少，建设用地结构不合理。另外，城市圈农村建设用地比重较大，人均建设用地面积过大，布局杂乱无序，其他功能性用地偏少，大量闲置用地亟待挖掘。城市圈未利用地比重偏高，武汉、黄石、鄂州未利用地比重均在10%以上，还有待进一步开发利用，提高土地利用率。

随着城市圈经济不断发展，用地需求不断扩大，实际用地需求与规划用地面积矛盾突出，用地空间明显不足。根据《湖北省土地利用总体规划（2006—2020年）》，到2012年末城市圈建设用地总面积已经达到69.80万公顷（不包括水域及水利设施用地面积），建设用地规模和新增建设用地面积接近建设用地总体控制面积和新增控制指标，土地利用空间已严重不足。按目前发展速度可以预见，未来城市圈的建设用地指标缺口会越来越大，迫切需要对武汉城市圈建设用地进行高效管理，以拓展用地空间。

（4）土地利用制度僵化，规模经营成本高

改革开放以来，我国实行家庭联产承包责任制，土地包产到户。短期内，家庭联产承包责任制激励了农民的生产积极性，提高了劳动生产力水平，促进了我国农业经济增长。长期来看，随着我国城镇化的发展和生产力水平的提升，大量农村劳动力被解放，再加上新技术和新品种的使用以及机械化生产的推广，导致原有家庭联产承包责任制与农业现代化发展不相适应，农民兼业、土地粗放利用甚至抛荒等现象普遍。传统的小户精耕细作模式与农业生产产业化、农地规模经营、农产品市场化等格格不入，亟须改变农地经营模式。而现有农村土地产权制度改革与创新以稳定和完善家庭联产承包责任制、保护产权主体利益为主，土地利用制度稍显僵化。目前一直在大力推进的农村土地流转政策，由于流转机制不健全、流转主体收益低，再加上区域土地资源禀赋与经济社会发展水平具有差异性，农业适当规模经营成本偏高，政策绩效并不理想。

（5）土地质量衰退，农业发展基础受到威胁

城市圈土地利用一直以经济效益为主，忽略了土地生态效益的改善。虽然近年来城市圈加强了土地生态治理，加大了环境保护力度，但是依然面临土地质量衰退的威胁。首先是土地污染问题严重。十几年来的工业化发展，产生了大量的"废气、废水、废渣"，再加上农业生产中农药、化肥、农膜的大量使用，造成城市圈优质耕地土壤污染严重，尤其是重金属污染，已经影响到了正常的农业生产种植。其次是土壤肥力下降，地力衰竭。建设用地占用大量优质耕地资源，出于补充耕地的需要，城市圈加大了土地开发复垦力度，但是新增耕地耕作条件差、土壤有机质含量低，水资源不充分，造成土壤微生物活动能力差、肥力不足。同时，对于新增耕地，农民生产种植的积极性不高，肥力得不到改善，地力不断衰竭，农业发展受限。再次是水土流失问题严重。城市圈人多地少，本身涵养水源的用地面积就不多，再加上近年来对土地的过度开发复垦，造成林地、草地面积开始减少，植被遭到破坏，水土流失严重。最后是耕地"非粮化"问题严重。城市圈是湖北省重要的产粮区，当前由于利益驱动，部分耕地甚至基本农田转向种植花卉、苗圃、经济林等，改变了耕地地力水平和地块格局，很难恢复粮食种植。

（6）土地集约化程度有待提高

一是城市圈农村集体建设用地集约水平相对较低，导致土地整体集约化程度不高。虽然城市圈土地集约化水平进步明显，但农村集体非农建设用地粗放利用状况较突出，农村宅基地闲置较多。以黄冈市为例，近十年黄冈农村人口下降了60万，而农村用地反增832公顷。二是城乡建设用地批而未用土地总量大，低效利用的土地资产闲置现象突出。仅黄冈市可供开发的废弃砖瓦窑厂、空置的学校、破产的企业面积就达1663公顷。城镇建设用地仍存在"批而不用、批多用少"等闲置浪费现象。从城镇土地聚集程度看，城市圈城镇建设用地规模约占全部建设用地的33.32%

（黄冈市不足20%）。长远来看，若不及时对低效利用土地进行改善，便无法满足土地对于城镇化的支撑。

（7）土地批、供、用、查制度不完善

一是征地审批程序较烦琐，制度执行不到位。主要表现在：土地报批的前置条件多，跨部门协调难度大，报批组件周期长；报批内容重复审查情况依然存在，降低了审查效率。如预审环节对用地定额已进行了审核，并明确了建设项目用地控制规模，但是在申报正式用地时，仍然需要对用地使用定额重新进行审查，浪费了审查时间；对于不同法律在地类认定上的冲突，各行业管理部门各持己见，导致审批周期长。

二是土地供应计划制定有待完善。土地供应计划以总体规划为依据，但规划以制定硬指标为基本内容，对灵活多变的土地市场需求弹性不足。部分城市土地供应计划未严格执行总体规划，规划跟随计划改变的情况屡见不鲜，"先计划，后规划"现象普遍存在，影响了总体规划和供应计划的严密性和权威性。

三是土地市场机制不够健全。目前城市圈土地有偿使用方式、土地市场调控与监测手段等仍需要进一步完善，以发挥市场在土地资源配置中的主导作用。城市圈农村土地市场尚未建立，城乡要素自由流动受阻，农村土地资产被严重低估，亟须建立城乡统一的土地市场。

四是建设用地批后开发利用监管有待加强。由于现行建设用地审批方式和职能分工，地方政府及职能部门将主要精力放在项目用地审批上，再加上批后监管执行人员素质不高、政府部门衔接配合不力，造成城市圈建设用地批后开发利用监管不到位。一些企业和单位低价格圈地，无实质性开发项目，待土地增值后进行转手，从中牟取暴利；部分项目在用地预审时提高投资额度、增强投资强度，土地一旦批准后却未能按出让合同约定的投资额进行投资建设，导致土地低效利用；有些项目未按取得土地时约定的规划条件和用途使用土地，擅自改变容积率和土地用途；有的项目用地批少占多或批而未用造成土地闲置、欠缴土地出让金等。

（8）土地利用效益差距大，区域发展不均衡

武汉城市圈九个城市中，武汉是城市圈政治、文化、经济中心，在政策优惠、资金投资、资源配置等方面具有绝对优势，吸引了大量的人口聚集、产业布局以及资源投入。这种格局一方面造成了武汉市一家独大，城市圈城市体系断层，城市圈功能不健全，区域发展不均衡；另一方面阻碍

了要素自由流动与公平性交易，造成了资源配置效率低下，尤其是土地资源利用效率不高，加剧了土地利用效益的差距。以建设用地产出效益为例，2012 年武汉市建设用地产出效益达到 442.92 万元/公顷，然后依次为鄂州市、黄石市、潜江市，但均未达到 200 万元/公顷，而咸宁、黄冈、孝感、天门等城市均不足 100 万元/公顷，建设用地产出效益差距明显。以城镇化水平为例，城市圈城镇化水平最高的是武汉市的 67.54%，最低的是孝感市的 18.63%，平均水平为 37.79%，差距明显。仅武汉、黄石、潜江城镇化水平高于平均水平，其他城市城镇化水平均低于平均水平。可见，武汉城市圈各城市单元土地利用效益差距较大，区域社会经济发展水平差距明显。

第五节　实施差别化土地管理的必要性

由上述分析可知，武汉城市圈土地资源数量、结构、利用效益等方面存在显著的空间差异性，在土地利用与管理中，必须充分考虑土地资源空间差异性，发挥土地资源比较优势、提高土地资源利用效率。而城市圈现行土地管理制度与运行机制偏重统一性，普适性过强、针对性不足，导致城市圈土地利用与管理存在结构不合理、土地利用效率和节约集约利用水平不高、区域非均衡发展、用地空间受限制、土地监管不到位、土地利用负外部性等问题。为适应经济社会形势及其对土地管理的要求，武汉城市圈非常有必要实行差别化土地管理模式与政策，具体可以从两个方面来阐述。

一方面，城市圈现行土地管理制度与运行机制是差别化土地管理模式构建的制度基础和重要依据，而差别化土地管理是现行土地管理制度与运行机制改进与创新的方向。差别化土地管理涉及土地产权及收益分配、土地集约节约利用、建设用地指标分配和管控、土地利用规划与宏观调控、产业用地供给与监管、耕地保护与农业规模经营、城乡统筹发展与土地用途管制等方面内容。从内容上来讲，差别化土地管理与现行农地产权、土地节约集约管理、土地供应、征地、用地规划与计划管理等土地管理制度与机制是相互对应的，不同的是管理手段的差异。从辩证角度来看，现行的土地管理制度与机制是运行比较成熟的制度与政策，有其存在的政治和法律基础，不容违背，是差别化土地管理模式的制度基础和创新的主要依据；而差别化土地管理模式是对传统土地管理模式的改革与创新，也是城市圈近年来土地管理制度与机制改革与实践的方向。

　　另一方面，土地资源存在空间异质性，需要有效的、有针对性的土地分类管理模式与政策。城市圈由 9 个城市 48 个县级行政单元组成，区域土地数量、质量、结构、区位等存在明显的空间差异，如果按照统一的土地管理模式进行管理，显然难以提高土地资源利用效率。城市圈现行的土地管理与运行机制偏重制度和政策的统一性与公平性，在一定程度上忽略了区域土地资源的空间异质性，导致土地利用结构不合理、土地利用水平不高、土地非均衡发展、土地利用负外部性等问题。而差别化土地管理模式能够根据区域土地资源特征和经济社会状况，有针对性地、有效地、精细化地进行土地管理，进而提高土地资源利用与配置效率，是城市圈土地管理制度创新的方向与内容。

第四章　土地资源空间异质性内涵、机理与测度

第一节　土地资源空间异质性内涵界定

一　空间异质性内涵

事物和现象在空间上是非均质的，空间异质性普遍存在于客观世界中，是现实中不可忽视的常态（Sparrow，1999）。空间异质性最早被应用于生态学研究领域，随着人们对空间异质性的关注和研究，空间异质性的普遍性和重要性得到认可，被广泛运用在景观学、遗传学、管理学、地理学、经济学等众多领域。目前，人们对于空间异质性的内涵已经有了一个定量的、便于描述和应用的界定：系统或系统属性在空间上的复杂性和变异性，复杂性主要指对系统属性的定性表征，变异性主要指对系统属性的定量表征（Li 和 Reynolds，1995）。无论是生态系统还是经济系统，均存在空间复杂性和变异性。空间异质性根据其测度内容的不同，可分为结构与功能的异质性。所谓结构异质性，指系统的结构特征，功能异质性指系统的功能特征。空间异质性就是对系统结构、功能特征的描述。

二　土地资源特性

资源是指在一定社会经济技术条件下，人们所发现的有用且稀缺的物质、能量及其功能过程的总和，它们往往以原始状态进入生产过程或消费过程以提高人类当前或未来的福利（曲福田，2001）。资源特性则是指某项资源能够满足人们某种需要的特殊属性（罗必良等，2014），包括稀缺性、价值性、动态变化性等。土地是一种特殊的资源，能够为人类提供多种产品与服务，是人们生存的基础与物质来源，是重要的生产要素和环境

要素，具有自然和经济的双重属性（刘书楷，1993）。因此，土地资源特性可以从其自然和经济属性两方面来阐述。

（一）土地资源自然特性

土地是一种自然资源，具有一般资源的特性，同时，土地资源也是最基本的自然资源，有其特殊的资源特性。土地资源自然特性包括以下几种：一是价值性。为人类社会提供多种产品和服务，满足人们生产生活的特定需要，具有使用价值。二是稀缺性。土地资源总量是不变的，不会因为人类的需求而发生变化，土地资源总量是稀缺的；从需求上看，土地资源能够供给的数量与人们对土地的需求相比，是稀缺的，即土地供给小于需求。三是动态性。土地资源的价值性和稀缺性在不同时期是不同的。四是多功能和多用途性。土地资源作为生产要素，具有生物生产能力和产品生产能力；作为环境要素，能够为人类提供生存环境，输出生态产品，同时为人类生产活动与生活活动提供空间和载体。五是不可替代性。在现有生产技术水平下，土地资源的多功能和多用途性不是其他资源能够替代的。六是区域性。土地资源的位置是固定的，不同区域土地资源的价值、功能、稀缺程度等特性是不同的，存在地域分异，这是土地资源的重要特性，是土地利用与管理的基础依据。

（二）土地资源资产特性

从经济属性来看，土地资源不仅是人类生产和生活的根本源泉，还是一种社会资产，具有社会资产的特性。一是商品特性。土地的价值性决定了土地具有使用价值和交换价值，可以像其他商品一样，作为一种生产要素进行流通。二是产权特性。从法律层面来说，土地作为有价值的商品，当土地被一部分人以财产形式所占有时，土地就有了主体或所有者，就产生了土地产权特性。法律赋予土地明确的产权关系，土地持有者具有占有和排他性完全权利（刘黎明，2004）。三是增值特性。当土地作为商品在要素市场上流通，与劳动、资本等要素组合，创造了新的有价值的商品并获得更高的收益时，土地的经济价值凸显，就发生了土地增值。虽然在流通时，土地的位置没变，但是投入其他要素后，土地使用价值增加，资产显现。

三　土地资源空间异质性内涵

世界是异质性的、非平衡的（Wuand Loucks，1995；Sparrow，1999），

空间异质性的普遍性和重要性已被证明。土地作为基础资源具有自然和经济两大属性，稀缺性、价值性、功能性、区域性、产权性和增值性等资源特性，决定了不同土地资源稀缺程度、价值高低、功能多样和用途大小、区域分异程度、产权主体特性和权能强弱、增值潜力和效益存在差异。因此，土地资源非均质性更为普遍，非均质性的表现形式也更为复杂、多样，土地资源空间异质性普遍存在于土地利用与管理中（张俊峰、张安录，2014）。土地利用是土地自然生态和社会经济子系统以人口子系统为纽带与接口耦合而成的土地生态经济系统（王万茂、韩桐魁，2002）。从系统观点上看，土地资源空间异质性是土地自然经济社会系统或系统属性在空间上的复杂性和变异性，即土地特性在空间上的异质性。

经济学家阿兰·兰德尔指出，资源是由人发现的有用途和价值的物质，是一个动态的概念，具有量、质、时间和空间等多种属性（Alan Randall，1989）。资源量的属性即是资源数量属性，主要指资源数量的多少。资源质的属性即是资源质量属性，主要指资源的使用价值及其价值的大小。资源时间属性主要是由资源的动态特性决定的，在不同时刻资源的量、质都是不断变化的。资源空间属性指资源的自然位置。土地的资源和资产特性决定了土地资源除具有数量、质量、时间和空间等资源基本属性外，还具有其他特定的资源属性：结构属性、区位属性和组合属性。土地资源结构属性主要指区域内部各种功能的用地比例和空间结构及其相互影响、相互作用的关系。土地利用会改变土地用途和类型，形成土地不同类型价值和用途的多种信息。土地资源组合属性是指土地资源与其他资源的空间组合模式与匹配关系。资源通常都是结合在一起利用的，土地资源与资本、人力、矿产等资源的组合模式和匹配关系，形成了土地资源组合属性。土地空间位置固定性决定了土地资源空间上的不可移动与交换，但是随着社会经济的发展和土地利用方式的变化，土地资源的价值、功能也是动态变化的。这种由绝对位置不变性和相对位置可变性造成的土地资源价值和功能的变化可用土地资源区位属性表征。可见，土地资源的数量、质量、时间、空间、结构、区位、组合等属性能够准确反映土地的资源和资产特性。从资源经济学观点来看，土地资源空间异质性是土地资源数量、质量、时间、结构、区位、组合等属性的异质，即其实质是土地资源属性的异质性。

综上所述，无论是从系统观点还是资源经济学观点出发，土地资源空间异质性最终都表现在土地资源特性上，实际上也是土地自然属性和经济属性的异质，而土地自然属性和经济属性也是相互作用和影响的，共同构成了土地资源属性内容。因此，基于资源属性和特性的角度，土地资源空间异质性内涵应包括以下内容：

（1）数量异质性。资源的有限性决定了区域土地资源在绝对和相对数量上存在异质性。

（2）质量异质性。土壤肥力、地形地貌、土地产值、不同用途的土地适应性等因素的差异决定了土地资源在区域之间存在异质性。

（3）时间异质性。土地资源利用与管理的过程是动态变化的，不同时期土地资源的结构、功能、数量、质量都是不同的，造成了土地资源时间尺度上的异质性。

（4）结构异质性。土地利用方式和土地类型的多样性与复杂性致使土地资源结构存在异质性。

（5）区位异质性。不同位置的土地在要素聚集度、交通便捷度、经济水平等方面的优越程度存在差异性，形成了区域土地资源区位异质性。

（6）组合异质性。土地资源与其他社会、经济、自然资源的组合利用与匹配关系的差异性造成了土地功能、价值、利用方式的异质性。

第二节　土地资源空间异质性形成机理

一　自然客体异质性

自然客体是指自然界的事物和现象，包括天然存在的自然物和人类生产实践活动形成的人化自然物，哲学上把未经人类改造的自然称为"第一自然"（First Nature），把经过人类改造的自然称为"第二自然"（Second Nature）。"第一自然"和"第二自然"是相互联系和客观存在的。"第一自然"以"第二自然"为存在和发展前提，"第二自然"是人的实践活动的对象化，是"人化自然"，"第一自然"通过人的实践活动可以向"第二自然"转化。无论是天然存在的自然还是人化自然都是客观存在的物质自然，是人类认识与改造的对象。

土地资源是自然界的事物和现象，也有"第一自然"和"第二自然"之分。土地资源"第一自然"是指土地资源作为最基本的自然资源，是天然存在的自然物，具有承载、生产和养育功能，主要指土地资源的自然禀赋。土地资源"第二自然"是指土地资源为人类的生产和生活提供了载体，与人类的经济建设、社会发展、城镇化进程等活动密切相关，是人化的自然物。下面将从土地资源自然客体异质性来分析土地资源空间异质性形成机理。

（一）土地资源"第一自然"的空间异质性

由于气候条件、土壤肥力、地理位置、矿产储量、生物多样性、生态环境等方面的"多与少""有与无""高与低"，土地资源自然禀赋存在明显的数量、质量、功能和价值差异。土壤肥沃，则土地资源适宜农业生产；矿产资源丰富，土地资源往往成为工矿用地；生态环境美观，土地资源能提供风景资源；地理位置优越、气候适宜，多为人口集聚地。而土壤、气候、位置、资源储量及景观的空间不均衡分布和空间分布特征的差异，会造成土地资源自然禀赋的空间和区域异质。因此，土地资源"第一自然"的空间异质性是土地资源禀赋异质性的直接原因，土地资源禀赋异质性也是土地资源"第一自然"最直观的表现形式（彭薇、冯邦彦，2013）。

（二）土地资源"第二自然"的空间异质性

社会建设、经济发展、产业布局、城市扩展和能源消费、资源开采与利用等人类活动和土地资源利用与管理密切相关（张俊峰，2014），都以土地资源为载体。为了从土地上得到更多的服务和产品，满足人类社会发展需求，人类通过生产和实践活动对土地资源的"第一自然"进行改造，土地资源的自然属性发生改变，与社会属性关联性更强，导致土地出现资源特性和资产特性异质，从而形成了土地资源"第二自然"的空间异质性。如不同区域政策和制度的差异性，导致土地产权归属和权能异质；投入土地的劳动、资本等要素的差异性，导致土地资源价值和用途异质；土地开发与利用程度以及土地利用方式的差异性，导致土地类型数量和经济质量异质；人口集聚和城镇化的发展，导致土地价值随着其与经济体的距离变化而变化，随着经济结构分工的不同而不同。人们对土地资源"第一自然"的改造程度的差异性，是形成土地资源"第二自然"空间异质性的本质原因，而土地资源自然和经济的综合属性便是最直接的表现形式。

综上可知，土地资源无论是作为"第一自然"还是"第二自然"，都是非均质性的，都会形成土地资源空间异质性。总结"第一自然"和"第二自然"的作用机理，可以将土地资源空间异质性形成原因概括为两个方面：一是由土地资源本身的非均质性所造成的空间单元异质，即土地资源禀赋空间异质性；二是由土地资源所处空间的非均衡性所造成的区域土地资源的异质，即土地资源空间依赖性。土地资源禀赋空间异质性主要反映了土地"第一自然"异质性，土地资源空间依赖性反映了延伸的土地"第一自然"和改造的"第二自然"的综合异质性。

二　土地资源属性异质性

如前所述，土地资源具有自然和经济两大属性，且土地资源特性可以用资源属性来表征，土地资源空间异质性实际上就表现在资源属性异质上。因此，可通过分析土地资源属性异质性形成原因和机理，探索土地资源空间异质性形成机理。

（一）数量异质

土地资源是有限的，对于同一区域，区域内部土地资源总量是固定的，但是内部土地资源不同用地类型的数量是不同的，存在异质性。对于不同区域，不仅区域之间土地资源总量存在差异，区域内部土地资源不同类型用地数量也存在差异，表现为土地面积的差异。相对于区域社会经济发展对土地需求来说，不同区域的土地供给数量差异更大。以武汉城市圈为例，各城市中，土地面积最大的是黄冈市，最小的是鄂州市，两者相差十多倍；同一地市，武汉市耕地面积最大，草地面积最小，相差更是近百倍，建设用地供给数量和能力大于仙桃和潜江等市。因此，资源的有限性决定了区域土地资源在绝对和相对数量上存在异质性，形成了土地资源数量属性异质性。

（二）质量异质

根据土地资源特性的不同，可将土地资源质量分为自然质量和经济质量。土地自然质量主要反映土地自然生产能力，土地经济质量反映了土地经济产出效益。土地自然质量由气候条件、地形、土壤肥力、生物特性等要素决定，然而不同区域土壤肥力、热量、气温、降水量、生物多样性等要素存在明显的地域分异，造成了不同区域土地资源自然质量差异明显。人们根据土地资源资产特性，将土地资源作为重要的生产要素，与劳动、资本、技术等要素一起投入到经济活动之中，但是技术水平、投入程度、管理方式、政策制度、产品特性等存在显著差异，土地产出能力差异极为显著。因此，土壤肥力、地形、土地产值、不同用途的土地适应性等因素的差异决定了土地资源质量在区域之间存在异质性，形成了土地资源质量属性空间异质性。

（三）结构异质

结构属性是土地资源一个特殊的属性。根据土地用途和利用类型，土地资源可进一步细分为建设用地、耕地、水域、森林、草地、未利用地等不同类型，不同区域甚至同一区域土地资源组成结构存在差异，表现为土地类型和用途的不同。土地类型和用途适宜性的不同，引导人们采用适宜的土地利用方式。但为了满足人们对土地的需求，人们对土地的利用方式又改变着土地用途和类型，增加对自己用途更大的土地类型，减少不能使用的土地类型，使得土地利用类型更加复杂、用途更加多样。因此，土地利用方式和土地类型的多样性与复杂性致使土地资源结构属性存在异质性。

（四）区位异质

土地位置的空间固定性使得土地具有区位属性。虽然土地的绝对位置不可移动和转移，但是经济发展、城市规划、产业布局、交通建设等人类生产和实践活动却能够改变土地资源的相对位置，赋予土地资源在地理位置上的优越程度。城市规划和经济发展等活动，形成了地域经济、政治、文化、人口的空间格局，距离区域政治、经济、文化中心较远的土地，往往交通不便、用途管制严格、要素缺乏、土地经济产值不高，土地资源在地理位置上没有优越性，区位条件较差。而位于政治、经济、文化中心或周围的土地，交通便利、土地增值潜力大、要素集聚，相对地理位置优越，土地区位条件好。土地空间位置固定性和相对位置可变性，往往增加了土地对区域人力、资本等资源的依赖，形成了区域土地资源的位置优势及区域之间的空间异质性，即土地区位属性空间异质性。

（五）时间异质

土地资源的时间属性是指土地资源的数量、质量、结构等属性在时间尺度上会发生变化，反映土地资源动态特性。由土地资源的动态特性可知，土地资源价值、功能、用途、增值、稀缺等特性是不断变化的，这种变化不是同步的，导致同一土地资源在不同时刻具有不同的价值、功能、数量和质量等特征，不同土地资源在不同时刻的属性也存在差异性，形成了土地资源的时间属性异质性。比如，随着城镇化规模的无节制扩张和土地的不合理利用，土地工业用品输出能力可能不断增强，但生态功能逐渐弱化，土地经济产值逐渐增加，而土地自然质量不断下降。因此，土地资源动态变化性形成了土地资源时间属性异质性。

（六）组合异质

土地具有承载功能，为人类实践活动提供了空间和载体。水是生命之源，孕育了生命。矿产资源为人类提供了大量的能源和生产生活用品，具有丰富的经济价值。森林资源具有涵养水源、净化空气、输出产品等多种功能。人力资源和社会资源为开发和利用这些自然资源提供了动力和技术支持。无论是自然资源还是社会资源，通常都是结合在一起利用的，任何一种资源的直接利用都会影响其他资源的潜在价值（阿兰·兰德尔，1989）。作为基础资源，土地资源与水、矿产、森林、人力和资本等资源的空间组合模式与数量匹配关系，形成了土地资源组合属性，是土地资源利用与管理的重要依据。但是自然资源数量与禀赋是不同的，自然资源之间的组合模式与匹配关系存在差异，不同资源也有不同的特性，再加上人力、资本等社会资源的不断变化，形成了土地资源组合属性的空间异质性。

第三节　土地资源空间异质性综合测度

一　测度思路

从土地资源空间异质性内涵来看，土地资源空间异质性实质就是土地资源自然属性和经济属性异质综合作用的体现，包括了土地资源属性空间异质性。从土地资源属性空间异质性形成机理来看，土地资源数量、质量、结构、区位、时间、组合等属性的空间异质性是形成土地资源空间异质性的根本原因。从自然客体空间异质性形成机理来看，土地资源禀赋空间异质性就是土地资源数量、质量及类型的差异性，空间依赖性则是土地资源和其他资源的组合方式和匹配关系的异质性。因此，可以说土地资源空间异质性的形成是土地资源数量、质量、时间、空间、结构、区位、组合等属性异质的结果，其实质是土地资源属性的异质性。可以通过度量土地资源各属性的异质性，进而实现土地资源空间异质性测度。

二 测度方法

(一) 模型构建

土地资源任何一种属性值的变化,必然会带来土地资源空间异质性的变化。但是由于当前土地利用的复杂性和多样性,土地资源自然和经济属性相互影响、相互作用,影响土地属性特征的因素又复杂多样,难以直观区分各属性异质性程度。因此,空间异质性测度要能够反映土地资源各属性的异质程度和综合异质程度。因子分析是一种能够将多个变量进行化简的降维方法,可以将一些具有相关性但难以解释的数据转化成为在概念上有意义且彼此之间独立但可以解释原始数据的共同因素。利用因子分析能够将土地资源各属性的异质性独立提取出来,分析每种属性的异质性程度和方向。因此,本书采用因子分析法综合测度土地资源空间异质性。

首先,根据土地资源属性异质内容,选取能够反映土地资源各属性特征的指标作为异质性变量,构建空间异质性变量集。其次,对空间异质性变量集进行因子分析,采用主成分分析法提取主成分,求解因子负荷矩阵。最后,将主成分的方差贡献率作为各异质性变量对土地资源空间异质的权重,构建土地资源空间异质性综合测度模型。计算公式为:

$$Y = \sum_{i}^{n} \left(\sum_{j}^{k} Z_{ij} T_{j}^{-1/2} P_{j} \Big/ \sum_{j}^{k} P_{j} \right) X_{i} \qquad (4-1)$$

其中,Y 为土地资源空间异质性指数,n 为异质性变量数,k 为因子个数,Z_{ij} 为第 i 个变量第 j 个因子的荷载系数,T_{j} 为第 j 个主成分对应的特征值,P_{j} 为第 j 个主成分的方差贡献率,X_{i} 为第 i 个异质性变量。

(二) 指标选取

根据土地资源空间异质性内涵,按照可操作性、代表性、独立性等原则,选取土地集中化指数 (LCI)、土地多样化指数 (LDI)、土地均衡度 (LED)、耕地比重 (PAL)、林地比重 (PFL)、建设用地比重 (PCL)、土地自然生产率 (LNP)、土地经济生产率 (LEP)、土地利用程度指数 (LUDI)、土地区位指数 (LLQI)、地形特征指数 (TFI)、土地组合系数 (LCC) 等能够表征土地资源自然、经济属性特征的异质性变量,建立土地资源空间异质性指标集,见表 4-1。

表4-1 土地资源空间异质性指标

指标名称	单位	指标说明
土地集中化指数（*LCI*）	—	反映土地利用类型的集中程度
土地多样化指数（*LDI*）	—	反映土地资源的齐全或多样化程度
土地均衡度（*LED*）	—	反映土地利用各职能类型的结构格局
耕地比重（*PAL*）	%	耕地面积占总面积的比重
林地比重（*PFL*）	%	林地面积占总面积的比重
建设用地比重（*PCL*）	%	建设用地面积占总面积的比重
土地自然生产率（*LNP*）	—	反映土地自然质量，用农用地质量等级指数表示
土地经济生产率（*LEP*）	万元/平方千米	反映土地经济生产力，用地均 GDP 表示
土地利用程度指数（*LUDI*）	—	反映土地开发利用程度
土地区位指数（*LLQI*）	平方千米	反映区域位置，交通及其政治、经济、文化地位
地形特征指数（*TFI*）	—	反映区域土地地势高低起伏变化
土地组合系数（*LCC*）	—	反映土地与其他资源的空间组合匹配关系

土地资源空间异质性指标中，土地经济生产率用地均用 GDP 表示，土地区位指数采用研究单元通过汽车交通工具到最近的区域政治、经济、文化中心（此处为市中心）的交通距离测度。土地集中化计算公式为：

$$I = (C - R)/(M - R) \tag{4-2}$$

其中，I、C、M、R 分别表示区域土地集中化指数、各种土地类型累计百分比之和、高一层次区域（此处为湖北省）各种土地类型的累计百分比之和、（此处 $M=10$）土地集中分布时累计百分比之和。

土地多样化采用 Gibbs-Mirtin 指数（潘竞虎、石培基，2008）来计算，计算公式为：

$$G = 1 - \sum_{i}^{n} X_i^2 / \left(\sum_{i}^{n} X_i \right)^2 \tag{4-3}$$

其中，G、n、X_i 分别表示土地多样化指数、土地利用类型数、第 x_{max}、x_{min} 类土地利用类型面积。

土地利用均衡度计算公式（陈彦光、刘继生，2001）为：

$$H = - \sum_{i=1}^{n} (A_i/A) \ln(A_i/A) / \ln n \tag{4-4}$$

其中，H、n、A_i、A 分别表示土地利用均衡度、土地利用类型数、第 i

种土地利用类型面积、区域土地总面积，A_i/A 表示第 i 种土地利用类型出现的概率，$\sum_i^n A_i/A = 1$。

土地利用程度指数计算公式为：

$$L = \sum_i^n K_i(S_i/S) \qquad (4-5)$$

其中，L、n、K_i、S_i、S 分别表示土地利用程度指数、土地利用类型数、土地利用分级指数、第 i 级土地利用面积、土地利用总面积，K_i 采用刘纪远等（庄大方、刘纪远，1997）提出的分级赋值标准。

每种资源在与土地资源空间组合与匹配过程中都是同等重要且不可或缺的，可利用 Shelford 限制性定律来描述这一关系。因此，资源组合系数计算公式为：

$$F = \left(\prod_{i=1}^n \frac{F_i - F_{min}}{F_{max} - F_{min}} \right)^{1/n} \qquad (4-6)$$

其中，F、F_i、F_{min}、F_{max}、n 分别表示资源组合系数、第 i 种资源与土地资源组合值、第 i 种资源与土地资源组合值的最小值、第 i 种资源与土地资源组合值的最大值、资源种类。此处主要考虑和土地利用与管理密切相关的森林、矿产、水三种资源，分别用森林覆盖率、地均矿产资源储量、地均水资源占有量表示其与土地资源组合值。

三 实证分析

（一）研究区域选择与处理

武汉城市圈由武汉、黄石等九个城市组成，下辖 48 个县（区）级行政单元，土地面积为 5.8 万平方千米。城市圈行政单元较多，矿产、水资源丰富，境内兼有山地、岗地、丘陵和平原，土地资源地域差异显著。本研究以武汉城市圈为研究区域，48 个县（市、区）级行政单元为研究对象，从土地资源属性角度出发，对武汉城市圈土地资源空间异质性进行综合测度。为方便研究数据的收集，将武汉市的江汉区、青山区、汉阳区、硚口区、武昌区、洪山区、江岸区统称为武汉城区，黄石市的西塞山区、黄石港区、铁山区、下陆区统称为黄石城区，武汉城区和黄石城区分别作为一个县（市、区）级行政单元。

（二）数据来源与处理

本研究中水资源数据和矿产资源数据分别来自武汉城市圈各城市

2012 年水资源公报与矿产资源储量统计表，森林覆盖率来自湖北省林业厅及各县市林业局公布数据。地形特征数据来自各县（区）国土志，其指数采用赋值法度量，即将研究区域地形特征分为平原、平岗、丘陵、低山四种类型，并分别赋值 4、3、2、1，进而计算加权平均值。土地自然生产率为农用地自然等级指数，来自《中国耕地质量等级调查与评定》（湖北卷）（熊政春，2010）。土地面积数据主要来源于国土部门提供的武汉城市圈 2012 年土地利用现状变更调查数据，其中土地利用类型主要有耕地、园地、林地、牧草地、其他农用地、居民点及工矿用地、交通运输用地、水利设施用地、未利用地、其他土地十类。由于选取的指标量纲不同，为解决数据之间的可比性问题，同时保留原始数据之间的关系，采用 Min-max 标准化方法对指标数据进行标准化处理，其计算公式如下：

$$d_i = (x_i - x_{min})/(x_{max} - x_{min}) \qquad (4-7)$$

其中，d_i 为指标标准化值，x_i 为指标原始值，x_{max}、x_{min} 分别为指标极大值和极小值。

（三）土地资源空间异质性指数测度

利用 SPSS17.0 软件对异质性指标集进行因子分析，得到 KMO＝0.6，Bartlett's test 统计量为 570.82，且相伴概率 P＝0.00<0.05，提取公因子方差较大，均在 0.7 以上，说明因子分析是可行的。进一步提取公因子，得到总方差解释表（见表 4-2）和主成分荷载矩阵（见表 4-3）。

表 4-2　　　　　　　　　　　总方差解释表

因子	因子贡献及贡献率		
	特征值	方差贡献率（％）	累计贡献率（％）
1	4.311	35.924	35.924
2	2.798	23.319	59.243
3	2.084	17.365	76.608
4	1.056	8.804	85.412
5	0.797	6.646	92.057
6	0.424	3.530	95.587
7	0.259	2.157	97.744
8	0.159	1.329	99.073
9	0.077	0.640	99.714

因子	因子贡献及贡献率		
	特征值	方差贡献率（%）	累计贡献率（%）
10	0.018	0.151	99.865
11	0.009	0.073	99.939
12	0.007	0.061	100.000

表4-3 主成分载荷矩阵

指标因子	主成分			
	第一主成分	第二主成分	第三主成分	第四主成分
土地集中化指数（LCI）	0.052	-0.964	0.094	-0.038
土地多样化指数（LDI）	-0.135	0.929	0.104	0.245
土地均衡度（LED）	-0.149	0.953	-0.011	0.191
林地比重（PFL）	-0.356	-0.099	-0.884	0.083
耕地比重（PAL）	-0.275	-0.087	0.936	-0.143
建设用地比重（PCL）	0.969	-0.156	0.051	-0.031
土地自然生产率（LNP）	0.623	0.110	0.543	-0.053
土地利用程度指数（LUDI）	0.634	-0.327	0.527	-0.215
土地经济生产率（LEP）	0.954	-0.202	-0.109	-0.025
土地组合系数（LCC）	-0.109	0.139	-0.078	0.757
土地区位指数（LLQI）	0.432	0.240	0.217	0.582
地形特征指数（TFI）	0.131	-0.119	0.346	-0.793

从因子分析结果可知，提取的四个主成分（特征值>1）累计贡献率达到了85.41%。第一主成分贡献率为35.92%，其中 PCL、LEP、LUDI、LNP 具有很高的荷载，主要反映了土地质量信息，我们称之为土地质量主成分（笔者认为建设用地比重更应该反映土地数量信息，但是主成分分析结果显示建设用地比重反映的是土地质量信息。出现这样的计算结果，可能与现阶段土地要素的投入依然是武汉城市圈经济增长的重要因素之一的原因有关，即建设用地数量与土地经济质量存在相关性，建设用地比重越大，土地利用开发程度、土地经济产值等相对越高，土地质量相对越高。理论上，当土地要素不再是经济增长的投入要素时，建设用地比重

反映的应该是土地数量信息）。第二主成分贡献率为 23.32%，其中 *LCI*、*LED*、*LDI* 荷载较高，反映了土地利用结构的信息，我们称之为土地结构主成分。第三主成分贡献率为 17.37%，其中 *PAL*、*PFL* 荷载较大，反映了土地数量信息，我们称之为土地数量主成分。第四主成分贡献率为 8.80%，其中 *TFI*、*LCC*、*LLQI* 具有较大荷载，主要反映了土地资源地理特征及其他资源丰裕度，我们称之为土地资源禀赋主成分（此处土地资源禀赋主要指区域土地资源在地理位置上与其他资源组合的优势度，表征了土地区位和组合特征）。可见，土地资源空间异质性是土地质量、结构、数量和自然禀赋等特征异质的综合反映，其中质量异质和结构异质是影响城市圈土地资源空间异质的主要原因，土地数量和禀赋异质也会造成土地资源空间异质。

为进一步定量分析土地资源空间异质性，将主成分的方差贡献率作为各异质性指标对土地资源空间异质的权重，可得到城市圈土地资源空间异质性测度模型：

$$Y = -0.137X_{LCI} + 0.163X_{LDI} + 0.143X_{LED} - 0.205X_{PFL} + 0.047X_{PAL} +$$
$$0.175X_{PCL} + 0.215X_{LNP} + 0.128X_{LUDI} + 0.143X_{LEP} + 0.066X_{LCC} + 0.216X_{LLQI} -$$
$$0.024X_{TFI} \tag{4-8}$$

由式（4-8）可知，土地集中化指数、林地比重、地形特征指数对城市圈土地资源空间异质性指数具有负向影响，土地多样化指数、土地均衡度、土地组合系数、土地区位指数等有着正向影响。在异质性变量系数方面，土地区位指数作用最大，为 0.216，土地自然生产率、林地比重系数在 0.2 以上，土地组合系数和地形特征指数、耕地比重系数在 0.1 以下。这说明城市圈土地区位、自然质量和林地数量的差异尤其明显，土地经济质量、利用程度、结构、建设用地数量等也存在差异，而土地资源组合、地形特征差异较小。

（四）土地资源空间异质性特征分析

根据城市圈各县（市、区）异质性指标数据，利用土地资源空间异质性测度模型可以求得城市圈土地资源空间异质性综合指数，见图 4-1（图中武汉城区包括江汉区、青山区、汉阳区、硚口区、武昌区、洪山区、江岸区，黄石城区包括西塞山区、黄石港区、铁山区、下陆区）。需要说明的是，此处土地资源空间异质性综合指数数值大小并不定量表示土地资源优劣程度，而是反映区域土地利用方式与特征。由图 4-1 可知，城市圈土地资源空间异质性指数区间为 [0.038, 0.829]，异质性最大的是武汉城区，最小的是英山县。武汉城区异质性主要由土地资源质量、区位和数量异质造成，其中土地区位、自然、经济生产率和建设用地数量贡献了城区80%以上的异质性，表明武汉城区土地利用具有强度大、产值高、扩张快的特点。而英山县异质性低主要是由于其林地比重大，建设用地比重较小，土地经济产值不高，造成英山县土地利用程度低、产值少、结构单一，土地利用模式、特征与武汉城区差异明显。城市圈各县（市、区）单元异质性指数呈现出有梯度的变化，按照异质性指数大小，可对研究区进行均质划分，在异质中寻求相对均质的区域。利用SPSS17.0系统聚类法中的Euclidean distance度量方法，将研究区域划分为高异质区、中高异质区、一般异质区、中低异质区、低异质区5个梯度区（见图4-1），每个梯度区内土地利用方式与特征相似，处于相对均质状态。如在高异质区内，土地利用呈现强度大、产值高、城镇用地扩张快、结构复杂化等特点，在低异质区内，土地利用强度小、模式单一、产值低，土地受自然因素影响大。

由图4-1可以看出，武汉城市圈土地资源空间异质性表现出以下特征：

（1）城市圈土地资源空间异质性呈现出"中心高、边缘低"的分布特征。从空间分布格局来看，异质性指数较高的县（市、区）级单元主要分布在城市圈中心区域，如武汉城区、鄂城区、黄石城区、东西湖区、黄州区，而异质性较低的行政单元多分布在城市圈边缘，如通城县、麻城市、通山县、崇阳县、大悟县、红安县、罗田县、英山县等。从空间分布梯度来看，异质区等级由内到外依次为高异质区、中高异质区、一般异质区、中低异质区和低异质区。高异质区位于城市圈正中心，一般异质区和中高异质区紧邻高异质区，中低异质区和低异质区则分布在城市圈最外围。

（2）城市圈各异质梯度区内县（市、区）级行政单元数量和面积分布不均等。从分布数量来看，城市圈39个县（市、区）单元在5个梯度区内的数量由高异质区到低异质区分别为5、5、8、13、8。各县（市、区）土地资源空间异质性以中低异质单元为主，占了一半以上，而中高异质以上的单元数量相对较少，仅占25.64%。从分布面积上看，中低异质区以下县（市、区）级行政单元面积是中高异质区以上单元的3.5倍，异质性较低的区域面积明显大于异质性较高的梯度区面积。

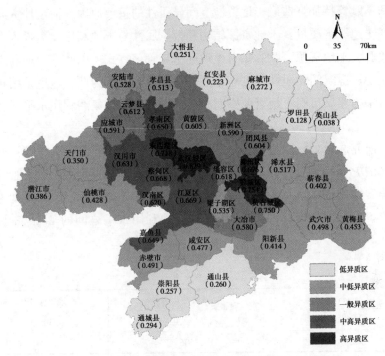

图 4-1　城市圈土地资源空间异质性分区

（3）城市圈土地资源空间异质性与经济发展水平存在"高异质—高水平，低异质—低水平"的集聚特征。城市圈经济发展水平较高的区域集中在城市圈中心地带，而经济发展水平相对较低的地区多分布在城市圈周边，这与土地资源空间异质性指数一样，都呈现"中心高、边缘低"的地域集聚特征。同时，城市圈高异质区域多位于经济水平较高的主城区，如武汉城区、鄂城区、黄州区、黄石城区等，低异质区域多分布在经济水平较低的县（市、区），如红安县、罗田县、英山县等，城市圈土地资源空间异质性与经济发展水平呈现"高异质—高水平，低异质—低水平"的关联集聚特征。

第四节　土地资源空间异质性效应分析

一　空间异质性与土地利用的关系分析

由土地资源空间异质性内涵和测度模型可知，土地资源质量、结构、数量和禀赋等特征是造成土地资源空间异质性的重要原因。而土地资源质量包括土地经济质量，土地资源结构和数量属性与土地利用要素投入有着密切关联，土地资源禀赋影响着土地利用与管理方式。因此，土地利用水平与土地资源空间异质性程度理论上存在一定关系。为此，这里采用相关性分析来描述城市圈土地资源空间异质性程度与土地集约利用水平之间的关系。

本研究选取异质性指数（*PC*）表示土地资源空间异质性程度，地均 GDP （*GDPPA*）表示土地利用水平，考察区域土地利用水平与土地资源空间异质性程度的相关性，并利用 SPSS17.0 软件分析武汉城市圈各县（市、区）土地资源空间异质性程度与土地利用水平之间的 Pearson 相关系数。

表 4-4 相关系数表

Pearson 系数	异质性指数	地均 GDP
异质性指数	1.000	0.506**
地均 GDP	0.506**	1.000

注：** 表示在 1% 的水平上双侧显著。

由表 4-4 可知，城市圈土地资源空间异质性指数与地均 GDP 的 Pearson 相关系数为 0.506，且在 1% 的水平上双侧显著，表明土地利用水平高的区域，土地资源空间异质性程度也较高，土地资源空间异质性与土地利用水平呈正相关关系。但是从另一个角度来说，两者的相关关系并不是特别紧密，说明土地利用程度高、扩张快、产值高、禀赋优越的区域，土地利用效率并不一定是最高的。

二 空间异质性与产业发展的关系分析

（一）相关性分析

本研究选取第二和第三产业比重（*STP*）、地均产业产值（*IOVPL*）、产业调整幅度（*INR*）表示区域发展水平，异质性指数（*PC*）表示土地资源空间异质性程度，考察区域产业发展水平与土地资源空间异质性程度的相关性。其中，第二和第三产业比重采用第二和第三产业产值占总产值的比重表示，单位为%；地均产业产值采用三次产业产值除以土地面积表示，单位为亿元/平方千米，所采用数据均为 2012 年数据。然后，利用

SPSS17.0 软件分析城市圈土地资源空间异质性与产业发展水平之间的 Pearson 相关系数。

表 4-5　　　　　　　　　　相关系数表

Pearson 系数	异质性指数	第二和第三产业比重	地均产业产值	产业调整幅度
异质性指数	1.000	0.572**	0.462**	-0.081
第二和第三产业比重	0.572**	1.000	0.507**	0.326**
地均产业产值	0.462**	0.507**	1.000	0.441**
产业调整幅度	-0.081	0.326**	0.441**	1.000

注：** 表示在 1% 的水平上双侧显著。

由表 4-5 可知，土地资源空间异质性指数与第二和第三产业比重、地均产业产值、产业调整幅度的 Pearson 相关系数分别为 0.572、0.462、-0.081，其中与第二和第三产业比重及地均产业产值的相关系数在 1% 的水平上双侧显著，表明在地均产业产值及第二和第三产业比重较高的区域，土地资源空间异质性程度也较大。而异质性指数与产业结构调整幅度的相关系数为负且不显著，从侧面说明了产业结构优化调整方向可能会降低区域之间土地资源空间异质性程度。为进一步验证和探究土地资源空间异质性与产业发展的关系，将采用 TOBIT 模型对两者的关系进行定量分析。

（二）Tobit 回归分析

1. 变量选取与参数估计

本研究以城市圈 39 个县（区）单元土地资源空间异质性指数作为因变量（Y），为消除变量之间的共线性，分别从产业结构、产业产值和产业发展方向三个方面选取第二和第三产业比重（STP）、地均产业产值（$IOVPL$）、产业调整幅度（INR）作为自变量。其中，产业调整幅度采用第三产业产值增长幅度表示，单位为 %。本研究使用的是 2012 年武汉城市圈 39 个县（市、区）截面数据，为使指标之间具有可比性以及消除异方差存在的可能性，变量均采用相对指标。然后，利用 Eviews6.0 中的 Censored 估计方法对模型中的参数进行估计，结果见表 4-6。

表 4-6 模型输出结果

变量	系数	标准差	Z-统计量	P 值
C	0.042	0.200	0.210	0.834
STP	0.913	0.248	3.688	0.000
IOVPL	0.141	0.057	2.490	0.013
INR	-0.897	0.282	-3.182	0.002
误差分布	对数似然函数	赤池信息准则	施瓦茨准则	汉南—奎因准则
	25.251	-1.038	-0.825	-0.962

由表 4-6 可写出土地资源空间异质性指数与产业发展水平之间的回归模型表达式为：

$$Y = 0.042 + 0.913X_{STP} + 0.141X_{IOVPL} - 0.897X_{INR} \quad (4-9)$$

式（4-9）中，对数似然函数较大，赤池信息准则、施瓦茨准则、汉南—奎因准则均相对较小，各变量（除常数项外，常数项不显著可能说明除产业之外还有其他许多因素对土地资源空间异质性造成影响）均通过检验且在 5% 的水平上显著，说明模型准确、简洁，可以用来解释产业发展水平对土地资源空间异质性的影响。

2. 结果分析

从表 4-6 和式（4-9）可以看出，第二和第三产业比重（STP）和地均产业产值（IOVPL）对土地资源空间异质性具有显著的正向影响。第二和第三产业比重的估计系数为 0.913，且在 5% 的水平上显著，第二和第三产业比重每提高 10%，土地异质性指数平均增加 0.913 个单位。地均产业产值的估计系数为 0.141，产业产值平均每平方千米增加 1 亿元，土地异质性指数增加 0.141。这说明当前武汉城市圈产业产出增加会导致城市圈土地资源空间异质性程度增加。这是因为：一方面，武汉城市圈各县（市、区）第二、第三产业发展阶段和增长速度不同，基础差异大（如武汉城区第二和第三产业比重是梁子湖区的 2 倍，第二和第三产业产值是通山县的近 200 倍），在现有产业结构和技术水平下，第二和第三产业比重与产业产值的提升会进一步加剧农业大镇区域和工业城镇的非均衡发展，进而作用于土地资源质量和结构上，造成各县（市、区）土地质量和结构的异质性；另一方面，从土地资源空间异质性综合测度模型也可以看出，区域产业结构和产业产值的差异，会造成区域土地利用结构和土地经济产值的异质。武汉城市圈第二和第三产业比重与产业产值较高的区域，往往土地利用结构比较复杂，土地产出高，伴随着建设用地的扩张，土地利用程度高。相对地，第二和第三产业比重与产业产值较低的区域，林地、山地以及耕地面积多，出于生态和粮食安全考虑，禁止和限制建设区覆盖广，土地发展在一定程度上受限，土地产值相对较低，开发利用难度高。因此，武汉城市圈在目前发展阶段下，第二和第三产业比重与产业产值的增加会造成区域土地资源空间差异的加剧，在土地利用与管理中，应充分考虑到产业发展对土地资源的影响。

产业调整幅度（INR）对土地资源空间异质性具有显著的负向影响。产业调整幅度的估计系数为-0.897，在1%的水平上显著。INR系数估计值表明，产业调整幅度每增加10%，异质性指数平均降低0.09。产业调整幅度反映了区域产业结构由第一、第二产业向第三产业调整速度，产业结构调整变化导致产业用地从农用地转向建设用地、从工业用地转向商业用地，造成土地利用结构属性发生变化和土地产业产值发生变化。城市圈产业调整幅度对土地资源异质性有负向影响，主要原因是，一方面，城市圈产业调整幅度优化了产业结构，进而促进了土地利用结构的优化，缩小了"后发"城镇与"先发"城镇之间的产业产值差距，降低了土地质量异质性。另外，武汉城市圈各县（市、区）本身产业结构差异不大（产业结构调整幅度差异仅为地均产业产值差异的1/50），同时产业调整幅度和速度不同，"后发"城镇调整速度往往较"先发"城镇快，有助于进一步缩小两者的产业结构比和产值差距，降低土地资源结构异质和质量异质。第三产业发展阶段与速度类似，本身差异不大。另一方面，因为大力发展第三产业是城市圈近年来实现经济转型、缩小区域经济差异的发展战略和重要手段，第三产业比重增加优化了产业和土地利用结构，降低了土地结构和质量异质。

三　空间异质性与经济水平的关系分析

（一）相关性分析

本研究选取人均GDP（$GDPPC$）、城市化水平（UL）、地均社会固定资产投资额（$FAIPK$）表示区域经济发展水平，异质性指数（PC）表示土地资源空间异质性程度，考察区域经济发展水平与土地资源空间异质性程度的相关性，并利用SPSS17.0软件分析城市圈土地资源空间异质性与经济发展水平之间的Pearson相关系数。

表 4-7 相关系数表

Pearson 系数	异质性指数	城市化水平	人均 GDP	地均社会固定资产投资额
异质性指数	1.000	0.685**	0.579**	0.515**
城市化水平	0.685**	1.000	0.667**	0.679**
人均 GDP	0.579**	0.667**	1.000	0.634**
地均社会固定资产投资额	0.515**	0.679**	0.634**	1.000

注: ** 表示在 1% 的水平上双侧显著。

由表 4-7 可知，土地资源空间异质性指数与城市化水平、人均 GDP、地均社会固定资产投资额的 Pearson 相关系数分别为 0.685、0.579、0.515，且在 1% 的水平上双侧显著，表明经济发展水平高的区域，土地资源空间异质性程度也较高，土地资源空间异质性与经济发展水平呈现较高的正相关关系。为进一步探究土地资源空间异质性与经济发展水平之间的关系，这里采用 Tobit 模型对两者的关系进行定量分析。

（二）Tobit 回归分析

1. 变量选取与参数估计

本研究以城市圈 39 个县（市、区）单元土地资源空间异质性指数作为因变量（Y），为消除变量之间的共线性，分别从经济发展程度、发展质量和经济结构三个方面选取城市化水平（UL）、人均 GDP（$GDPPC$）、第三产业比重（TIP）作为自变量。其中，城市化水平采用城镇人口规模与常住人口规模之比表示，单位为%；人均 GDP 采用 GDP 与常住人口规模之比表示，单位为万元/人；第三产业比重采用第三产业产值与地区生产总值之比表示，单位为%。本研究使用的是武汉城市圈 2012 年截面数据，为使指标之间具有可比性以及消除异方差存在的可能性，变量均采用相对指标。然后，利用 Eviews6.0 中的 Censored 估计方法对模型中的参数进行估计，结果见表 4-8。

表 4-8 模型输出结果

变量	系数	标准差	Z-统计量	P 值
C	0.244	0.088	2.773	0.006
UL	0.544	0.150	3.628	0.000
$GDPPC$	0.057	0.017	3.464	0.001
TIP	-0.340	0.191	-1.776	0.076

变量	系数	标准差	Z-统计量	P 值
误差分布	对数似然函数	赤池信息准则	施瓦茨准则	汉南—奎因准则
	29.772	-1.270	-1.057	-1.194

由表 4-8 可写出土地资源空间异质性指数与经济发展水平之间的回归模型表达式为：

$$Y = 0.244 + 0.544X_{UL} + 0.057X_{GDPPC} - 0.340X_{TIP} \quad (4-10)$$

可以看出，模型输出结果中，对数似然函数较大，赤池信息准则、施瓦茨准则、汉南—奎因准则均相对较小，同时，UL、$GDPPC$ 等变量均通过检验且在 5% 的水平上显著，TIP 变量在 10% 的置信水平上通过检验，说明模型准确、简洁，可以用来解释经济发展对土地资源空间异质性的影响。

2. 结果分析

从表 4-8 和式（4-10）可以看出，城市化水平和人均 GDP 对土地资源空间异质性具有显著的正向影响。城市化水平的估计系数为 0.544，即城市化水平每提高 10%，土地异质性指数平均增加 0.054 个单位。人均 GDP 的估计系数为 0.057，即人均 GDP 平均每增加万元，土地异质性指数增加 0.057。当前，武汉城市圈各县（区）经济发展阶段和增长速度不同，基础差异大（如武汉城区城市化水平是罗田县的 6.4 倍，黄石城区人均 GDP 是罗田县的 7.35 倍），城市化水平和人均 GDP 提高会进一步加剧区域非均衡发展，造成各县（区）土地质量和结构的异质性。另外，城市圈经济发展程度和质量较高的区域，土地资源具有区位条件优越、利用程度高、经济产值高、建设用地扩张速度快的特点，而经济水平较低的区域，土地开发利用受限（林地、山地、耕地比重大），经济产值不高，往往生态功能突出，导致土地资源数量、质量、结构等异质性明显。因此，在土地利用与管理中，高异质区应严格控制用地扩张，立足存量用地挖潜，优化用地结构，以满足城镇化用地需求；低异质区应注重土地生态环境保护，完善土地社会保障功能。

第三产业比重对土地资源空间异质性具有显著的负向影响。第三产业比重的估计系数为-0.340，在 10% 的水平上显著，表示第三产业比重每增加 10%，异质性指数平均降低 0.034。第三产业比重反映了区域经济结构信息，产业结构的变化导致土地利用结构的调整，造成土地结构属性异质。城市圈第三产业比重对土地资源异质性有负向影响，一方面是因为城市圈各县（市）第三产业发展阶段、速度类似，本身差异不大（第三产业比重变化幅度仅为城市化水平的1/2、人均 GDP 的1/8）。另一方面是因为大力发展第三产业是城市圈近年来实现经济转型、缩小区域经济差异的发展战略和重要手段，第三产业比重增加优化了产业和土地利用结构，降低了土地结构和质量异质。

第五节　小结与讨论

一　本章小结

本章重点研究了土地资源空间异质性内涵、形成机理、定量测度、特征及其与土地利用、产业发展和经济水平的关系等，详细内容如下：

（1）从资源经济学的角度界定了土地资源空间异质性内涵，指出土地资源空间异质性内涵应包括资源数量、质量、结构、区位、时间、组合等属性异质性。

（2）从自然客体和土地资源属性异质两方面分析了土地资源空间异质性形成机理，得出土地资源空间异质性是由土地资源禀赋空间异质性和空间依赖性导致的，实际上也是土地资源各属性异质的结果。

（3）根据土地资源空间异质性内涵和形成机理，利用主成分分析法构建了土地资源空间异质性综合测度模型。

（4）以武汉城市圈为实证对象，综合测度了武汉城市圈土地资源空间异质性，分析了城市圈土地资源空间异质性特征，并对土地资源空间异质性与土地利用、产业发展、经济水平的关系进行了探索。实证结果表明：武汉城市圈土地区位、自然质量和林地数量的差异尤其明显，土地经济质量、利用程度、结构、建设用地数量等也存在差异，而土地资源组合、地形特征差异较小；按照土地资源空间异质性指数，可以将城市圈划分为高异质区、中高异质区、一般异质区、中低异质区、低异质区 5 个梯度区，各异质梯度区内县（市、区）级行政单元数量和面积分布不均等，异质性指数呈现出"中心高、边缘低"的分布特征；城市圈土地资源空间异质性与土地利用、经济和产业发展存在一定的相关关系，第二和第三产业比重、地均产业产值、城市化水平、人均 GDP 等对土地资源空间异质性具有显著的正向影响，第三产业比重、产业调整幅度对土地资源空间异质性具有显著的负向影响。

二　讨论

（1）土地资源空间异质性综合测度的可行性。当前土地资源空间异质性的定量研究还不多见，已有研究多通过单项指标或单一属性来刻画土地资源空间异质性，忽视了土地资源数量、质量、结构、区位等多种属性的特性。本章根据土地资源空间异质性内涵与形成机理，选取能够反映土地资源各属性特征的指标作为异质性变量，构建空间异质性变量集，并运用主成分分析法构建土地资源空间异质性测度模型。模型测度的基础依据是土地资源各属性存在空间差异性，测度结果反映了土地资源自然和社会双重属性特征，克服了用单一指标描述土地资源利用特征的不足。因此，土地资源空间异质性综合测度理论上是可行的，测度结果与研究区域土地资源利用与管理现状也是相符的。但由于研究视角、研究目的以及研究人员知识水平不同，在选取异质性变量时难免存在分歧，测度模型还需要进一步验证与完善。

（2）武汉城市圈土地资源空间异质性测度结果的有效性和应用性。本章以武汉城市圈为实证对象，综合测度了城市圈土地资源空间异质性指数，结果显示城市圈土地资源空间异质性指数区间为 [0.038, 0.829]，各县（市、区）单元异质性指数呈现出有梯度的变化。异质性指数大小并不说明土地利用与管理状态的好坏，而是反映区域土地利用特征与方式。测度结果表明，武汉城市圈土地资源确实存在明显的空间异质性，异质性指数与研究区域的土地利用与管理现状是较为一致的，测度结果是可信的、有效的，可以作为均质区域划分的依据。如武汉城区异质性指数高，说明武汉城区土地利用具有强度大、产值高、扩张快的特点，而英山县异质性低，表明英山县土地利用具有程度低、产值少、结构单一等特点，两者土地利用模式与特征差异明显。本研究在进行异质性测度时更多关注的是测度的有效性，对测度结果的应用性考虑不足，如何将异质性测度结果运用在土地利用与管理实践中，为差别化土地管理提供参考，还需要深入研究。

第五章　土地资源空间异质性传导机制与实证检验

第一节　理论分析框架

所谓土地资源空间异质性传导机制，是指土地资源空间异质性对土地管理工作的作用路径与机理。我国土地资源空间异质性普遍存在，对土地的利用与管理中需要考虑土地资源的空间异质性，提高土地管理的针对性和有效性。因此，对土地资源空间异质性影响土地资源管理的机制与路径进行探讨，有助于提高土地资源利用水平、设计差别化土地管理模式，是土地资源利用与管理的重要依据。

土地资源空间异质性主要从三个方面影响土地管理模式：一是土地资源空间异质性影响土地资源优化配置方案。不同区域土地利用效益存在空间差异性，不同产业类型产业用地绩效差异明显，为获得最大效益，土地供应总量、时空布局、结构调整等优化配置方案具有明显的针对性和指向性。二是土地资源空间异质性影响土地资源利用方式。土地资源承载力异质性决定了土地利用强度、方式、标准存在差异性。生态脆弱区、农业保护区等土地承载力较弱的区域，不适宜进行大规模、高强度的工业化城镇化开发，土地开发利用以保护为主。而承载力较强的区域，土地开发利用强度大，土地以集约高效利用为主。三是土地资源空间异质性影响土地均衡发展。由于土地资源数量和功能的空间异质性，林地、耕地资源丰富的地区，生态产品和农产品输出多，土地用途管制强度大，土地发展受限，而建设用地丰富的城镇化区域，土地管制较松，土地投入产出强度大，土地利用效益高，造成不同用途区土地非均衡发展。

当前我国土地管理制度与政策具有很强的普适性，但是我国区域土地资源数量、质量、结构、区位等差异明显，土地资源空间异质性普遍存在，普适性的土地管理制度和政策针对性不强、有效性不足，与土地利用复杂化、多样化、精细化的趋势与特征相冲突，导致土地资源配置效率不高、利用效率低下、区域发展不均衡等现实问题。为此，土地管理者应通过改革与创新土地制度、调整土地政策、转变土地利用方式等手段或途径，改变土地管理模式，促进土地资源集约高效利用，协调区域均衡发展。土地资源空间异质性传导机制理论分析框架如图5-1所示。

图5-1　土地资源空间异质性传导机制理论分析框架

第二节　传导机制与假说

土地资源空间异质性对土地管理的作用与影响可以概括为两种形式：一是直接作用机制，主要表现为土地资源特性和属性空间异质性对土地管理的影响；二是间接作用机制，主要表现为土地资源空间异质性通过作用于经济发展、产业结构、土地利用等影响土地管理。

一　直接作用机制

均质是相对的，异质是绝对的，土地资源空间异质性直接影响着土地资源利用与管理，是土地管理的重要依据。土地资源空间异质性直接传导机制可从两个角度来阐释：土地资源特性传导和土地资源属性传导。

（一）土地资源特性传导机制

土地具有稀缺性、价值性、动态性等资源特性，资源特性的差异直接影响着土地利用与管理。土地资源稀缺性的差异即土地资源稀缺程度，决定着土地资源的利用与分配方式。在用地空间不足的地区，控制增量、盘活存量、拓展地下空间等将成为区域土地利用与管理的方向和途径；而在用地压力小的地区，建设用地供给多以增量为主，以提高用地效益为目标，资本、劳动可能成为其经济发展的限制因素。土地资源价值特性的差异，直接决定着土地资源的开发方向与利用程度。如农用地适宜农业生产，以发展种植业为主，实行严格的土地用途管制制度；而建设用地土地经济价值高，适宜城镇化、工业化建设。土地资源动态特性差异，改变了人类的资源价值观和利用方式。传统粗放型的土地利用方式中，资源环境占用成本低，导致土地生态资源过度开发，土地生态系统稳定性遭到破坏，环境污染严重，资源综合利用效率低下。土地资源功能的这种变化，使人类认识到资源不可持续利用的弊端，进而改变了土地资源利用的价值观，从追求经济利益转变为追求土地利用综合效益，坚持土地可持续利用。可见，土地资源稀缺程度、价值功能、动态变化的异质性，直接作用于土地资源利用与管理，影响并引导着土地资源的利用方式、开发程度、利用方向以及人们用地观念的转变。

（二）土地资源属性传导机制

土地资源具有自然和社会双重属性，土地资源属性的空间差异直接作用于土地管理。土地资源自然属性的空间异质性主要表现为土地自然质量、现状结构、地理位置、资源禀赋等的差异性，即土地资源本身异质性所造成的空间单元差异。不同的土地利用类型、结构数量和资源匹配关系，引导人们认识和确定土地的不同功能和用途，采取针对性的土地利用与管理模式，获取最大的使用价值。土地数量、结构、用途等差异性是制定土地供应、布局优化、结构调整等土地管理决策的重要依据。土地资源社会属性的空间异质性是指土地资源所处空间的非均衡性造成的差异性，主要体现在土地资产增值潜力、土地产权主体特征、土地产权转移与权能大小等方面。土地增值潜力大，人们在土地上投入的生产要素就更多，土地利用方式更加复杂，土地管理更为精细。产权权能越大，权利束越多，获得土地收益也就越多。而产权是否明晰、流转顺畅与否直接决定了土地市场运行状况。因此，土地资源社会属性的空间异质性直接影响着土地增值收益分配、土地产权制度设计、土地市场运行机制等土地管理活动。

二　间接作用机制

（一）经济发展传导机制

土地要素是我国经济增长的重要因素，经济增长通过影响土地用途、土地增值、土地资产、土地稀缺等特性，影响土地供应制度、管理方式、土地产权制度、土地收益分配、用途管制制度、土地规划等。随着经济的不断发展，土地需求尤其是建设用地的需求增大，土地供需矛盾突出，需要严格控制城镇规模，创新土地供应模式。土地是一种资产，经济发展为土地流通提供了便利，土地资产特性充分体现，土地产权主体和权能更加复杂，土地增值链延长，利益网扩大，推动了土地产权制度、土地增值收益分配制度的改革。另外，随着人类经济活动范围的扩大和经济建设强度的增加，土地用途和功能呈现出多样性，盲目追求经济利益导致土地生态功能和农产品生产功能弱化，建设用地无序扩张，必须加强土地利用规划的统筹管控作用，严格生态用地和农业生产用地管制，创新土地管理模式，实现土地生态、社会、经济综合效益最大化。土地管理包括行政、经济、法律、技术等一系列手段，土地管理者通过土地用途管制、土地规划、土地税收、权属管理、产权制度改革等土地管理模式，再加上土地市场机制，能够加速低效用地退出，盘活存量用地，推进土地集约高效利用，缓解用地紧张与经济增长的矛盾，推进土地可持续利用，促进经济持续增长，加快经济发展方式的转变。

（二）产业结构传导机制

产业结构调整通过改变土地投入产出强度、容积率、建筑密度等土地使用标准，影响土地价值与用途、土地区位、用地结构与布局等特性，推进土地管理方式的变革。产业发展为人们提供更多的物品和服务。如第一产业主要满足人们对于农产品的需求，保障了粮食生产与安全，是人类生存的基础，必须坚持严格的土地管理模式，保护耕地及其生产功能，提高耕地质量，确保农产品的持续生产与输出。第二、第三产业主要提供工业产品和服务产品，满足人们的物质和精神需求，产业用地比较效益高，开发利用程度大，挤占农业和生态产品的生产空间，因此必须合理规划产业用地，优化产业布局，发挥产业的集聚规模效应，调节各产业用地结构与生产空间，协调各产业健康、稳步、持续发展。同时，要在有限的生产空间内，集约节约利用土地，挖掘产业用地潜力，提高土地投入产出强度，促进产业用地绩效提升，实现土地资源的可持续利用。土地管理的重要内容是优化土地结构，调整产业结构。通过土地供应、产业用地规划与布局、土地使用标准监管、税收标准制定、市场配置等管理方式，淘汰和限制高耗能、高污染、占地多、低产出产业，鼓励和引导产业向战略性新兴产业和生产性服务业转移，促进产业结构优化与升级。

（三）土地利用传导机制

土地利用是土地的利用方式、利用程度、利用效果的总称（陆红生，2007），受到自然、经济、人文等多种因素的影响。土地的利用方式、利用程度和利用效果直接影响土地资源的管理。区域气候、地形、土壤、水文、地质条件等因素直接影响着土地的利用方式，宜农则农，宜林则林。水文、气候、土壤条件好的区域，土地以农业种植为主，保护耕地、提高耕地质量是土地管理的重点；丘陵山地地形复杂，开发利用难度大，但生态价值高，以发展旅游和林业为主，严格土地开发、退耕还林、防治水土流失是土地管理的重要内容。城镇土地利用开发强度大，建设用地比重较高，土地经济产出高，土地使用主体多样，土地利用呈现出复杂化、细碎化和多样化的特点，要求明晰土地产权，加强土地规划管控，严格控制建设用地扩张，集约节约用地，实行更加精细的管理模式，提高土地管理水平。农村宅基地布局散乱，粗放利用和闲置现象普遍，利用效率低下，土地管理应以优化布局、低效利用改造为重点。可见，土地利用通过利用方式、利用程度、利用效果影响着土地管理模式与政策；反过来，土地管理通过管制、规划、监管、调控等手段，严格土地使用标准，改变土地利用方式，优化土地结构与布局，引导土地合理利用。

三　提出假说

由上述分析可知，土地资源空间异质性对土地利用与管理的作用机制理论上是存在的，而且在实际考察中，土地资源空间异质性也通过直接作用机制和间接作用机制对土地管理模式产生影响。为了更进一步明确土地资源空间异质性传导机制与路径，更好地为差别化土地管理模式构建提供依据，有必要对土地资源空间异质性传导机制进行验证。土地资源空间异质性具有直接和间接两种传导机制，无论哪种传导机制，最终作用在土地管理上的效果均体现在土地利用效率、产业结构与布局、经济发展水平等方面。这是因为，促进土地资源高效利用、产业结构调整与优化、经济稳步持续发展是土地管理的重要内容和管理目标。因此，可通过检验土地资源空间异质性对土地利用、经济发展、产业结构的影响验证土地资源空间传导机制。为方便检验，我们提出假设：土地资源空间异质性传导机制是存在的，土地资源空间异质性通过影响土地利用、经济发展、产业结构而影响土地管理模式与政策，进而影响土地管理绩效。

第三节 研究方法与数据

一 研究方法

（一）单位根检验

在进行时间序列分析时，应对数据平稳性进行检验。时间序列平稳性的检验方法很多，目前应用最广泛的是 ADF 单位根检验法，ADF 检验考虑了残差项序列相关，是检验变量平稳性的有效方法（赵可，2011），其检验形式为：

$$dX_t = \delta X_{t-1} + \sum_{i=1}^{m} \beta_i dX_{t-1} + \varepsilon_t \qquad (5-1)$$

$$dX_t = \alpha + \delta X_{t-1} + \sum_{i=1}^{m} \beta_i dX_{t-1} + \varepsilon_t \qquad (5-2)$$

$$dX_t = \alpha + \gamma t + \delta X_{t-1} + \sum_{i=1}^{m} \beta_i dX_{t-1} + \varepsilon_t \qquad (5-3)$$

其中，dX_t 为 X_t 的差分项，t 为时间序列长度，m 为时间序列期数，δ、β_i、α、γ 为回归系数，ε_t 为白噪声。$\sum_{i=1}^{m} \beta_i dX_{t-1}$ 是对 DF 检验的改进，避免序列因为高阶滞后相关而破坏 ε_t 是白噪声的假定。式（5-1）至式（5-3）表示了三种形式的检验方程：无截距项和时间趋势项、只含截距项、含常数项和线性时间趋势项。在实际运用中可根据序列波动和趋势变化特征选择不同形式。

（二）协整检验

非平稳序列存在协整关系，回归分析才有意义。如果两个或两个以上的非平稳时间序列的线性组合能构成平稳的时间序列，说明这些变量之间存在长期的均衡关系（陆军、钟丹，2003）。协整检验主要有两种：一种是 Engle 和 Granger（1987）提出的两步检验法，即 EG 检验；另一种是

Johansen 与 Juselius（1988，1990）提出的 Johansen 检验，即 JJ 检验。EG 是 Residual-based test，适用于双变量的协整检验；Johansen 是 VAR-based test，适用于多变量的协整检验。本研究涉及多变量之间的协整检验，因此采用 JJ 检验法。JJ 检验法的基本原理可用以下几个公式表示：

对 p 阶向量自回归（VAR）模型可写作：

$$y_t = A_1 y_{t-1} + \cdots + A_p y_{t-p} + B x_t + \varepsilon_t \qquad (5-4)$$

其中，y_t 是 m 维非平稳 $I(1)$ 序列；x_t 是 d 维确定性变量；ε_t 为信息向量。VAR 模型可变换为向量信息误差修正模型（VECM）：

$$\Delta y_t = \sum_{i=1}^{p-1} \Gamma_i \Delta y_{t-i} + \Pi y_{t-1} + B X_t + \varepsilon_t \qquad (5-5)$$

其中，$\Pi = \sum_{i=1}^{p} A_i - I_m$，$\Gamma_i = -\sum_{j=i+1}^{p} A_j$。如果 $R(\Pi) = r = 0$，则 y_t 所含 m 个变量都是单位根过程，变量间不是协整的；如果 $R(\Pi) = r = n$，则模型是差分方程的收敛系统，所有变量都是平稳的（钟志威、雷钦礼，2008）。如果 $0 < R(\Pi) = r < m$，则存在两个 $m \times r$ 阶的 α、β，使得：

$$\Pi = \alpha \beta' \qquad (5-6)$$

则关于协整个数的检验就可以转化为对 Π 的秩的检验，其中 α、β 分别为 $m \times r$ 的调整参数矩阵和协整系数矩阵，r 为协整秩（王美今、余壮雄，2007）。

按照协整方程截距和确定性趋势，方程具有以下集中形式：

$$y_{t-1} + B x_t = \alpha \beta' y_{t-1} \qquad (5-7)$$

$$y_{t-1} + B x_t = \alpha(\beta' y_{t-1} + \rho_0) \qquad (5-8)$$

$$y_{t-1} + B x_t = \alpha(\beta' y_{t-1} + \rho_0) + \alpha^* \gamma_0 \qquad (5-9)$$

$$y_{t-1} + B x_t = \alpha(\beta' y_{t-1} + \rho_0 + \rho_1 t) + \alpha^* \gamma_0 \qquad (5-10)$$

$$y_{t-1} + B x_t = \alpha(\beta' y_{t-1} + \rho_0 + \rho_1 t) + \alpha^* (\gamma_0 + \gamma_1 t) \qquad (5-11)$$

其中，α^* 是 $m \times (m - r)$ 的矩阵，且 $\alpha' \alpha^* = 0$，$r(|\alpha|\alpha^*|) = m$，式（5-7）至式（5-11）分别表示五种方程形式：序列无确定性趋势方程无截距、序列无确定性趋势方程有截距、序列有线性趋势但方程只有截距、序列和方程都有线性趋势、序列有二次趋势且方程有线性趋势。ρ_0 为方程截距向量，ρ_1、γ_0、γ_1 为系数向量。协整检验有迹检验法和最大特征值检验法，需要根据具体问题来选择合适的方法。

（三）格兰杰检验

格兰杰因果检验是一种用于考察序列 X 是否是序列 Y 产生原因的方

法（易丹辉，2008）。格兰杰（Granger，1980）运用信息集的概念，基于事件发生的时序性给出了因果性的一般性定义：依赖于使用过去某些时点上所有信息的最佳最小二乘预测的方差。格兰杰因果关系检验通过将所有被检验变量作为一个 VAR 系统进行回归分析（赵可，2010），如果序列 X 是 Y 的格兰杰成因，需要满足两个条件：一是 X 有助于预测 Y；二是 Y 不应当有助于预测 X，避免其他因素的影响。格兰杰因果关系模型为（此处以双变量格兰杰因果检验为例，多变量情形进行成对的格兰杰因果检验）：

$$Y_t = c_0 + \sum_{i=1}^{n} \alpha_i Y_{t-i} + \sum_{i=1}^{n} \beta_i X_{t-i} + \varepsilon_{1t} \qquad (5-12)$$

$$X_t = c_1 + \sum_{j=1}^{m} \gamma_i Y_{t-j} + \sum_{j=1}^{m} \lambda_i X_{t-j} + \varepsilon_{2t} \qquad (5-13)$$

其中，c_0、c_1 为常数项，ε_{1t}、ε_{2t} 为干扰项，且干扰项不相关，n、m 为最大滞后期数。

格兰杰因果检验可能存在以下结果：

（1）若式（5-12）中，X 各滞后项前的参数整体不为 0，而 Y 各滞后项前的参数整体为 0，表明 X 对 Y 有单项影响。

（2）若式（5-13）中，Y 各滞后项前的参数整体不为 0，而 X 各滞后项前的参数整体为 0，表明 Y 对 X 有单项影响。

（3）若式（5-12）和式（5-13）中，Y 与 X 各滞后项前的参数整体不为 0，表明 Y 与 X 存在双向影响。

（4）若式（5-12）和式（5-13）中，Y 与 X 各滞后项前的参数整体均为 0，表明 Y 与 X 不存在影响。

二　变量选择

（一）土地资源空间异质性

土地资源空间异质性是土地资源数量、质量、结构、区位等属性异质的综合结果，是一个"虚拟"的综合变量，它对土地利用、经济与产业发展的影响主要通过各属性来体现。土地各属性的异质性更具有经济和社会意义，各属性的异质对经济、产业、土地利用都可能存在影响，影响路径和机制更为清晰，况且各属性异质的作用机制也可能不尽相同，如果选用综合变量，将失去这些信息。因此，我们选择土地资源数量、质量、结构、区位属性异质性作为土地资源空间异质性变量。从前文我们知道，土地各属性信息比较丰富，能够表征土地各属性异质性的变量较多。按照土地管理与土地利用、经济发展、产业结构的互动机理，结合土地资源空间异质性测度结果（各异质性指标系数大小），我们选择与经济发展、产业结构、土地利用联系紧密的异质性指标作为各属性异质性变量。土地数量异质性变量为耕地比重，土地质量异质性变量为地均 GDP，土地结构异质性变量为土地均衡度，土地区位异质性变量为交通便捷度。

（二）经济发展

经济发展的科学合理衡量或测度一直是学术界致力于解决的问题。目前已有大量关于经济发展测度或衡量指标的研究文献，形成了一定的共识，经济发展测度指标大致可概括为增长型、生态型、综合型和可持续型四种（范柏乃等，2013）。但是，无论是哪种测度类型，有一点非常明确，即经济增长指标是经济发展的基本要素，GDP 或人均 GDP 都是经济发展必选指标，能够很好地反映我国经济发展水平。因此，我们选择人均 GDP 作为经济发展的衡量指标。

（三）产业结构

产业结构是指区域不同产业的构成以及产业之间的关系，是调整产业发展方向、制定产业发展政策的重要依据。我国根据社会生产活动历史发展的顺序，将产业结构划分为第一产业、第二产业和第三产业。在我国城镇化进程中，三次产业的结构调整和变化趋势是由第一产业向第二产业进而向第三产业转移，第二和第三产业比重能够反映区域产业产出水平、产业发展类型与调整方向。因此，我们选择第二和第三产业比重作为产业结构的变量。

（四）土地利用

无论是农用地还是建设用地，土地管理者最关心的是土地集约利用水平，但是土地集约利用水平是一个难以直接观测到的数据。结合研究内容与目的，按照易操作性和合理性原则，选择地均投入强度作为土地集约利用水平的衡量指标（孔伟等，2014）。一方面，地均投入强度能够反映土地利用程度，地均投入增加会带动相关要素集聚，为土地开发利用提供动力，促进土地高效利用。另一方面，从市场配置机制来看，投入与产出是高度相关的。地均投入增加，产出效益也会增加，否则很难吸引投资者追加投资，即使追加投入，若效益得不到提升，这种利用方式也不会持久，将很快被市场机制所淘汰。

第四节　武汉城市圈实证分析

本研究以武汉城市圈为研究对象，以城市圈 1996—2012 年的土地资源属性异质性、经济水平、产业结构等信息为样本数据，对武汉城市圈土地资源空间异质性传导机制进行实证分析。人均 GDP（PCGDP）采用地区生产总值与常住人口的比值表示，第二和第三产业比重（STP）等于第二和第三产业产值与地区生产总值之比，地均投入强度（PAFI）等于固定资产投资额与土地面积之比，耕地比重（PAL）为耕地数量占土地总面积的比重，地均 GDP（PAGDP）等于 GDP 与土地总面积的比值，土地均衡度（LED）采用式（4-4）进行计算，交通便捷度表示武汉城市圈内部交通便捷程度，用城市圈公路路网密度（HRND）表示。上述指标数据中，土地面积均来自武汉城市圈土地利用现状调查及变更数据，由国土部门提供，社会和经济数据均来自《湖北统计年鉴》（1997—2013），其中地区生产总值按可比价折算为 1996 年价格。公路路网密度来自武汉城市圈各城市统计年鉴及国民经济和社会发展统计公报，部分年份数据缺失，采用湖北省数据代替。

一　平稳性检验

时间序列变量只有在同阶单整的情况下，才能进行协整分析。本研究运用 Eviews6.0 对武汉城市圈 1996—2012 年土地资源空间异质性、经济发展、产业结构、土地利用等数据进行 ADF 检验，结果见表 5-1。

表 5-1　　　　　　　　　　变量序列的 ADF 检验结果

变量序列	ADF 检验值	1%临界值	5%临界值	10% 临界值	滞后期	检验结果	备注
PCGDP	1.20	−5.84	−4.25	−3.59	3	非平稳	原始序列
dPCGDP	−7.13	−6.29	−4.45	−3.70	2	平稳	一阶差分序列
STP	−3.37	−5.52	−4.11	−3.52	2	非平稳	原始序列
dSTP	−4.81	−4.42	−3.26	−2.77	0	平稳	一阶差分序列
PAFI	−2.64	−6.29	−4.45	−3.70	3	非平稳	原始序列
dPAFI	−5.06	−6.29	−4.45	−3.70	2	平稳	一阶差分序列

变量序列	ADF 检验值	1%临界值	5%临界值	10% 临界值	滞后期	检验结果	备注
PAL	-2.00	-4.30	-3.21	-2.75	0	非平稳	原始序列
dPAL	-4.36	-5.52	-4.11	-3.52	0	平稳	一阶差分序列
PAGDP	1.22	-5.84	-4.25	-3.59	3	非平稳	原始序列
dPAGDP	-7.36	-5.52	-4.11	-3.52	0	平稳	一阶差分序列
LED	-1.88	-5.30	-4.01	-3.46	3	非平稳	原始序列
dLED	-4.49	-4.42	-3.26	-2.77	0	平稳	一阶差分序列
HRND	-2.22	-5.30	-4.01	-3.46	2	非平稳	原始序列
dHRND	-2.66	-2.85	-1.99	-1.60	0	平稳	一阶差分序列

注：滞后期用 SIC 准则自动给出。

变量序列的 ADF 检验结果表明：变量序列中，ADF 检验值均大于临界值，说明原始序列都是非平稳的。分别对原始序列的一阶差分序列进行 ADF 检验，由检验结果可知，$dPCGDP$ 在 1% 的显著性水平下是平稳的，说明 $dPCGDP$ 是一阶单整序列。第二和第三产业比重（STP）的一阶差分序列 $dSTP$ 在 1% 的显著性水平下是平稳的，表明 $dSTP$ 是一阶单整序列。地均投入强度（$PAFI$）的一阶差分序列 $dPAFI$ 在 5% 和 10% 的显著性水平下都是平稳的，表明 $dPAFI$ 是一阶单整序列。耕地比重（PAL）的一阶差分序列 $dPAL$ 在 5% 和 10% 的显著性水平下都是平稳的，表明 $dPAL$ 是一阶单整序列。地均 GDP（$PAGDP$）的一阶差分序列 $dPAGDP$ 在 1% 的显著性水平下是平稳的，表明 $dPAGDP$ 是一阶单整序列。土地均衡度（LED）的一阶差分序列 $dLED$ 在 1% 的显著性水平下是平稳的，表明 $dLED$ 是一阶单整序列。公路网密度（$HRND$）的一阶差分序列 $dHRND$ 在 5% 和 10% 的显著性水平下都是平稳的，表明 $dHRND$ 是一阶单整序列。各变量序列 ADF 检验结果可用下式表示，$PCGDP \sim I(1)$、$STP \sim I(1)$、$PAFI \sim I(1)$、$PAL \sim I(1)$、$PAGDP \sim I(1)$、$LED \sim I(1)$、$HRND \sim I(1)$。

二　协整检验

协整检验就是要检验协整回归方程是否存在单位根，时间序列存在协整关系是分析格兰杰因果关系的前提。要进行协整分析，时间序列必须是平稳的。单位根检验结果表明，$PCGDP$、STP 等变量为一阶单整序列，可以进行协整分析。此处数据处理工具为 Eiews6.0，协整检验方法为最大特征值检验法，样本为 1996—2012 年武汉城市圈经济发展、产业结构、土地利用等相关数据。运用 Eiews6.0 分别对土地资源空间异质性与经济发展、产业结构、土地利用等变量序列进行 JJ 检验，可得到异质性变量序列与经济发展、产业结构、土地利用变量序列的 JJ 检验结果，见表 5-2、表 5-3 和表 5-4。

表 5-2　　　　　　　　　　异质性与经济发展的 JJ 检验结果

协整关系个数	特征值	最大特征值统计量	1%临界值	P 值
0*	0.9907	70.2348	35.7261	0.0000
至多 1 个	0.8442	27.8841	29.0603	0.0150
至多 2 个	0.7278	19.5207	22.2517	0.0273
至多 3 个	0.5822	13.0913	15.0913	0.0232
至多 4 个	0.0587	0.9072	6.9406	0.3944

注：* 表示在 1% 的显著性水平下拒绝原假设。

由表 5-2 可知，只有第一个检验统计量大于 1% 水平下的临界值且 P 值显著，原假设被拒绝，表明土地资源空间异质性与经济发展变量序列在 1% 的显著性水平下有一个协整关系。

表 5-3　　　　　　　　　　异质性与产业结构的 JJ 检验结果

协整关系个数	特征值	最大特征值统计量	1%临界值	P 值
0*	0.9999	136.9658	35.7261	0.0000
至多 1 个	0.8506	28.5202	29.0603	0.0120
至多 2 个	0.6559	16.0028	22.2517	0.0912
至多 3 个	0.5209	11.0374	15.0913	0.0539
至多 4 个	0.0884	1.3890	6.9406	0.2792

注：* 表示在 1% 的显著性水平下拒绝原假设。

由表 5-3 可知，只有第一个检验统计量大于 1% 水平下的临界值且 P 值显著，原假设被拒绝，表明土地资源空间异质性与产业结构变量序列在 1% 的显著性水平下有一个协整关系。

表 5-4 **异质性与土地利用的 JJ 检验结果**

协整关系个数	特征值	最大特征值统计量	1%临界值	P 值
0*	0.9961	83.0486	35.7261	0.0000
至多 1 个	0.8486	28.3190	29.0603	0.0129
至多 2 个	0.7728	22.2264	22.2517	0.0101
至多 3 个	0.6056	13.9561	15.0913	0.0162
至多 4 个	0.2942	5.2270	6.9406	0.0264

注：* 表示在 1%的显著性水平下拒绝原假设。

由表 5-4 可知，只有一个检验统计量大于 1%水平下的临界值且 P 值显著，表明土地资源空间异质性和土地利用的变量序列在 1%的显著性水平下有一个协整关系。

三 因果关系检验

前面已经验证了土地资源空间异质性与经济发展、产业结构、土地利用存在协整关系，现在，为进一步探讨彼此之间的相互影响关系，对土地异质性、经济发展、产业结构、土地利用的变量序列进行格兰杰因果关系检验。运用 Eiews6.0 对武汉城市圈 1996—2012 年相关变量序列进行格兰杰因果关系检验，结果见表 5-5。

表 5-5 **变量序列格兰杰因果关系检验结果**

原假设	滞后阶数 1			滞后阶数 2			滞后阶数 3		
	统计量	概率	结论	统计量	概率	结论	统计量	概率	结论
耕地数量不是人均生产总值的格兰杰成因	10.6334	0.0138	否	2.5256	0.1953	否	4.3822	0.3345	否
人均生产总值不是耕地数量的格兰杰成因	0.0680	0.8018	否	0.4378	0.6731	否	0.3617	0.8050	否
地均生产总值不是人均生产总值的格兰杰成因	0.4511	0.5233	否	5.7834	0.0660	否	1.6734	0.5042	否
人均生产总值不是地均生产总值的格兰杰成因	65.5911	0.0001	是	2.1395	0.2334	否	2.5931	0.4214	否
土地均衡度不是人均生产总值的格兰杰成因	4.2509	0.0782	否	1.1352	0.4070	否	1.1798	0.5749	否
人均生产总值不是土地均衡度的格兰杰成因	12.5709	0.0094	是	3.2723	0.1439	否	1.2949	0.5558	否
公路网密度不是人均生产总值的格兰杰成因	1.7806	0.2238	否	0.5737	0.6039	否	0.2449	0.8634	否

续表

原假设	滞后阶数 1			滞后阶数 2			滞后阶数 3		
	统计量	概率	结论	统计量	概率	结论	统计量	概率	结论
人均生产总值不是公路网密度的格兰杰成因	1.4574	0.2666	否	1.5581	0.3160	否	1.3417	0.5485	否
耕地数量不是第二、第三产业比重的格兰杰成因	0.1467	0.7130	否	6.7194	0.0526	否	2.6087	0.4203	否
第二、第三产业比重不是耕地数量的格兰杰成因	0.0281	0.8716	否	0.9148	0.4708	否	0.7768	0.6610	否
地均产值不是第二、第三产业比重的格兰杰成因	0.1180	0.7413	否	1.4541	0.3353	否	18.8410	0.1674	否
第二、第三产业比重不是地均生产总值的格兰杰成因	1.1468	0.3197	否	1.2753	0.3729	否	0.6364	0.7012	否
土地均衡度不是第二、第三产业比重的格兰杰成因	0.0101	0.9229	否	0.1163	0.8931	否	0.0931	0.9535	否
第二、第三产业比重不是土地均衡度的格兰杰成因	3.0534	0.1241	否	0.6350	0.5761	否	1.2770	0.5586	否
公路网密度不是第二、第三产业比重的格兰杰成因	0.7946	0.4023	否	2.8494	0.1701	否	460.1890	0.0343	否
第二、第三产业比重不是公路网密度的格兰杰成因	4.4635	0.0725	否	4.0724	0.1085	否	21.0371	0.1586	否
耕地数量不是地均投入强度的格兰杰成因	1.5305	0.2559	否	0.6616	0.5646	否	29.1274	0.1352	否
地均投入强度不是耕地数量的格兰杰成因	0.0093	0.9258	否	0.8999	0.4757	否	2.4810	0.4294	否
地均生产总值不是地均投入强度的格兰杰成因	5.2931	0.0549	否	2.9221	0.1651	否	21.1674	0.1581	否
地均投入强度不是地均生产总值的格兰杰成因	1.4144	0.2731	否	0.3423	0.7291	否	0.2017	0.8877	否
土地均衡度不是地均投入强度的格兰杰成因	4.9544	0.0613	否	2.0975	0.2382	否	1.0552	0.5979	否
地均投入强度不是土地均衡度的格兰杰成因	1.9255	0.2078	否	0.0887	0.9169	否	9.8934	0.2286	否
公路网密度不是地均投入强度的格兰杰成因	1.9307	0.2073	否	2.9528	0.1631	否	1.5376	0.5210	否
地均投入强度不是公路网密度的格兰杰成因	0.4586	0.5200	否	0.5293	0.6253	否	11.5027	0.2127	否

注：滞后阶数只列出 1—3 阶；表中结论"是""否"判定的显著性水平为 1%。

从表5-5可以清楚地看出，在滞后1阶、1%和5%的显著性水平下，接受人均GDP（*PCGDP*）不是地均GDP（*PAGDP*）和土地均衡度（*LED*）的Grange原因，拒绝耕地数量（*PAL*）、地均GDP（*PAGDP*）、土地均衡度（*LED*）、公路网密度（*HRND*）不是人均GDP（*PCGDP*）、第二和第三产业比重（*STP*）、地均投入强度（*PAFI*）的Grange原因的原假设，同时拒绝第二和第三产业比重（*STP*）、地均投入强度（*PAFI*）不是耕地数量（*PAL*）、地均GDP（*PAGDP*）、土地均衡度（*LED*）、公路网密度（*HRND*）的Grange原因的原假设，拒绝人均GDP（*PCGDP*）不是耕地数量（*PAL*）、公路网密度（*HRND*）的Grange原因的原假设。因此，可以认为第二和第三产业比重（*STP*）、地均投入强度（*PAFI*）与耕地数量（*PAL*）、地均GDP（*PAGDP*）、土地均衡度（*LED*）、公路网密度（*HRND*）存在双向的Grange因果关系；人均GDP（*PCGDP*）与耕地数量（*PAL*）、公路网密度（*HRND*）存在双向的Grange因果关系，与地均GDP（*PAGDP*）、土地均衡度（*LED*）存在单向的Grange因果关系。在滞后2—3阶、5%的显著性水平下，均拒绝耕地数量（*PAL*）、地均GDP（*PAGDP*）、土地均衡度（*LED*）、公路网密度（*HRND*）不是人均GDP（*PCGDP*）、第二和第三产业比重（*STP*）、地均投入强度（*PAFI*）的Grange原因的原假设，同时拒绝人均GDP（*PCGDP*）、第二和第三产业比重（*STP*）、地均投入强度（*PAFI*）不是耕地数量（*PAL*）、地均GDP（*PAGDP*）、土地均衡度（*LED*）、公路网密度（*HRND*）的Grange原因的原假设。因此，可以认为人均GDP（*PCGDP*）、第二和第三产业比重（*STP*）、地均投入强度（*PAFI*）与耕地数量（*PAL*）、地均GDP（*PAGDP*）、土地均衡度（*LED*）、公路网密度（*HRND*）存在双向的Grange因果关系。检验结果表明，人均GDP（*PCGDP*）、第二和第三产业比重（*STP*）、地均投入强度（*PAFI*）与耕地数量（*PAL*）、地均GDP（*PAGDP*）、土地均衡度（*LED*）、公路网密度（*HRND*）是相互作用、相互影响的。

第五节　互动机理

资源是非均质的，资源的异质性是造成区域经济发展、产业结构、资源利用效率等差异的本质原因，是资源利用与管理的基本依据。土地资源因其资源和资产的双重特性，异质性更为明显。从资源属性角度来说，即土地自然和经济属性，而土地资源各属性的异质就是土地自然和经济两大属性异质性的具体表现。正是土地自然和经济属性的异质性存在，导致区域经济发展方式、产业发展战略和土地利用方式与效率存在显著差异，尤其是资源的自然属性，对区域经济、社会、产业等起着决定性作用（在现有技术水平下）。但是，人类的生活与生产活动，又改变着土地资源的自然和经济属性，人类改造能力和强度的差异，使得土地资源自然和经济属性差异显著，尤其是经济属性的异质性变化更为明显。经济发展、产业优化、土地高效利用是人们的最终目的，是土地管理的基本目标。不同的经济发展水平、产业结构以及土地利用效率等因素，决定着区域土地管理制度和政策的差别，如城市土地产权制度与农村土地产权制度、农业与工业用地管制规则、低效用地与高效用地土地税收制度等。反过来，通过不同的管理手段也可以实现经济快速发展、产业优化升级、土地高效利用的目的。因此，可以说土地资源空间异质性是本质，经济发展、产业优化以及土地高效利用是目的，土地管理是手段，三者之间相互作用、相互影响，最终实现土地资源高效利用、经济产业健康发展的目的。结合土地资源空间异质性传导机制与实证检验结果，可以从经济发展、产业结构、土地利用等角度出发，对土地资源空间异质性与土地管理互动机理进行探讨。

一　土地资源空间异质性对土地管理的影响

由前文可知，土地资源空间异质性影响土地管理具有直接和间接两种传导机制。土地资源空间异质性对土地管理的直接影响表现为：土地资源稀缺程度、价值功能、动态变化的异质性，影响并引导着土地资源利用方式、开发程度、利用方向与观念转变；土地数量、结构、用途等自然属性差异性是进行土地数量供应、用地结构调整、空间优化布局等土地管理活动的重要依据；社会属性空间异质性则影响着土地增值收益分配、土地产权制度设计和土地市场机制运行等。土地资源空间异质性间接影响形式比较复杂，可概括为两种：一种是土地资源空间异质性对土地利用、经济与产业发展的影响；另一种是土地利用、经济与产业发展对土地管理的影响。土地资源空间异质性对土地利用、经济和产业发展的影响主要表现在：土地数量、质量、结构、区位等属性的异质性，造成土地在开发利用强度、产业用地结构、投入产出效益、区域主体功能等方面的差异性，进而决定了区域经济发展水平、产业结构和土地利用效率的差异。如土地位置的固定性导致不同区域土地区位属性差异显著，交通便利，自然地理位置优越，距离政治、文化、经济中心较近的区域，土地开发利用成本低，易形成产业集聚效应，经济发展比较迅速。而区位条件差的区域，土地增值潜力小、交通不便、开发利用难度大、成本高，经济发展往往受限，因此土地区位异质性是影响区域经济发展、产业结构、土地利用的重要因素。土地利用、经济和产业发展对土地管理的影响主要表现在：土地利用、经济和产业发展通过影响土地供应、总量控制、用途管制、土地集约利用等土地管理活动，不断引导和改变土地管理模式与政策。提高土地利用效率、优化产业结构、促进经济发展是土地管理的主要内容和基本目标。而不同的经济发展水平、产业结构以及土地利用效率的差异性，决定了区域土地管理模式和政策不可能完全统一。为实现土地管理目标，区域土地管理模式与政策根据区域经济发展对土地的需求、产业结构升级以及土地利用方式与特征，不断改变与调整土地供应、总量控制、用途管制、土地集约利用等土地管理活动，以适应经济发展、产业升级和土地高效利用对土地管理制度与政策的诉求。综上可知，土地资源空间异质性通过直接和间接的作用方式，影响着土地资源利用方式、利用强度、利用结构以及利用效益等，是土地供应、总量控制、用途管制、土地集约利用等土地管理制度与政策设计的重要依据。

二　土地管理对土地资源空间异质性的影响

土地管理包括地籍管理、权属管理、土地利用管理和土地市场管理等内容，涉及社会建设、经济发展、产业规划、城镇扩张、资源开采利用等众多领域。土地管理对土地资源空间异质性的影响主要表现为：土地管理通过土地供应、总量控制、土地用途管制、土地集约节约利用、土地利用规划等管理活动，促进经济发展、产业优化、土地高效利用，进而改变土地资源空间异质性。城市圈实证结果也表明，经济发展、产业结构、土地利用等是造成土地资源空间异质性的重要因素。土地资源作为基础资源，承载了经济发展、城镇化建设、交通运输、产业转型等人类活动，不可避免地被人类的实践活动所改变，具有一定的社会经济特征。在经济发展方面，经济发展不均衡必然会导致区域土地的经济产值的异质性，如果不能统筹发展，有可能进一步加剧土地经济质量的异质性程度。当前我国城镇化建设和经济发展依然过度依赖土地要素的投入，农地非农化、非粮化为经济发展和城镇规模扩大提供了用地和发展空间，建设用地扩张速度和耕地被占用速度的差异，也影响了土地资源数量属性的异质性和土地结构的变化，尤其是建成区和城郊区的土地数量和结构属性异质性显著。人类改造自然的能力不断增强，通过基础设施建设、功能区规划、规划管制等手段，在一定程度上改变了土地资源功能和价值以及区域土地环境，造成了土地相对位置的经济质量、区位的异质性。在产业发展方面，产业结构的调整与优化布局，影响着土地供应结构和供应方式，进而促进了土地结构的优化布局与调整。随着产业结构的优化升级，逐渐淘汰了高污染、高排放、高耗能产业项目，增加和鼓励高新技术产业和绿色环保节能型产业用地类型，而区域产业结构本就不同，再加上产业发展战略和升级转型力度的差异，将导致土地结构、数量、质量的异质性。如以服务业为主导的区域，土地供应结构和数量以第三产业为主，土地利用更加集约，土地产值更高；以工业为主导的区域，工业用地比重大，商业、住宅用地偏少，土地投入产出强度较高，产值较大；以农业为主导的区域，耕地面积比重大，土地开发利用强度低，产出效益也较低。而在产业布局上，第三产业多布局在经济中心区，交通便利，区位条件好；工业多向园区和城郊区迁移，交通相对便利，区位条件较好；农业多布局在城镇周边，远离城镇中心，交通主要是为满足农业生产和方便农民生活，且以保护农业生产为主，限制高强度开发。因此，产业结构调整与优化布局也会造成土地结构、数量、质量和区位的异质性。在土地利用方面，土地利用方式、程度及效率对土地各属性起着决定性作用。一般来说，土地利用水平较高的区域，地理位置优越，开发利用成本低，土地利用开发强度大，投入产出率高，能够促进土地经济质量提高，造成其与低效用地之间差异显著。土地利用水平高的区域，土地功能转变频繁，土地结构转换频率高，土地利用方式更加复杂、多样、精细，造成区域土地结构的差异。实际中，城镇土地利用水平一般高于农村，建设用地利用水平高于农用地，土地利用水平能够改变土地相对区位，造成城乡土地功能、价值、用途的异质。因此，土地管理通过影响经济发展、产业结构、土地利用等影响土地资源空间异质性。

三 土地资源空间异质性与土地管理的关系

土地资源空间异质性通过直接作用机制和间接作用机制影响土地资源优化配置、土地利用方式、土地均衡发展，进而作用于土地管理。上节的实证结果也表明，土地资源各属性的异质性与经济发展、产业结构、土地利用等土地管理内容与活动存在双向的格兰杰因果关系。结合理论观察与实证检验以及上述分析可知，土地资源数量、质量、结构、区位等属性异质通过作用于经济发展、产业结构、土地利用等土地管理内容，影响着土地管理。反过来，建设用地总量控制、产业供地、土地用途管制、土地集约利用等土地管理制度与模式通过作用于经济发展、产业结构、土地利用，也会造成和改变土地资源数量、质量、结构和区位等属性的异质性。土地资源空间异质性与土地管理是双向影响的关系，见图5-2。

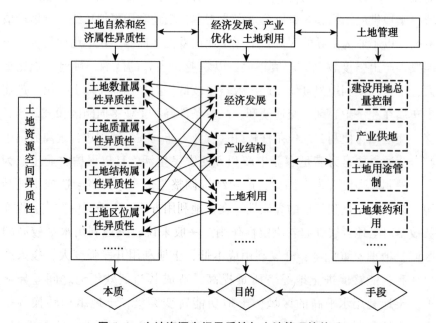

图5-2　土地资源空间异质性与土地管理的关系

第六节　小结与讨论

一　本章小结

本章在进行理论分析与考察的基础上，首先分析了土地资源空间异质性传导机制，并提出了理论假说，然后对土地资源空间异质性传导机制做了实证检验，最后探讨了土地资源空间异质性与土地管理的互动机理。主要内容如下：

（1）土地资源空间异质性对土地管理的作用与影响可以概括为两种形式：一是直接作用机制，主要表现为土地资源特性传导机制、土地资源属性传导机制；二是间接作用机制，主要表现为经济发展传导机制、产业结构传导机制和土地利用传导机制等。

（2）城市圈土地资源各属性的异质性序列变量与经济发展、产业结构、土地利用等序列变量的一阶差分是平稳的，均为一阶单整序列。JJ检验表明，土地资源各属性的异质性序列变量与经济发展序列变量、产业结构序列变量、土地利用序列变量均在1%的显著性水平下有一个协整关系。格兰杰因果检验表明，土地资源各属性的异质性与经济发展、产业结构、土地利用等土地管理内容与活动存在双向的格兰杰因果关系。

（3）土地资源空间异质性与土地管理是相互作用、相互影响的。土地资源各属性的异质造成区域经济发展、产业结构和土地利用的差异，并作用于总量控制、产业用地供应与管理、土地节约集约利用、土地用途管制与利用规划等土地管理活动。建设用地总量控制、产业供地结构与方式、土地用途分区与管制、土地集约利用与土地规划等土地管理制度与模式通过作用于经济发展、产业结构和土地利用，也改变着土地数量、质量、结构和区位等属性的异质程度。

二　讨论

（1）土地资源空间异质性传导机制。土地资源承载了基础建设、经济发展、城镇化进程、交通运输、产业转型等人类活动，土地管理涉及众多领域与部门，土地资源空间异质性对土地管理的作用与影响形式和路径比较复杂。根据需要，为方便操作、提高针对性，本章主要从资源特性、属性、经济发展、产业结构、土地利用等方面对土地资源空间异质性传导机制进行分析，而实际上土地资源空间异质性对土地管理的作用机制与路径并不限于上述几种形式。

（2）土地资源空间异质性传导机制的实证检验。本章利用土地资源各属性异质性变量和经济发展、产业结构、土地利用的指标变量，对土地资源空间异质性的传导机制进行检验，检验结果能够很好地说明和验证土地资源空间异质性传导机制的存在性和作用路径，但是不能很好地说明土地资源空间异质性对土地管理的作用程度与方向，难以为土地资源空间异质性与土地管理互动机理分析提供数据支撑，在研究方法和样本数据获取上还需要深入研究。

第六章　土地要素对经济增长的贡献及差异

第一节　土地要素与经济增长：理论分析

一　土地要素与经济增长理论

土地投入与经济增长的关系一直是学者们关注和讨论的热点。古典经济学家在研究财富增长时，将土地资源看作重要的生产要素。英国经济学家 William Petty 在其著作《赋税论》（1662）中提出了"土地是财富之母，劳动是财富之父"的著名论断，将土地和劳动看作财富的基本生产要素；Adam Smith 的分配理论（1776）指出"工资、利润和地租，是一切收入和一切可交换价值的三个根本源泉"，个人的收入来自自己的劳动、资本和土地；David Ricardo（1817）的级差地租理论肯定了土地肥沃程度和数量有限性等特性是地租产生的前提条件。Say（1803）更是指出"土地、资本和劳动一样，凡能给行为人带来效用的东西，都是价值的源泉"，强调了土地要素的重要性（钟祥财，2010）。可见，以 William Petty 和 Say 等为代表的古典经济学家对土地在经济增长中的贡献都予以了肯定。到了新古典经济增长理论发展阶段，关于土地对生产或经济增长的作用的观点出现了明显的分歧。新古典经济学创始人英国著名经济学家 Marshall（1890）认为，土地是一种特定形式的资本，和劳动、资本一样是主要的生产要素，土地价格受土地需求影响，可由土地边际收益来确定。Marshall 的边际分析方法成为后来新古典经济学家研究劳动、资本和土地对经济增长的贡献的主要方法（尹锋、李慧中，2008）。但是以 Solow、Swan 和 Denison 为代表的经济学家在研究经济增长时，忽视了土地要素的作用和影响。在 Solow（1956）提出的"索洛模型"中，采用了资本和劳动可替代的新古典 C-D 生产函数，认为生产的投入要素只有资本和劳动，只有技术进步才能够导致产出的长期增长。和 Solow 一样，Swan（1956）假设全社会生产要素只有劳动和资本两种，经济增长动力得益于资本和劳动投入的增长（崔荣芳，2011）。Denison（1962）在对美国经济增长因素进行计量分析时指出，美国经济增长因素主要有五个：劳动、资本、资源配置的改善、规模的节约和知识进步。他把土地视作资本，认为土地的数量是不变的，不能进行再生产。到了 20 世纪 90 年代，Hansen 和 Prescott（1998）提出了决定经济增长的马尔萨斯技术（经济增长受土地资源限制）和索洛技术（经济增长不受土地资源限制），指出工业化之前马尔萨斯技术处于主导地位，随着科技进步，规模报酬不变的技术摆脱了土地的限制，供给就变得有利可图，资源与人力资本开始被重新配置，进入工业化社会。Hansen 和 Prescott（2002）假设同时存在两种生产相同产品的生产部门——马尔萨斯式部门和索洛式部门，前者为土地集约型，后者为资本密集型，尝试把马尔萨斯均衡状态与索洛新古典状态用统一的理论框架进行研究。结果发现，技术水平较低时，经济处于马尔萨斯增长阶段，随着技术水平提高，经济从马尔萨斯阶段向现代经济持续增长阶段转型，技术水平是其实现经济转型的重要原因。Ngai（2004）把土地和资源问题纳入新古典增长理论的框架，指出经济增长的起飞是由马尔萨斯技术向索洛技术转换的结果，强调了土地等资源限制在经济增长和转型过程中的作用。至此，关于土地资源与经济增长的关系才形成了比较一致的意见。进入 21 世纪，随着统一增长理论的兴起和发展，学者们对于土地资源与经济增长的关系有了更为明确的论述。Galor 和 Weil（2008）将经济发展划分为马尔萨斯阶段、后马尔萨斯阶段和现代持续增长阶段，尝试用一个统一的框架来解释人类历史发展过程中经济增长的决定因素，即统一增长理论。统一增长理论指出，在马尔萨斯阶段，土地资源是有限的，是决定产出水平的重要投入要素，在早期，土地资源丰裕，有利于经济发展，但随着经济的不断发展，土地所有权不平等程度加剧，对人力资本积累产生了反向的影响，影响经济转型进程（Galor，2009）。在后马尔萨斯阶段和现代持续增长阶段，人力资本、人口结构和技术进步及其相互作用是经济增长的重要原因（Hansen、Prescott，2002；Boucekkine et al.，2003；Galor、Moav，2004；Strulik、Weisdorf，2010）。

由经济增长理论发展史可知，土地要素是经济增长理论关注并努力解释的焦点问题，不同的经济增长理论对土地要素与经济增长的关系的表述存在一定的差异。在技术水平较低的时期，土地要素对经济增长的贡献较大，随着科学技术水平的不断提高，土地要素不再是经济持续增长的动力和源泉。但总体来看，土地要素在经济增长中发挥了重要作用，土地资源仍承载着社会经济发展与人类活动。

二　土地要素与我国经济增长关系

我国学者对土地要素与经济增长关系的关注多集中在实证研究方面，通过土地要素数量、土地财政、土地制度与政策以及土地利用与管理方式和经济增长的实证关系研究，验证经济增长理论，分析土地要素对经济增长的重要程度。

对土地要素数量与经济增长关系的实证研究主要集中在建设用地规模、耕地数量与经济增长的关系方面。已有研究表明，近年来我国建设用地规模扩张对经济增长的贡献率在10%—30%（毛振强等，2007；丰雷等，2008；姜海等，2009；李名峰等，2010；叶剑平等，2011；李鑫，2011；谭术魁等，2012；狄剑光等，2013）。建设用地与经济增长之间关系存在阶段性特征，不同地区发展阶段及其土地需求特征不同，建设用地对经济增长的贡献率存在差异，如上海、武汉等发达地区建设用地贡献率明显低于安徽、浙江等区域（李明月等，2005；喻燕等，2010；杨志荣等，2009；张乐勤等，2014）。这是因为，在我国生产技术水平下，经济发展水平越高，建设用地利用效率越高，对技术效率的影响越弱，经济增长与建设用地脱钩的可能性越大，建设用地扩张对经济增长的作用越不明显（姜海等，2009；钟太洋等，2010；夏方舟等，2014）。另外，建设用地为经济活动提供了场所和空间，可以通过投资增幅间接地影响经济增长（尹锋等，2008）。经济增长与耕地数量之间存在类似库兹涅茨曲线的关系，在不同发展阶段存在长期均衡关系，耕地资源作为要素投入支撑了经济的低质量增长（李永乐等，2011；魏建等，2011）。随着经济质量的提高，耕地非农化与经济增长之间的矛盾将逐渐减小（许恒周等，2014）。耕地非农化对于经济增长的贡献主要来自耕地占用引起的经济增长中土地、劳动和资本投入的增加，进而促进经济增长（宋伟等，2009）。

土地财政从提高地方政府的积极性、带动地方财政收入增加从而增加地方财政支出、推动固定资产投资增加三方面推动了我国经济增长（杜雪君等，2009）。已有研究表明，土地财政对我国经济增长有较显著的影响，现阶段土地财政与经济增长之间存在着单调递增的关系，与人均实际 GDP 增长率有显著的正相关关系，土地财政确实通过地方财政、预算支出等作用于经济增长（陈志勇等，2011；邹秀清，2013）。因此，土地财政在我国现阶段经济增长中发挥着重要作用。

随着社会主义市场经济的发展，土地制度与政策在经济增长过程中的作用逐渐凸显出来。我国现行的城乡二元分割的土地市场制度以及政府主导型的资源配置模式促使扩张型增长方式形成，强化了地方政府介入经济的能力，形成了土地与地方财政、投资、金融信贷和房地产市场发展等环环相扣的格局（蒋省三等，2007），支撑了我国城市经济高速增长。在经济发展初期，扩张性的土地政策能够起到促进经济的作用；但是当经济发展到一定阶段时，土地利用方式向集约型发展，土地政策要致力于降低经济对土地的依赖性；当经济进入完全内生增长时，土地政策失效，并不能对经济的长期增长率产生影响（杨万利，2007）。我国农村土地集体所有制、家庭联产承包责任制等农地产权制度通过直接影响人们投入土地、劳动、化肥等生产要素的激励程度，间接影响各投入要素的利用率，促进和稳定了我国农业经济增长（黄少安等，2005）。

土地资源对经济增长的影响不仅体现在土地要素数量、土地财政、土地制度与政策上，还体现在土地利用上，具体表现在土地利用结构的改变、产业结构的调整、土地利用方式等方面。近年来，我国农用地、未利用地、水域等用地类型大规模向城市用地和工业用地转移，改变了土地利用结构，调整了产业结构，促进了经济增长。同时，由于寻租行为的存在，经济增长也是土地利用结构变化的诱因，土地利用结构变化与经济增长是互为因果的关系（黄志基等，2013）。土地利用结构和经济结构的变化同时伴随着产业结构的调整，农业生产部门土地、劳动力、资本等资源向非农生产部门转移，社会生产要素由比较利益低的产业向比较利益高的产业转移，提高了资源配置效率、产业技术水平、装备水平以及劳动生产率，推动了传统产业的改造、升级以及新兴产业的诞生，由此带来的"结构红利"维持了经济的持续增长（Peneder，2002；干春晖等，2011）。我们已经知道，土地要素在我国经济增长中发挥了重要作用，但是土地的固定供给对我们的生产能力可能是一种严格约束（Romer，2006），必须认识到土地资源的稀缺性和土地报酬递减规律以及经济增长的阶段特征，资源和土地的限制必定最终成为我们生产能力的严格约束（任旭峰，2012），只有转变土地利用方式，提高土地管理水平，坚持土地可持续利用，才能保障经济健康持续增长。

从上述的实证研究可以看出，土地供给为我国经济增长提供了大量的土地要素投入，土地财政为经济增长提供了资金保障，土地制度与政策以及土地利用与管理方式通过土地资源配置解放了生产力，提高了资源配置效率，促进了资源节约集约和可持续利用，为经济增长提供了劳动力要素、先进的技术支撑和运行环境。

三 对我国土地要素供给的指导

通过对土地要素与经济增长的文献进行梳理与分析可以发现：土地要素在经济增长中发挥了重要作用，在不同的发展阶段，土地要素对经济增长的贡献存在差异性。由经济增长理论发展历程可知，在经济发展初期，土地是重要的生产要素，促进了经济增长。随着经济发展和科技水平的提高，土地要素对经济增长的贡献开始减少。在马尔萨斯增长阶段，土地作为基础投入要素，对经济增长贡献很大，在后马尔萨斯阶段和现代持续增长阶段，人力资本、人口结构和技术进步及其相互作用是经济增长的重要原因，土地要素的贡献有限。但总体来看，土地要素在人类经济增长过程中发挥了重要的作用，不同发展阶段土地要素对经济增长的贡献程度不同。

我国目前仍处于工业化初级阶段，现代化起点低，按照 Galor 的统一增长理论，处于"马尔萨斯式增长时期"（Malthusian Growth Regime），土地要素投入对我国经济增长有着重要贡献，为我国经济发展、城镇建设、产业升级提供了空间和资金保障。而对于我国土地要素与经济增长关系的实证研究也验证了这一点。同时，科学技术的发展是一个漫长的过程，土地要素被技术等其他要素所代替是需要过渡期的，尤其是在经济初步发展阶段。因此，对我国而言，土地投入仍然对经济增长有着重要作用。根据土地要素的贡献大小，合理安排土地要素供给，协调要素供给与经济增长关系，对土地资源节约集约利用、提高土地资源利用水平、保障经济持续稳定发展具有重要作用。

第二节　土地要素投入对经济增长的贡献：实证分析

一　分析思路

从上述理论分析可知，土地要素投入对经济增长具有重要的贡献，且不同发展阶段土地要素贡献率存在差异性，为土地要素与经济增长的实证研究提供了理论依据和技术思路。首先，要验证土地资源是否能够促进经济增长。通过对土地与总体经济增长的实证关系研究，判定土地资源对总体经济增长的贡献作用。其次，测算不同发展阶段土地资源对经济增长的贡献大小。分阶段测算土地要素对经济增长的贡献，分析不同发展阶段土地要素对经济增长贡献率的差异。最后，探究不同区域土地要素对经济增长的贡献及差异性。根据土地要素贡献率及其阶段差异性，进一步对不同地区土地要素对经济增长的贡献及其差异性进行探讨。本章按照上述研究思路，以武汉城市圈为对象，分析土地要素投入对城市圈总体经济增长的贡献作用，然后对城市圈不同发展阶段土地要素对经济增长的贡献程度进行测算，并比较不同发展阶段土地要素贡献率的差异性；在此基础上，分区域测算城市圈各县（市、区）土地要素贡献率，分析土地要素对经济增长的贡献及其差异。

二　模型选择与建立

（一）拓展的 C-D 生产函数

柯布—道格拉斯生产函数（Cobb-Douglas 生产函数）是由美国数学家柯布（Charles W. Cobb）和经济学家道格拉斯（Paul Howard Douglas）提出的研究经济增长中要素投入与产出关系的生产函数，简称 C-D 生产函数。C-D 生产函数能够反映出要素边际产出、边际替代率、规模报酬变化等重要经济特性，具有参数固定、可线性化、均方差估计最小、计算方便等优点，其均方差估计最小的性质是 CES（Constant Elasticity of Substitution）生产函数、VES（Variable Elasticity of Substitution）生产函数、超越对数生产函数所不具备的（成邦文，2001）。目前，C-D生产函数是运用最为广泛也最成熟的测算要素投入对经济增长贡献的生产函数，在经济学、计量学、管理学等研究与应用中具有重要地位。

　　传统的柯布—道格拉斯生产函数表达式为：

$$Y = AK^{\alpha}L^{\beta} \ (A \neq 0, \ \alpha > 0, \ \beta > 0) \tag{6-1}$$

　　其中，Y 表示产出，K 表示资本要素，L 表示劳动力要素，α 和 β 分别表示资本和劳动力的产出弹性系数，A 反映的是广义技术进步。

　　可以看出，传统的 C-D 生产函数主要考察劳动和资本两大投入要素，将除劳动和资本外的其他促进经济增长的因素统一为综合因素，即技术常数 A。由经济增长理论分析可知，土地与资本、劳动一样对我国经济增长具有重要的贡献作用。现在，假设它们均为相互独立的生产要素，运用添加拓展变量的方法将土地要素加入 C-D 生产函数，构造包含土地要素的生产函数，函数表达式可表述为：

$$Y = AK^{\alpha}L^{\beta}S^{\gamma} \ (A \neq 0, \ \alpha > 0, \ \beta > 0, \ \gamma > 0) \tag{6-2}$$

　　其中，S 表示土地要素，γ 表示土地要素的产出弹性系数，其他符号同式（6-1）。

　　为增加数据的可比性和减少异方差，对式（6-2）两边取自然对数，则得到：

$$\ln Y = \delta + \alpha \ln K + \beta \ln L + \gamma \ln S + \varepsilon \tag{6-3}$$

　　其中，δ 为常数项，ε 为误差成分，其他符号同式（6-2）。

（二）面板数据模型

　　面板数据（panel data）是对不同时刻的截面个体进行连续观测所得到的多维时间序列数据（易丹辉，2008）。因此，面板数据综合了时间序列数据和横截面数据，能够反映更多个体信息。面板数据模型具有控制异质性、降低多重共线性、减少数据偏倚性、渐近分布标准化和反映状态持续性等优点（白仲林，2010），因此被广泛应用于现代经济学各个领域。面板数据的一般线性形式为：

$$y_{it} = \alpha_{it} + \beta'_{it}x'_{it} + \mu_{it}, \ i = 1, \ 2, \ \cdots, \ N; \ t = 1, \ 2, \ \cdots, \ T$$

$$\tag{6-4}$$

　　其中，y_{it} 表示因变量在横截面 i 和时间 t 上的观测值，即经济变量；α_{it} 为常数项；$x'_{it} = (x_{1it}, \ x_{2it}, \ \cdots, \ x_{Kit})$ 为外生变量向量；$\beta'_{it} = (\beta_{1it}, \ \beta_{2it}, \ \cdots, \ \beta_{Kit})$ 为参数向量；K 表示外生变量个数；N 表示截面个体数量；T 表示观测时期数。μ_{it} 表示随机扰动项，μ_{it} 相互独立且满足零均值、同方差。

　　假定时间序列参数齐性，即参数满足时间一致性，参数值不随时间的不同而变化，则式（6-4）可写成：

$$y_{it} = \alpha_i + \beta'_{it} x'_{it} + \mu_{it} \tag{6-5}$$

其中，参数 α_{it} 与 β'_{it} 为个体时期恒量，取值只受到截面个体不同的影响，这就是面板模型的变系数（variable coefficient）模型。

如果在参数不变的情况下，假设回归斜率系数相同但是截距不同，则式（6-5）可以写成：

$$y_{it} = \alpha_i + \beta' x'_{it} + \mu_{it} \tag{6-6}$$

式（6-6）即是我们通常所说的面板数据的变截距（variable intercept）模型。

如果回归斜率系数和截距都是相同的，则式（6-6）可以写成：

$$y_{it} = \alpha + \beta x'_{it} + \mu_{it} \tag{6-7}$$

式（6-7）表示具有共同系数和截距的面板模型。

无论是变系数模型还是变截距模型，都具有随机效应和固定效应两种影响形式，分别对应不同的参数估计方法。在使用面板数据做回归分析时，需要根据实际情况对模型效应形式和模型形式进行检验和判定。

（三）贡献率估算方法

根据柯布—道格拉斯函数和弹性概念可推导出资本、劳动和土地对经济增长的贡献率的关系式为：

$$\frac{\Delta A/A}{\Delta Y/Y} + \alpha \times \frac{\Delta K/K}{\Delta Y/Y} + \beta \times \frac{\Delta L/L}{\Delta Y/Y} + \gamma \times \frac{\Delta S/S}{\Delta Y/Y} = 1 \tag{6-8}$$

其中，$\Delta K/K$、$\Delta L/L$、$\Delta S/S$ 分别表示资本、劳动、土地要素的投入增长率，$\Delta A/A$ 表示除资本、劳动和土地以外的其他因素的综合增长率，α、β、γ 分别表示资本、劳动和土地要素的产出弹性系数。

从式（6-8）可以看出，经济增长中要素投入的贡献率取决于各投入要素的年均增长率和产出弹性系数。用 η_K、η_L、η_S 分别表示资本、劳动力和土地三要素对经济增长的贡献率，可以得出各要素贡献率的数学表达式为：

$$\eta_K = \alpha \times \frac{\Delta K/K}{\Delta Y/Y} \times 100\%$$

$$\eta_L = \beta \times \frac{\Delta L/L}{\Delta Y/Y} \times 100\%$$

$$\eta_S = \gamma \times \frac{\Delta S/S}{\Delta Y/Y} \times 100\% \tag{6-9}$$

要素增长率采用式（6-10）进行计算：

$$\rho = \exp[\ln(d_t/d_0)/t] \times 100\% - 100\% \qquad (6-10)$$

其中，ρ 表示要素增长率，d_t 表示截面单元在第 t 年的要素投入量，d_0 表示截面单元期初要素投入量，t 表示年数。

三 变量设置与数据处理

（一）变量设置

1. 经济增长

经济增长一般是指一个国家或地区生产的物质产品和服务的增加，偏重于数量的概念，是经济发展的基础（杨万利，2010）。土地、劳动、资本、科技等是目前我国经济增长的重要生产要素。而且，可用地区生产总值来衡量一个国家或地区经济发展规模和经济总量，用地区生产总值的增长速度来衡量经济增长速度。近年来，武汉城市圈经济快速发展，产业结构不断调整，而第二和第三产业比重不断上升，第二和第三产业产值占地区生产总值的85%以上，尤其是2010年以来，第二和第三产业产值一直保持在总产值的90%以上，是城市圈经济增长的重要主体。同时，随着产业结构的优化调整和技术水平的提升，城市圈第二和第三产业比重将不断上升，第二和第三产业发展将是城市圈更为重要的经济增长主体。因此，第二和第三产业产值能够有效代表城市圈经济发展水平。

2. 土地要素

土地是重要的生产要素，为各类经济活动提供了空间和载体。同时，土地产权在经济人之间的转移，不仅保障了各种经济活动的平稳和安全运行，也为经济活动提供了重要的资金来源（吴英杰，2009）。从国内学者实证研究过程来看，建设用地是最多被选择作为土地要素投入指标的，研究结果也表明，建设用地在我国经济增长中发挥了重要作用。近年来，武汉城市圈城镇化进程加快、建设用地规模迅速扩张，建设用地的投入为第二和第三产业发展提供了有利条件。在现有土地供应制度下，随着城市圈工业化、城镇化的加速推进以及经济的快速增长，还会有更多农用地转变为建设用地，建设用地扩张依然是城市圈土地利用的显著特点和经济增长的重要投入要素。因此，本研究选取建设用地规模表示土地要素投入。

3. 劳动要素

劳动要素是指人力资源中从事各类劳动并获取报酬的那部分人口在经

济、社会中的投入形成的劳动投入量。劳动力一直是社会经济发展中最活跃的因素，是推动经济增长的主力军（王文博等，2002），在我国经济增长中扮演了重要角色，是经济建设中的核心要素。按照马克思的劳动价值理论，劳动要素投入应该采用标准劳动时间来衡量。考虑到我国的实际情况以及劳动强度差异，目前相关研究多采用劳动力投入数量来代替。按照常规做法，从投入产出理论来说，第二和第三产业产值作为产出指标，劳动投入要素应选择第二和第三产业从业人员。另外，近年来，武汉城市圈劳动力要素的质量和数量不断提高，尤其是第二和第三产业从业人员规模和素质的提高，为城市圈第二和第三产业增长提供了源源不断的动力，为社会经济发展做出了巨大贡献。因此，本研究选取第二和第三产业从业人员作为劳动要素投入指标。

4. 资本要素

资本是一个宽泛的概念，广义的资本可以包括物质资本、人力资本和土地（张军等，2004）。本研究假设土地、资本等是相互独立的要素，因此仅考虑严格意义上的物质资本，即在国民经济活动过程中实际发挥作用的资本量，是经济发展的物质基础和其他因素发挥作用的载体（王文博等，2002）。在经济发展中，资本存量被认为是重要的资本投入要素，用资本存量来表示资本投入量是众多学者研究经济增长问题的主流做法。因此，本研究选取资本存量作为资本要素投入指标。由于不存在资本存量的统计数据，本研究以固定资产投资额为基础数据，利用 Gold Smith 开创的永续盘存法估算武汉城市圈资本存量。

（二）数据来源与处理

本研究以武汉城市圈为研究区域，以城市圈各县（市、区）2001—2012 年的社会经济产业数据和土地利用现状数据为基础数据。第二和第三产业产值、第二和第三产业从业人员、固定资产投资等指标数据均来自《湖北统计年鉴》（2002—2013），其中第二和第三产业从业人员单位为万人，固定资产投资和第二和第三产业产值单位为亿元。建设用地包括城镇村及工矿用地和交通运输用地，建设用地面积数据主要来源于 2001—2012 年武汉城市圈第二次土地调查及变更数据，单位为平方千米。为消除价格因素影响，第二和第三产业产值均折算为 2001 年不变价。

本研究采用永续盘存法，通过资本存量对固定资产投资额进行近似估计，具体计算方法参见 Wu（2003）的研究。

假设第一期的资本存量是过去投资的加总，则投资时间序列可近似表示为：

$$I(t) = I(0)e^{\lambda t} \qquad (6-11)$$

两边取对数，则式（6-11）可表示为：

$$\ln I(t) = \ln I(0) + \lambda t \ (t=1, \ 2, \ \cdots, \ T) \qquad (6-12)$$

对式（6-12）进行回归分析，可以估计出 $I(0)$ 和 λ，由此可得到第一期资本存量的表达式：

$$K(1) = \int_{-\infty}^{1} I(t)\,dt = \frac{I(0)e^{\lambda}}{\lambda} \qquad (6-13)$$

按照永续存盘法，可以得到各个时期的资本存量表达式：

$$K(t) = K(t-1)(1-\delta) + I(t) \ (t=1, \ 2, \ \cdots, \ T) \qquad (6-14)$$

式（6-11）至式（6-14）中，$I(t)$ 表示第 t 期固定资产投资，$I(0)$ 表示基期固定资产投资，t 为期数，$T=11$，基期年为 2001 年，所有的投资序列都按 2001 年价进行了平减，δ 为折旧率。

关于折旧率的确定，比较有代表性的有：Perkins（1988）、Wang 和 Yao（2001）、樊纲等（2011）均假定折旧率为 5% 。因此，将武汉城市圈固定资产折旧率定为 5% ，代入上述公式中，计算出城市圈各年资本存量。这里计算出来的是武汉城市圈 2001—2012 年的资本存量，城市圈各县（市、区）资本存量按照武汉城市圈固定资产投资额与资本存量的比例依次进行计算。

四　土地要素对总体经济增长贡献分析

（一）模型选择

面板数据模型具有随机效应和固定效应两种影响形式，如果模型选择不正确，很容易造成模型估计结果与实际情况不符。确定模型影响形式的方法一般有两种：一是在随机效应模型下做豪斯曼检验（Hausman test）；二是在固定效应模型下做最大似然检验（Likelihood Ratio）。我们假设模型为固定效应模型，采用似然比检验法，即进行关于多余变量的检验。若检验结果的统计量（F）对应的 p 值小于 0.05，则接受原假设，确定模型为固定效应模型；若检验结果的统计量（F）对应的 p 值大于等于 0.05，则拒绝原假设，确定模型为随机效应模型。利用 Eiews6.0 软件，采用武汉城市圈 39 个县级行政单元（为方便数据的收集和计算，将江汉区、青山区、汉阳区、硚口区、武昌区、洪山区、江岸区统称为武汉城区，西塞山区、黄石港区、铁山区、下陆区统称为黄石城区）2001—2012 年的面板数据对模型形式进行检验，结果见表 6-1。

表 6-1　　　　　　　　　　固定效应检验

效应检验	统计量	自由度	P 值
横截面 F	156.028	(38.246)	0.000

由表 6-1 中可以清晰地看出，效应检验结果在 1% 的置信水平下接受原假设，即引入的固定效应是合适的。从实际问题来看，模型仅以样本自身效应为条件，即对武汉城市圈各县（市、区）数据资料进行研究，不进行外推，因此选择固定效应模型是合适的。

（二）模型检验与输出结果

利用 Eviews6.0 软件，利用武汉城市圈 39 个县级行政单元 2001—2012 年的面板数据，估算武汉城市圈土地、资本、劳动等要素对总体经济增长的生产弹性，模型检验结果和输出结果见表 6-2 和表 6-3。

表 6-2　　　　　　　　　　模型检验结果

	检验	统计量	检验	统计量
加权统计	可决系数	0.988	因变量均值	5.298
	调整后的可决系数	0.987	因变量标准差	2.844
	回归标准差	0.141	残差平方和	8.421
	F 统计量	848.024	DW 统计量	1.589
	F 统计量概率	0.000		
不加权统计	可决系数	0.980	因变量均值	4.060
	残差平方和	8.570	DW 统计量	0.384

从表 6-2 可知，回归模型的 F 统计量为 848.024，相伴概率为 0.000，说明在 1% 的置信水平下，因变量与自变量有显著的线性关系，回归方程是显著的。模型可决系数为 0.988，调整后的可决系数为 0.987，说明模

型的拟合程度非常好。

表 6-3　　　　　　　　　　　　模型输出结果

变量	估计系数	标准差	T 统计量	P 值
ln（CAP）	0.407	0.011	38.175	0.000
ln（LAB）	0.578	0.029	19.707	0.000
ln（LAND）	0.253	0.070	3.597	0.000

由表 6-3 可知，武汉城市圈资本要素、劳动要素和土地要素估计系数分别为 0.407、0.578、0.253，均在 1% 的显著性水平上通过了检验，说明武汉城市圈资本、劳动、土地等要素投入每增加 1 单位，城市圈经济分别增加 0.407 个、0.578 个、0.253 个单位。由 C-D 生产函数性质可知，投入要素产出弹性之和 $(\alpha + \beta + \gamma)$ 表示劳动力、资本和土地要素投入的规模经济报酬指标：当 $(\alpha + \beta + \gamma) = 1$ 时，表明该经济系统生产规模报酬不变；当 $(\alpha + \beta + \gamma) > 1$ 时，表明该经济系统生产规模报酬递增；当 $(\alpha + \beta + \gamma) < 1$ 时，表明该经济系统生产规模报酬递减。就武汉城市圈整体而言，建设用地规模、资本存量、第二和第三产业从业人员规模报酬指标 $(\alpha + \beta + \gamma) = 1.238 > 1$，表明武汉城市圈 2001—2012 年建设用地规模、资本存量、第二和第三产业从业人员是规模报酬递增的。

从替代性来看，武汉城市圈 $(\beta + \gamma)/\alpha = 2.038 > 1$，说明资本作为主要的生产要素，在城市圈第二和第三产业发展水平下，是难以被土地和劳动要素有效替代的。从要素弹性系数来看，土地要素弹性系数小于劳动要素弹性系数，如果一定要以其他要素替代资本要素，选择劳动力要素更为经济。$(\alpha + \gamma)/\beta = 1.143 > 1$，说明劳动力作为经济增长的重要投入要素，在城市圈现有经济发展阶段和生产力水平下，也是难以被资本和土地要素有效替代的。如果一定要以其他要素替代劳动要素，资本要素的弹性系数大于土地要素的弹性系数，选择资本要素更为经济，也更为可行。$(\alpha + \beta)/\gamma = 3.897 > 1$，说明在现有科技水平下，土地要素很难被资本和劳动要素有效替代，依然是基本投入要素。如果一定要以其他要素替代土地要素，由于劳动要素弹性系数大于资本要素弹性系数，选择劳动要素更为经济。

（三）要素贡献率估算与分析

以武汉城市圈相关数据为基础，利用式（6-10）可以求出城市圈 2001—2012 年经济增长和各投入要素增长率。结合城市圈各要素估计系数，利用式（6-9）可以求出城市圈 2001—2012 年资本、劳动、土地要素投入对经济增长的贡献率，结果见表6-4。

表 6-4   **2001—2012 年武汉城市圈生产要素贡献率**   单位：%

单元	经济增长率	CAP增长率	LAB增长率	LAND增长率	CAP贡献率	LAB贡献率	LAND贡献率	综合贡献率
城市圈	12.46	19.02	3.82	2.99	62.18	17.68	6.07	14.08

由表6-4可知，城市圈各要素年均增长率不同，2001—2012 年武汉城市圈资本、劳动、土地要素投入年均增长率分别为 19.02%、3.82%、2.99%，土地要素投入增长速度最慢，资本要素增长速度最快，分别是劳动要素和土地要素增长速度的 4.99 倍和 6.36 倍，是经济增长速度的 1.53 倍。同时，城市圈各要素对经济增长的贡献率差异明显。资本要素投入的快速增长使得城市圈资本要素对经济增长的贡献率达到 62.18%，是所有投入要素中贡献率最高的，说明了资本要素对城市圈经济增长的重要性。虽然城市圈劳动要素投入增长率不高，但是劳动投入产出弹性高于资本要素，使得劳动要素贡献率较大，达到 17.68%。相比资本和劳动要素贡献率，土地要素对武汉城市圈 2001—2012 年经济增长的贡献率较少，一方面是因为土地要素产出弹性较小，另一方面是因为土地要素投入增长率不高，但土地要素贡献率也达到了 6.07%，说明武汉城市圈土地要素对促进总体经济增长仍然有着重要作用。这一结论与前文"土地要素对总体经济增长发挥了重要作用"的理论分析相一致。

五　不同发展阶段土地要素对经济增长的贡献分析

从前文理论分析可知，在不同发展阶段，土地要素对经济增长的促进作用是不同的。为更好地把握土地要素投入与经济增长的关系，本研究以武汉城市圈为例，分析不同发展阶段土地要素对经济增长贡献率的差异。按照土地利用分类体系试行阶段变化以及样本数据量，将城市圈划分为 2001—2004 年、2005—2008 年、2009—2012 年三个时间段，分别测算不同时间段土地要素对经济增长的贡献率（具体测算方法参见本节第四部分）。

表 6-5　　　　　　　武汉城市圈不同发展阶段要素贡献率　　　　　单位:%

时间段	资本贡献率	劳动贡献率	土地贡献率	综合贡献率	土地增长率	土地弹性系数
2001—2004 年	42.29	23.42	3.01	31.29	0.64	0.389
2005—2008 年	61.57	13.26	7.59	17.58	1.95	0.435
2009—2012 年	74.72	4.58	10.03	10.67	1.90	0.557
2001—2012 年	62.18	17.68	6.07	14.08	2.99	0.253

由表 6-5 可知，2001—2012 年城市圈土地要素对总体经济增长的贡献率为 6.07%，2009—2012 土地要素贡献率为 10.03%，2001—2004 为 3.01%。梳理相关研究文献发现，李明月等（2005）测算的上海市 1991—2002 年土地要素贡献率为 4.74%，喻燕等（2010）测算的武汉市 1988—2008 年土地要素贡献率为 5.14%，杨志荣等（2009）测算的浙江省 2000—2005 年土地要素贡献率为 6.25%，毛振强等（2007）测算的中国 1996—2003 年土地要素贡献率为 14.79%，叶剑平等（2011）测算的中国 1989—2009 年土地要素贡献率为 19.31%，丰雷等（2008）测算的中国 1997—2004 年土地要素贡献率为 11.01%。与相关研究文献相比，我们的估算结果与省市土地贡献率比较一致，而与中国土地要素贡献率差异较大，一方面是因为时间序列时期的差异，另一方面则是因为区域发展阶段和水平的差异。

在 2001—2004 年、2005—2008 年、2009—2012 年三个时间段，武汉城市圈的资本贡献率是逐渐增加的，说明资本要素投入对经济增长的贡献越来越大；劳动要素贡献率呈现大幅降低的趋势，说明劳动力地促进经济增长的作用不断降低；土地要素贡献率逐渐增加，说明城市圈土地要素增加对经济增长具有促进作用。武汉城市圈城镇化、工业化起步较晚，经济发展在很大程度上还依赖于土地等资源投入，处于马尔萨斯式增长时期，土地要素供给限制依然是制约经济增长的因素。因此，土地要素对经济增长的贡献还没有随着工业化、城镇化水平的上升而降低。

总体来说，在不同发展阶段，城市圈土地要素对经济增长的贡献作用存在显著的差异，由 2001—2004 年的 3.01% 增加到 2009—2012 年的 10.03%，说明近年来城市圈建设用地扩张有力地促进了区域经济的增长。而 2004 年之前，土地要素贡献率比资本和劳动要素低，整体拉低了

2001—2012 年城市圈土地要素的贡献作用。土地产出弹性系数和土地要素增长速度决定了土地要素贡献的大小。2001—2004 年，城镇建设用地扩张速度较慢，土地要素投入增长速度慢，同时建设用地集约利用程度不高，产出效益较低，土地弹性小，综合导致了此阶段建设用地贡献率较低。2005—2008 年，虽然建设用地扩张规模加大，但是经济增长速度和其他要素的增长速度也较快，土地要素贡献虽不断增加，但不如资本和劳动要素的贡献大。2009—2012 年，土地要素贡献率达到两位数，明显高于 2001—2008 年。此阶段，建设用地扩张速度加快，土地要素投入增长速度快，同时城市圈严格执行土地使用标准，大力促进土地节约集约利用，使得城市圈建设用地整体利用水平与效益提升，土地弹性系数大，有力地促进了经济增长。可见，不同时间段城市圈土地要素对经济增长贡献的实证分析结果，验证了经济增长理论中关于"不同发展阶段土地要素对经济增长的贡献存在差异性"的相关描述。

六　不同区域土地要素对经济增长的贡献分析

（一）模型选用与检验

不同区域土地资源数量、质量等属性存在差异，社会经济发展水平不一，有必要进一步了解不同区域土地要素对经济增长的贡献程度。本研究采用武汉城市圈 39 个县级行政单元 2002—2012 年的面板数据，利用EVIEWS6.0 软件，分别估算 39 个县（市、区）土地要素弹性系数和贡献率。面板回归模型的形式有变系数模型、变截距模型和不变系数模型三种，按 F 检验结果和研究需要，选用固定效应模型中的变系数模型，检验结果见表 6-6 和表 6-7。

表 6-6　　　　　　　　　　固定效应检验

效应检验	统计量	自由度	P 值
横截面 F	6.179	(38.312)	0.000

由表 6-6 可知，效应检验结果在 1% 的置信水平下接受原假设，即引入的固定效应是合适的。同时，本研究仅以样本自身效应为条件，对武汉城市圈各县（市、区）数据资料进行研究，不进行外推，固定效应模型

是合适的。

表 6-7　　　　　　　　　　　模型检验结果

	检验	统计量	检验	统计量
加权统计	可决系数	0.998	因变量均值	5.651
	调整后的可决系数	0.996	因变量标准差	3.502
	回归标准差	0.083	残差平方和	2.175
	F 统计量	857.759	DW 统计量	1.568
	F 统计量概率	0.000		
不加权统计	可决系数	0.995	因变量均值	4.060
	残差平方和	2.175	DW 统计量	1.258

由表 6-7 可知，模型检验 F 统计量为 857.759，相伴概率为 0.000，表明在 1% 的置信水平下，因变量与自变量有显著的线性关系，回归方程是显著的。模型可决系数为 0.998，调整后的可决系数为 0.996，说明模型的拟合程度非常好。

（二）估算结果与分析

1. 要素弹性系数估计结果与分析

本研究利用 Eviews6.0 软件，对武汉城市圈 39 个县（市、区）各要素与经济增长的关系进行回归分析，可以得到各要素投入对经济增长的弹性系数，结果见表 6-8。

表 6-8　　　　　　　　　　　模型输出结果

变量	ln（CAP）估计结果			ln（LAB）估计结果			ln（LAND）估计结果		
县（市、区）	估计系数	标准差	T 统计量	估计系数	标准差	T 统计量	估计系数	标准差	T 统计量
武汉城区	0.114	0.002	72.719	2.525	0.021	122.833	0.285	0.036	7.821
东西湖区	0.083	0.015	5.635	0.852	0.080	10.680	1.569	0.077	20.250
汉南区	0.148	0.003	54.101	1.117	0.016	70.018	0.198	0.010	20.095
蔡甸区	0.320	0.005	68.167	0.190	0.035	5.457	0.863	0.014	63.310
江夏区	0.273	0.008	33.068	0.196	0.024	8.207	0.909	0.081	11.293
黄陂区	0.414	0.003	120.613	0.374	0.014	26.471	0.026	0.010	4.034

续表

变量	ln（CAP）估计结果			ln（LAB）估计结果			ln（LAND）估计结果		
县（市、区）	估计系数	标准差	T统计量	估计系数	标准差	T统计量	估计系数	标准差	T统计量
新洲区	0.310	0.004	73.258	0.196	0.007	29.551	1.200	0.023	51.973
黄石城区	0.093	0.003	35.776	7.154	0.077	93.483	0.835	0.010	86.472
大冶市	0.364	0.006	57.007	0.524	0.014	36.256	0.512	0.047	10.811
阳新县	0.427	0.006	76.701	0.404	0.013	31.212	0.418	0.016	26.216
梁子湖区	0.273	0.009	29.876	2.559	0.037	69.719	1.191	0.028	41.916
华容区	0.148	0.008	19.576	1.590	0.049	32.502	1.397	0.047	29.611
鄂城区	0.402	0.006	72.104	0.486	0.007	68.151	0.418	0.025	16.514
孝南区	0.150	0.003	43.726	1.122	0.012	93.964	3.804	0.052	73.777
孝昌县	0.280	0.004	63.240	1.382	0.020	70.706	1.406	0.051	27.352
大悟县	0.444	0.002	203.899	0.930	0.007	127.358	0.425	0.024	17.393
云梦县	0.264	0.012	22.436	1.240	0.044	27.942	1.091	0.065	16.898
应城市	0.258	0.014	19.002	1.750	0.070	24.880	0.874	0.065	13.405
安陆市	0.060	0.003	18.867	1.860	0.009	202.521	0.400	0.020	20.002
汉川市	0.348	0.005	69.440	0.702	0.007	96.836	0.733	0.040	18.311
黄州区	0.245	0.006	39.853	0.927	0.041	22.758	1.353	0.034	39.601
团风县	0.135	0.011	12.254	1.217	0.029	41.385	0.962	0.046	20.683
红安县	0.464	0.012	38.346	1.674	0.297	5.633	1.265	0.056	22.462
罗田县	0.234	0.003	76.258	1.396	0.027	52.537	1.308	0.150	8.734
英山县	0.369	0.008	43.817	0.765	0.025	30.510	0.986	0.030	32.851
浠水县	0.161	0.004	37.143	2.087	0.015	135.794	1.825	0.100	18.291
蕲春县	0.316	0.003	118.037	0.668	0.007	100.449	0.386	0.048	8.063
黄梅县	0.225	0.002	111.266	4.602	0.021	223.665	0.446	0.018	24.943
麻城市	0.593	0.008	77.271	0.241	0.042	5.714	0.775	0.025	31.629
武穴市	0.260	0.002	104.371	1.289	0.007	191.399	0.077	0.061	1.248
咸安区	0.041	0.005	8.274	0.828	0.011	75.514	1.425	0.024	60.281
嘉鱼县	0.443	0.002	266.523	0.697	0.006	115.511	0.107	0.012	8.531
通城县	0.367	0.009	41.577	0.622	0.027	23.407	1.141	0.052	22.007
崇阳县	0.468	0.007	69.725	0.626	0.028	21.988	0.942	0.029	32.262
通山县	0.404	0.006	73.275	0.403	0.014	28.133	0.141	0.008	17.678
赤壁市	0.120	0.007	17.631	4.055	0.098	41.535	5.173	0.176	29.355
仙桃市	0.236	0.025	9.393	1.040	0.025	42.276	6.435	0.603	10.666
潜江市	0.623	0.004	157.065	0.152	0.010	15.453	1.910	0.054	35.466
天门市	0.446	0.012	35.853	1.000	0.041	24.570	1.006	0.048	21.062

注：表中估计系数均在10%的置信水平上通过了T值检验。

从表6-8中可以看出，各变量估计系数均为正，且系数估计值通过了T值检验，在10%的置信水平上显著，表明土地要素、资本要素、劳动要素的投入对经济增长具有正效应。从估计系数来看，城市圈（$\alpha + \beta + \gamma$）>1的县（市、区）单元有37个，94.87%的单元建设用地规模、资本存量、第二和第三产业从业人员是规模报酬递增的，表明近年来武汉城市圈第二和第三产业发展是规模报酬递增的，扩大生产规模有利于增加产出。但是也从侧面反映出，在城市圈经济发展过程中，投入资源尚未得到最大程度利用，第二和第三产业的经济效益还没有得到充分发挥。武汉城市圈在未来经济发展中，一方面，要继续加大生产要素的投入，获得规模报酬；另一方面，应着力提高建设用地利用效率、充分发挥资本投资效益、提升劳动力生产效率，使城市圈经济增长由"外延式增长"向"内涵式增长"转变。

从土地要素替代性来看，城市圈（$\alpha + \beta$）/γ>1的县（市、区）单元有28个，说明在经济发展中，71.79%的行政单元的土地要素难以被资本和劳动要素有效代替。尤其是武汉城区、汉南区、黄陂区、黄石城区、黄梅县、武穴市、嘉鱼县等县（市、区），在现有生产力水平和经济发展阶段下，土地要素被资金和劳动力要素替代的难度很大。但在仙桃市、新洲区、潜江市、东西湖区等县（市、区）经济发展中，土地要素弹性较大，社会经济发展对资本和劳动等要素的需求程度更大，土地要素理论上能够被资本和劳动力有效代替。从城市圈整体和分区域土地要素贡献率可知，土地要素是城市圈经济增长的重要投入要素，在经济发展、城镇化建设中，城市圈仍然需要更多的土地要素投入作为保障。同时，城市圈应根据自身经济发展状况和土地替代难易程度，合理确定本单元经济发展战略和产业定位，集约高效用地。对土地资源难以被替代的区域，保障土地要素的合理投入，对土地资源可以有条件被替代的区域，适当减少土地要素投入，以提高土地利用效率，加快经济增长转型。

在资本要素替代性方面，城市圈（$\beta + \gamma$）/α>1的县（市、区）个数为38个，占城市圈县（市、区）数量的97.44%，说明城市圈经济增长中，资金要素是难以被土地和劳动要素有效代替的。武汉城区、东西湖区、黄石城区、华容区、孝南区、安陆市、浠水县、黄梅县、咸安区、赤壁市、仙桃市等县（市、区）（$\beta + \gamma$）/α远远大于1，说明在这些区域单元，资本被土地和劳动要素有效替代的难度特别大。资本要素是武汉城市圈经济增长的重要要素和载体，在城市圈经济发展和城镇化进程中应加大基础设施建设投入力度，积极开展招商引资，充分保障资本要素的投入。

在劳动要素替代性方面，城市圈 $(\alpha + \gamma)/\beta > 1$ 的县（市、区）个数为 26 个，说明在经济发展中，城市圈 66.67% 的行政单元的劳动要素难以被资本和土地要素有效代替。其中，蔡甸区、江夏区、新洲区、麻城市、仙桃市、潜江市等县（市、区）劳动要素弹性系数小，被替代的难度最大。而武汉城区、汉南区、黄石城区、安陆市、黄梅县、武穴市等县（市、区）第二和第三产业从业人员规模较大，劳动力资源相对丰富，劳动要素弹性系数大，在现有生产力水平下，劳动要素能够被资本和土地要素有效替代。在武汉城市圈经济发展中，需要保障劳动要素的投入。城市圈各县（市、区）在进行劳动力资源优化配置过程中，可根据劳动要素替代性和产出能力积极调整产业结构，合理引导和转移劳动力，同时创造更多就业机会，提高劳动力产出能力。

2. 要素贡献率测算结果与分析

运用式（6-9）和式（6-10），采用武汉城市圈 2001—2012 年各县（市、区）基础数据，可以计算得到城市圈各县（市、区）经济和投入要素的增长率以及各投入要素对区域经济增长的贡献率，结果见表 6-9。

表 6-9　　　　　　武汉城市圈不同生产要素的贡献率　　　　单位:%

县（市、区）	经济增长率	CAP增长率	LAB增长率	LAND增长率	CAP贡献率	LAB贡献率	LAND贡献率	综合贡献率
武汉城区	12.07	32.16	2.61	2.54	30.49	54.70	6.00	8.80
东西湖区	12.07	21.14	3.61	3.87	14.53	25.52	50.36	9.59
汉南区	12.07	35.41	3.84	5.18	43.35	35.54	8.51	12.60
蔡甸区	12.07	23.33	2.08	4.41	61.81	3.28	31.52	3.39
江夏区	12.47	26.45	8.36	3.07	57.83	13.14	22.38	6.66
黄陂区	12.57	19.21	6.23	4.06	63.28	18.55	0.85	17.31
新洲区	12.43	22.36	7.62	2.87	55.72	12.03	27.73	4.52
黄石城区	11.39	25.55	0.75	2.66	20.78	47.19	19.47	12.56
大冶市	12.12	19.10	5.77	2.76	57.42	24.94	11.65	6.00
阳新县	12.44	17.08	4.06	1.87	58.67	13.20	6.27	21.87
梁子湖区	17.15	19.97	3.05	2.79	31.80	45.51	19.38	3.30
华容区	12.16	30.72	2.79	1.48	37.33	36.43	16.97	9.27
鄂城区	11.97	16.21	8.61	2.47	54.48	34.95	8.60	1.96

续表

县 （市、区）	经济 增长率	CAP 增长率	LAB 增长率	LAND 增长率	CAP 贡献率	LAB 贡献率	LAND 贡献率	综合 贡献率
孝南区	13.34	26.52	2.23	1.53	29.90	18.78	43.54	7.78
孝昌县	13.51	20.13	3.73	1.46	41.78	38.21	15.16	4.85
大悟县	12.89	19.30	3.37	2.14	66.53	24.31	7.05	2.11
云梦县	13.12	20.76	4.50	1.74	41.77	42.48	14.45	1.30
应城市	12.53	17.55	3.53	1.08	36.10	49.36	7.55	6.99
安陆市	13.53	21.21	6.17	1.59	9.40	84.86	4.70	1.04
汉川市	12.55	19.22	6.12	1.65	53.25	34.25	9.64	2.86
黄州区	11.94	25.78	1.68	2.27	52.95	13.06	25.70	8.28
团风县	14.07	18.26	7.02	1.83	17.49	60.77	12.49	9.26
红安县	12.19	16.08	0.95	0.77	61.23	13.02	7.99	17.76
罗田县	13.02	18.27	5.59	0.55	32.80	59.92	5.51	1.77
英山县	14.88	18.71	4.90	1.47	46.44	25.20	9.76	18.61
浠水县	13.15	17.17	4.16	0.64	21.06	66.04	8.95	3.95
蕲春县	12.71	19.81	8.74	1.09	49.25	45.93	3.30	1.51
黄梅县	13.28	17.69	1.73	1.89	29.96	60.02	6.34	3.67
麻城市	12.75	18.89	2.80	2.04	69.35	5.29	12.40	12.96
武穴市	12.40	19.65	5.35	1.02	41.25	55.62	1.36	2.50
咸安区	13.09	28.86	7.43	3.04	8.95	46.98	33.10	10.97
嘉鱼县	13.61	19.61	3.99	4.75	63.83	20.42	3.72	12.03
通城县	13.06	19.85	4.73	1.23	55.84	22.53	10.71	10.92
崇阳县	13.21	18.82	2.49	0.95	66.67	11.79	6.78	14.76
通山县	13.59	22.00	7.96	0.64	65.37	23.63	0.66	10.34
赤壁市	12.34	20.85	1.35	0.80	20.37	44.32	33.38	1.93
仙桃市	12.71	14.11	4.44	0.62	26.26	36.33	31.20	6.21
潜江市	12.38	13.85	1.17	1.42	69.75	1.44	21.89	6.92
天门市	12.59	14.33	3.94	0.64	50.78	31.27	5.10	12.85

土地要素贡献率的大小主要取决于土地弹性系数和土地要素增长速度。从表6-9中可以看出，城市圈各县（市、区）之间土地要素贡献率存在显著的差异。其中，土地要素对经济增长贡献率最大的是东西湖区，其次为孝南区，均达到40%以上。近年来东西湖区和孝南区建设用地规

模扩张速度快，同时建设用地产出效益较高，土地弹性系数分别达到1.569和3.804，土地要素贡献率高。通山县土地要素对经济增长贡献率最小，不到1%，主要是因为通山县建设用地产出能力较低，土地弹性系数很小，建设用地年均增长率也较慢，仅为0.64%，远低于城市圈建设用地平均增长率，由此造成通山县建设用地贡献率较小。39个县（市、区）中，土地要素贡献率在30%以上的单元占了15.38%，但有一半的县（市、区）土地贡献率低于10%，可见城市圈各县（市、区）土地要素贡献率差异巨大，在建设用地利用与管理中应充分考虑不同区域土地贡献率的差异性，合理配置建设用地资源。

在资本要素贡献率方面，城市圈各县（市、区）资本要素贡献率存在显著差异。资本要素对经济增长贡献率最大的是潜江市，贡献率为69.75%，说明了资本要素投入对潜江市近年来经济增长的重要性。近年来，潜江市资本要素投入增长迅速，年均增长率达到13.85%，快于潜江市经济增长速度，同时资本利用效率高，资本弹性系数较大，使得潜江市资本投入贡献率高于其他县（市、区）。资本要素贡献率最小的是咸安区，仅为8.95%，虽然咸安区资本要素投入数量较多，但是资本利用效率不高，资本要素弹性较小，仅为0.041，对经济增长的贡献有限。资本要素对经济增长贡献率的差异，在一定程度上能够反映出区域资本使用效率的差异和资本需求的差异。可根据资本要素投入贡献程度，合理安排资金投入计划，优化投资结构，避免重复投资、低水平投资，提高资金使用效率。

在劳动要素贡献率方面，城市圈各县（市、区）劳动要素对经济增长的贡献率也存在明显的差异。劳动贡献率最高的是安陆市，贡献率达到84.86%，说明近年来安陆市第二和第三产业从业人员的增加在安陆市经济增长中发挥了重要作用。一方面，安陆市从业人员的产出弹性比较大，为1.860，明显高于大多数地区；另一方面，安陆市第二和第三产业从业人员规模增长速度也很快，达到6.17%，也高于多数县（市、区）。潜江市是产粮大县（市）和重要的粮食主产区，从事农业生产的劳动力较多，第二和第三产业从业人员规模和增长速度较低，相对于第二和第三产业产值的增长速度更为缓慢，造成潜江市第二和第三产业从业人员生产弹性不高，劳动要素贡献率最低，仅为1.44%，与安陆市差距显著。劳动要素贡献率的差异，可以反映出劳动力结构变化和富裕程度的差异，城市圈各县（市、区）可根据劳动力要素贡献程度，合理引导和转移劳动力，调整产业结构,提高城镇化水平。

第三节 建设用地管理政策导向

建设用地贡献率的差异反映了建设用地的扩张速度和产出能力,能够为建设用地集约高效利用和管理提供依据。按照建设用地的贡献率和替代性,可将城市圈土地利用划分为土地资源依赖型、土地资源挖潜型、土地资源替代型三种类型。土地资源依赖型区域是指经济增长对建设用地资源依赖程度比较高的区域,这里将城市圈建设用地贡献率在10%以上(参考城市圈2001—2012年和2009—2012年土地贡献率水平选取)且建设用地很难被替代的县(市、区)划入土地资源依赖型区域。土地资源挖潜型区域是指建设用地扩张对经济增长有一定贡献的区域,这里将贡献率在6%—10%且建设用地可有条件被替代的县(市、区)划入土地资源挖潜型区域。土地资源替代型区域是指建设用地对经济增长贡献率不高的区域,这里将建设用地贡献率低于6%且建设用地可有条件被替代的县(市、区)划入土地资源替代型区域。针对不同类型区域,在土地利用与管理上应有不同的政策导向。在经济增长对土地资源依赖程度较高的区域,应优先保障该区域的土地供给,同时严格执行土地使用标准,防止土地低效、粗放利用。在经济增长对土地资源依赖性程度不高但对土地有一定需求的区域,应适当满足土地供给,同时加强用地管理,加快经济、产业结构转型,提高建设用地集约利用水平。在经济增长对土地资源依赖程度较低的区域,应合理控制建设用地供给,在保障基本建设的基础上,加大资本和劳动等要素的投入,鼓励劳动密集型和资金密集型产业发展,挖掘和打造出更多经济增长点和增长极。武汉城市圈经济增长对土地资源依赖程度差异性及政策导向见表6-10。

表6-10 武汉城市圈经济增长对土地资源依赖程度差异性及政策导向

区域类型	县(市、区)	土地政策导向
土地资源依赖型	东西湖区、蔡甸区、江夏区、新洲区、大冶市、梁子湖区、华容区、孝南区、孝昌县、云梦县、黄州区、团风县、麻城市、咸安区、通城县、赤壁市、仙桃市、潜江市	保障建设用地供给,严格执行土地使用标准

续表

区域类型	县（市、区）	土地政策导向
土地资源挖潜型	武汉城区、汉南区、阳新县、鄂城区、大悟县、应城市、汉川市、红安县、英山县、浠水县、黄梅县、崇阳县、黄石城区	适当供给建设用地，提高建设用地集约利用水平，加快产业结构转型
土地资源替代型	黄陂区、安陆市、罗田县、蕲春县、武穴市、嘉鱼县、通山县、天门市	控制建设用地供给，增加资本和劳动投入，鼓励劳动密集型和资金密集型产业发展

第四节　小结与讨论

一　本章小结

本章首先对土地要素与经济增长的理论关系以及土地要素与我国经济增长的实证研究进行了梳理与分析；其次以武汉城市圈为研究对象，对武汉城市圈土地要素投入对经济增长的贡献进行实证分析，探究了不同阶段和区域土地要素对经济增长的贡献；最后根据土地要素贡献率及其差异，对区域土地利用方式与管理策略提出了政策建议。详细内容如下：

（1）通过对土地要素与经济增长理论、土地要素与我国经济增长关系的理论分析与归纳，得出土地要素投入对经济增长发挥了重要作用，不同发展阶段土地要素对经济增长的贡献存在差异性的结论。

（2）按照理论分析，利用武汉城市圈 2001—2012 年 39 个县级行政单元的面板数据，结合拓展的 C-D 生产函数和贡献率估算方法，建立了城市圈土地要素贡献率测算模型，分别测算了城市圈土地要素对总体经济增长的贡献、不同发展阶段土地要素对经济增长的贡献、不同区域土地要素对经济增长的贡献。

（3）城市圈实证研究表明，武汉城市圈 2001—2012 年土地要素、资本要素和劳动要素投入均是规模报酬递增的，各要素贡献率差异明显，资本贡献率最大，土地贡献率最小；$(\alpha + \beta)/\gamma = 3.897 > 1$，在现有技术和发展水平下，土地要素难以被资本和劳动力要素有效替代，土地要素对总体经济增长发挥了重要作用，与前文理论分析一致；将城市圈划分为

2001—2004 年、2005—2008 年、2009—2012 年三个时间段，在不同发展阶段，城市圈土地要素对经济增长的贡献作用存在显著的差异，由2001—2004 年的 3.01% 增加到 2009—2012 年的 10.03%，近年来城市圈的建设用地扩张有力地促进了区域经济增长，验证了前文的理论分析；城市圈各县（市、区）土地要素贡献率差异巨大，土地要素贡献率在 30%以上的单元占了 15.38%，但有一半的县（市、区）土地贡献率低于10%，不同区域土地要素对经济增长的贡献率不同，在建设用地利用与管理中应充分考虑不同区域土地贡献率的差异性，合理配置建设用地资源。

（4）按照建设用地的贡献率和替代性，将城市圈土地利用类型划分为土地资源依赖型、土地资源挖潜型、土地资源替代型三种类型，并根据经济增长对土地要素的依赖程度，提出了不同类型区的土地政策导向。

二 讨论

（1）土地要素对经济增长贡献率的测算。本研究运用 C–D 生产函数和面板数据模型对土地要素与经济增长的关系进行实证分析，在研究中假设各样本要素之间相互独立，在一定程度上忽略了不同个体单元之间各变量可能存在空间相关关系，估算结果可能会存在偏差，土地要素测度模型还有待进一步改进。模型估算采用的是武汉城市圈 2001—2012 年 39 个县（市、区）的面板数据，样本数据时间序列时期稍短，还需要进一步丰富样本数据。

（2）基于要素贡献率的土地政策导向。本章根据区域经济增长对土地要素的依赖程度，将研究区域划分为土地资源依赖型、土地资源挖潜型、土地资源替代型三种类型，并针对性地提出建设用地管理政策。此处土地政策设计的实际依据是效益最大化原则，即土地资源向具有更高经济效益的地方配置，是针对土地要素贡献率差异而提出的一种土地政策导向，可为建设用地总量控制和差别化调控提供参考。但是，在实际中，土地资源的配置还要考虑区域土地资源利用水平、利用方式与特征、发展战略与规划等多种因素。

第七章 差别化土地管理框架与模式

第一节 差别化土地管理框架设计

一 差别化土地管理理论解释

不同区域社会经济发展条件、阶段、水平以及资源环境承载能力不同，土地利用方式、效益等也存在差异。现行土地管理制度与政策的普适性过强、针对性不足，而差别化土地管理模式能够分类管理土地资源，优化配置土地资源，提高土地管理的针对性、有效性和精细化水平，促进土地高效利用。本章依据效益最大化原则和土地资源优化配置理论，从差别化土地供应管理角度出发，对差别化土地管理理论进行解释。

按照边际报酬递减规律，土地边际收益呈现先递增后递减的变化特征。假定土地边际收益曲线为一条向右下方倾斜的直线（此处仅对边际收益递减阶段进行分析，边际收益递增阶段分析结果是一致的），只有两个成员组成简单的社会，则土地资源供应数量与土地边际收益的关系如图7-1所示。图7-1中，横轴表示土地供应数量 Q ，纵轴表示土地边际收益 MR ，MR_1、MR_2 分别为两个成员的土地边际收益曲线，且 $MR_2 > MR_1$，即成员2的土地边际收益大于成员1的土地边际收益。社会土地资源可供给总量为 Q_0，且 $Q_0 = Q_1 + Q_2 = Q'_1 + Q'_2$，分别为不同土地管理模式下社会成员1和成员2的土地供给数量。

在普适性土地管理模式或政策下，土地资源统一管理、均等化配置，社会成员的土地总收益：

$$TR = MR_1 \times Q_1 + MR_2 \times Q_2 \ (Q_1 = Q_2 = 1/2 \times Q_0) \ (7-1)$$

在差别化土地管理模式或政策下，土地资源分类管理、差别化配置，社会成员的土地总收益：

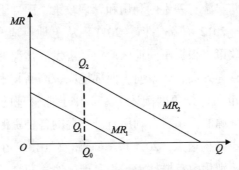

图 7-1　差别化土地管理理论示意图

$$TR' = MR_1 \times Q'_1 + MR_2 \times Q'_2\ (\ Q_0 = Q'_1 + Q'_2\ )\quad(7\text{-}2)$$

若土地管理模式或政策由普适性管理向差别化管理转变，则社会成员土地总收益变化：

$$\Delta TR = TR' - TR = MR_1 \times Q'_1 + MR_2 \times Q'_2 - MR_1 \times Q_1 - MR_2 \times Q_2$$

$$(7\text{-}3)$$

由于土地资源总量是不变的，即 $Q_1 + Q_2 = Q'_1 + Q'_2 = Q_0$，分别将 $Q'_1 = Q_0 - Q'_2$、$Q_1 = Q_0 - Q_2$ 代入式（7-3），可得：

$$\Delta TR = (MR_2 - MR_1) \times (Q'_2 - Q_2)\quad(7\text{-}4)$$

按照效益最大化原则和资源优化配置理论，差别化土地管理模式优先将有限资源安排到边际收益更好的地方，以获取最大土地收益。于是有 $Q'_1 < Q'_2$ 且 $Q'_2 > Q_2$，则 $\Delta TR > 0$。可见，实施差别化土地管理模式后，土地总收益增加，土地利用效率提升。

二　差别化土地管理内涵与目标

（一）差别化土地管理内涵

从差别化管理政策提出背景可以看出，差别化土地管理已经成为我国土地利用与管理的战略选择，也是目前相关部门和学者关注的焦点。《全国土地利用总体规划纲要（2006—2020 年）》明确提出，要根据资源环境承载力、土地利用现状和开发潜力，按照区域主体功能定位和发展方向，实施包括资源环境、土地开发格局以及人口与经济产业布局等内容在内的差别化土地利用政策（国务院，2008）。国土资源部《关于推进土地利用计划差别化管理的意见》（国土资发〔2012〕141 号）中对土地差别化政策有较为明确的定义，指出所谓差别化管理是针对各地发展阶段以及资源禀赋，制定并实施有差别的利用和管理政策，引导土地资源更合理利用（国土资源部，2012）。孙雪梅（2011）从土地供应和税费角度出发，认为土地差别化政策是根据不同地区产业经济发展情况的不同，在土地供给面积和税费优惠等方面，政策向中西部地区、高新技术产业等倾斜。杨遴杰（2012）从市场运行角度阐述了差别化土地管理的逻辑，指出土地差别化实质上是资源的使用者会利用自身掌握的各种资源选择对自己最有利的资源利用方式（杨遴杰，2012）。马晓妍（2013）在综合已有文献的基础上，将土地差别化政策概括为：为实现土地资源合理利用，在不同发展阶段，根据本区域内土地资源禀赋、土地利用现状、社会经济发展水平等综合情况，在兼顾政府计划和市场配置作用的前提下，制定的一系列土地利用和管理政策。具体到差别化土地政策方面，不少学者对土地供应（张莉，2013；杨刚强等，2012）、土地整治（刘建生，2012）、林地管理（梁维平等，2013）、耕地保护（蔡玉梅等，2012）、土地利用计划管理（夏燕榕，2009；田春华，2009）、建设用地差别化配置（刘琼等，2013；欧胜彬等，2014）、主体功能区（许根林、施祖麟，2008）等差别化政策进行了探讨，对差别化土地管理政策的设计与实施提供了很好的参考和依据。

相关部门和学者分别从不同角度对差别化土地管理进行了研究，提出了差别化土地政策，丰富了差别化土地管理内容，但是关于差别化土地管理内涵，目前尚未形成一个统一的论述。从土地管理内涵来看，差别化土地管理实际上是土地管理模式的一种创新，是在特定时期为了提高资源利用效率、平衡区域发展而采取的土地管理手段。因此，所谓差别化土地管理就是在新时期为了发挥土地计划调控作用、提高土地资源集约高效利用、平衡区域发展而创新的土地管理模式。差别化土地管理不仅是土地供应、土地整治、地价调控、耕地保护、土地用途管制以及土地收益分配等政策差别化，更应该是集时间、空间、地类和产业、部门等于一体的差别化国土管理模式。

（二）差别化土地管理目标

近年来，我国经济增长面临着资源紧缺和环境保护的约束，区域非均衡发展问题突出，迫切要求缓解经济发展对土地需求与土地资源低效利用的矛盾，统筹区域均衡发展。从差别化土地管理内涵可知，差别化土地管理的提出就是为了解决当前城市用地规模扩张、土地资源低效利用以及区域经济发展不平衡问题，走出土地管理"放则乱、控则死"的困局。实质上，土地资源低效利用问题就是我们常说的效率问题，区域经济发展不平衡问题就是如何保障公平的问题。因此，差别化土地管理的政策目标就是在提高效率的同时保障公平。一方面，通过控制建设用地总量和优化产业用地结构以及推进低效用地再开发，控制城市用地规模扩张，优化用地结构，提高土地集约节约利用水平；另一方面，通过合理分配用地指标和强化土地用途管制以及实施财政补偿机制，促进区域平衡发展。界定和分析差别化土地管理内涵和目标，对创新差别化土地管理模式具有重要作用。

三　差别化土地管理模式分析框架

差别化土地管理内涵和目标为我们构建差别化土地管理模式提供了思路，但是差别化土地管理涉及众多领域与部门，需要构建一个统一的分析框架，明确差别化土地管理内容、管理措施以及政策预期效果。

建设用地差别化管理应是差别化土地管理的重要内容。不同区域经济增长对建设用地数量的依赖程度存在差异，区域土地利用方式和特征也存在空间异质性，因此建设用地差别化供给与管理十分必要。国土资源部于2010 年开始试点研究供需双向调节与土地差别化管理问题，以加快资源利用方式转变，促进经济发展方式转变；2012 年就推进土地利用计划差别化管理出台了相关政策和意见，以加强用地计划调控和引导作用。目前差别化的地价管理、土地利用计划差别化管理等政策已经开展实施。建设用地差别化管理是落实土地利用计划差别化管理、控制建设用地总量、提高土地利用效率的重要途径。

差别化土地管理应统筹考虑产业供地差别化。党的十八大报告指出，要改善需求结构，优化产业结构，加快转变经济发展方式，推进经济结构战略性调整（苗圩，2012）。全国"十二五"规划也将加快经济发展方式转变、促进产业结构调整和转型升级作为重要内容。而土地政策参与宏观调控在稳定经济增长、提高生产效率、促进区域均衡发展、优化产业结构等方面发挥着重要作用。同时，土地政策参与产业结构调整的范围也在逐渐扩大，从农业结构调整扩展至现今的工业和第三产业用地结构调整，尤其是房地产业用地结构调整等领域（姚丽，2011）。土地利用结构的调整可以促进产业结构的调整（Lin、Ho，2005）。①通过土地规划和调控，控制产业用地规模，优化产业用地布局，进而促进产业结构的调整。②土地供给政策能够推动产业结构优化升级，提高产业用地水平和效益，倒逼产业结构调整与转型。③对用地效率不高、经济效益低、高耗能高污染、市场需求低、产能过剩的产业，严格控制土地供给，优先供应社会效益好、产能高、土地集约水平高的产业用地。土地调控手段为产业结构调整升级提供了一条新的路径（甘藏春，2009）。不同产业类别、同一产业不同生命周期对土地要素的需求存在差异，区域产业用地绩效也存在异质性。产业用地差别化管理是优化土地利用结构、促进产业结构调整与升级、提高用地产出水平的有效手段。

差别化土地管理必须考虑不同土地用途区的土地管制规则。地块的异质性和区域主体功能的异质性造成当前区域土地利用与主体功能不协调，土地利用社会、经济、生态效益不统一，亟须制定更加精细的、有效的、有针对性的土地管制规则。2010年《全国主体功能区规划》出台，指出要根据区域主体功能定位和发展方向，实施差别化土地利用与管理政策，确保耕地数量和质量。国土资源部先后与多个省市签订部省合作协议，以部省协议为平台，以规划、计划、审批、供地等为手段，因地制宜，"一省一策"，实施差别化的土地管理政策，推动主体功能区建设（胡存智，2011）。可见，《全国主体功能区规划》为实施土地差别化政策提供了重要平台，明确了区域土地差别化政策导向。对不同功能区，根据土地用途实施差别化管制，在优先开发区，加强土地利用开发强度，提高土地利用产出能力；在限制开发区，严格土地用途管制，保护耕地和基本农田；在禁止开发区，严禁自然文化资源保护区土地的开发建设。

由上述分析可知，建设用地差别化管理、产业供地差别化管理、土地用途差别化管制是差别化土地管理的重要内容，也是我国社会经济发展的现实要求和政策导向，具有政策背景和现实意义。为此，在充分考虑资源空间异质性影响的前提下，依据差别化土地管理内涵和目标，按照"管理内容—管理措施—预期效果"的总体思路，构建差别化土地管理模式。首先，明确差别化土地管理内容。差别化土地管理涉及土地利用计划管理、土地供应方式与结构、产业供地管理、土地规划与用途管制等众多领域，土地利用方式与特征、土地要素贡献率、产业类别、产业用地绩效、地块用途、区域主体功能等的异质性和非均质性对土地利用与管理影响深远，因此分别将建设用地差别化管理、产业供地差别化管理、土地用途差别化管制三个方面作为差别化管理的主要内容（差别化土地管理运行机制与政策支撑体系将在第八章进行介绍），构建差别化土地管理模式。其次，明确差别化土地管理实施措施。在划分建设用地管控区的前提下，对建设用地总量进行控制，实施分类管理。从产业用地准入和产业用地退出两方面创新产业用地供地模式。在土地用途分区的基础上，对不同土地用途管制区实施差别化的管制规则。最后，明确差别化土地管理预期效果。差别化土地管理不仅要提高土地利用效益，还要兼顾粮食安全、生态保护等问题，实现土地利用综合效益最大化。建设用地差别化管理以节约集约用地、提高土地利用效率、促进区域均衡发展为目标。产业供地差别化管理旨在提高产业用地效率、优化土地利用结构和产业结构。土地用途差别化管制以保护生态环境、遏制农地过度非农化、推动主体功能区建设为目标，保障粮食和生态安全。差别化土地管理模式分析框架见图7-2。

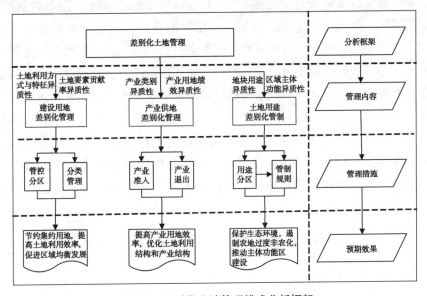

图7-2 差别化土地管理模式分析框架

第二节　建设用地差别化管理模式

一　建设用地差别化管理理论分析

建设用地差别化管理不是一个全新的课题，但是随着资源紧缺、城市规模扩张、建设用地低效利用等问题的出现，人们开始认识到建设用地差别化管理的重要性。根据我国城镇用地利用与管理现状，总结学者已有研究结果，建设用地差别化管理需要解决几个关键问题。一是建设用地总量问题。就全国而言，每年或规划期内建设用地增量是多少，测算依据为何；就省市区而言，如何科学测算区域社会经济发展对建设用地数量的需求。这就是"不易算"的问题，科学合理确定建设用地总量是建设用地差别化管理的前提。二是建设用地指标分配问题。全国新增建设用地计划指标在省市之间如何分配，省市用地在县区之间如何分配，分配方法和依据为何，如何保障指标分配的公平性，这就是"不易分"的问题，也是差别化管理需要解决的关键问题。三是建设用地管理问题。不同区域资源禀赋不同，社会经济发展阶段不同，建设用地利用与管理水平和方式不同，建设用地管理应具有针对性，体现出差别。四是建设用地差别化管理执行问题。如何保障政策的顺利执行，发挥政策绩效，是建设用地差别化管理必须考虑的问题。建设用地总量和增量测算是土地利用总体规划编制的基本内容，有着明确的控制。因此，本研究从后三个问题入手，在划分建设用地管控区的基础上实施建设用地差别化管理，解决"总量控制和差别化调控"问题，实施建设用地差别化管理配套政策（将在第八章详细展开）以保障建设用地差别化管理政策的顺利执行，进而创新建设用地差别化管理模式。

二　建设用地差别化管理分区

（一）分区思路

科学合理划分建设用地差别化管控区是建设用地差别化管理模式实施的前提和基础。目前，不少学者对建设用地管制分区、效益分区、增减挂钩分区等展开了研究。翟腾腾等（2014）基于相对资源承载力对江苏省建设用地管制区域进行了划分，以探索区域差别化的建设用地管制思路。

吴斌等（2013）从经济、社会和生态效益三方面综合评价建设用地利用效益，将江苏省分为调整优化区、重点发展区、适度发展区和生态保护区，以期为区域差别化的建设用地管理政策制定提供依据。高永年等（2011）结合建设用地分布与生态安全格局，将湖州市建设用地划分为优先建设、有条件建设、限制建设和禁止建设四个区域，并对建设区边界进行了界定。陈俐伶等（2014）在构建农村建设用地整理潜力评价指标体系的基础上，对秦巴山区城乡建设用地增减挂钩区域进行了划分。综上可见，现有关于建设用地分区的思路和依据多侧重建设用地的生态效益和经济效益，忽略了建设用地对区域经济增长的贡献和建设用地利用特征以及区域建设用地需求特征，而且分区目的针对性不够，不便于建设用地差别化管理。

　　本研究在明确建设用地差别化管理分区目的与原则的基础上，综合考虑土地资源空间异质性、土地要素贡献率、替代性、土地集约用地水平等因素，选取相关指标建立建设用地差别化管理分区指标体系，利用变异系数法求取指标权重，进而实现建设用地差别化管理分区，为建设用地差别化管理奠定基础。建设用地差别化管理分区思路见图7-3。

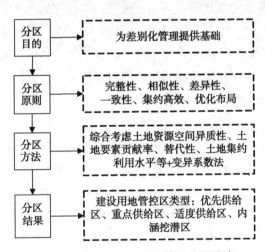

图7-3　建设用地差别化管理分区思路

（二）分区目的

　　建设用地差别化管理分区是指根据建设用地对经济增长的贡献程度、投入产出强度以及建设用地利用特征等，对区域建设用地利用与管理类型进行划分，确定建设用地管控区的过程。分区的主要目的是统筹考虑区域建设用地需求和用地效益，优先将建设用地指标和数量安排在建设用地产出弹性高、需求高、利用水平高的"三高"区域，发挥建设用地最大效益。分区的最终目的是划分不同区域建设用地利用特征和类型，为建设用地差别化管理提供参考。因此，建设用地管控区的确定提高了建设用地差别化管理的可操作性，是实施建设用地差别化管理的重要依据和平台。

（三）分区原则

为科学合理地划分建设用地管控区，方便建设用地差别化管理政策的执行，建设用地差别化管理分区应坚持以下原则：

（1）县级行政区域的完整性

我国的土地行政管理是自上而下的计划管理体系，土地利用规划和管理体系也是按照行政等级进行划分的（田楠等，2011）。县级行政区划是功能齐全、运行稳定的政府机构和政策执行的主体与终端，因此，在建设用地差别化管理分区过程中，保持县级行政区划的完整性，便于政策执行和建设用地统一管理，提高分区的可行性和成果的应用性。

（2）提高建设用地利用效益

我国实行建设用地总量控制和土地利用年度计划制度，各地区每年的建设用地指标有限。在有限的用地指标约束下，充分考虑区域社会经济发展对建设用地的需求，依据建设用地对社会经济发展的贡献大小以及建设用地的可替代性，合理分配和使用建设用地指标，是提高建设用地利用效益、保持经济社会持续发展的重要途径。

（3）体现建设用地利用的相似性和差异性

武汉城市圈面积广阔，行政单元众多，各地区自然、社会、经济条件差异显著，直接影响着土地利用的方向、方式、深度和广度。近年来，随着城镇化的不断发展，城市圈土地利用存在着明显的地域差异，建设用地利用与管理呈现出复杂化、多样化、精细化特征。因此，建设用地差别化管理分区应结合各地区自然和社会经济条件，充分考虑区域土地利用特征，依据城市圈土地资源空间异质性，合理划分建设用地管控区，体现建设用地利用的相似性和差异性。

（4）坚持土地集约节约利用和空间优化布局

人多地少是我国的基本国情，武汉城市圈面积占湖北省总面积的31.22%，却聚集了湖北省一半以上的人口，土地资源十分紧张。另外，城市圈土地粗放利用、土地资源闲置等问题普遍存在。建设用地差别化管理分区要本着有利于土地集约节约利用原则，有利于建设用地空间格局优化原则，依据城市圈各县（市、区）土地主导用途、土地利用效率以及区域主体功能，优化国土空间格局，使人口向社区集中、农业向规模经营集中、工业向园区集中。

（5）与经济社会发展保持一致性

土地是社会经济发展的重要保障，尤其是建设用地的投入，是经济增长的重要生产要素。建设用地差别化管理分区应结合区域社会经济发展现状及趋势，将建设用地数量供给与经济发展对建设用地的需求挂钩，保持建设用地供给和管理与未来经济社会发展的一致性。

（四）分区方法

1. 分区指标选取

从土地要素与经济增长的实证研究结果可知，不同区域土地资源对经济增长的贡献率不同，土地要素被替代的难易程度差异很大。根据土地要素对经济增长的贡献程度和土地要素可替代性，合理安排土地要素供给，协调要素供给与经济增长关系，对提高土地资源利用效率和管理绩效、保障经济快速持续增长具有重要作用。因此，建设用地差别化管理分区必须考虑建设用地投入对区域经济增长的贡献程度和建设用地被有效替代的难易程度。不同区域土地资源空间异质性程度不同，存在高异质区、低异质区等不同梯度区，不同异质区土地资源利用强度、利用效益、用地结构、用地扩张速度与规模等均存在差异。土地资源空间异质性能反映出区域土地资源利用方式与特征，是建设用地分类管控的重要参考依据。因此，应将土地资源空间异质性作为建设用地差别化管理分区的主要因素。一般来说，土地集约利用水平高，土地投入产出强度大的地区，建设用地管理应更为精细，分类管理；土地集约利用水平低，土地利用强度不高，利用效益低的地区，建设用地管理应严格土地使用标准、盘活存量建设用地、提高土地产出水平。因此，建设用地管理分区应充分考虑土地集约利用水平。

综上所述，选取建设用地贡献率、建设用地替代性、土地资源空间异质性指数、地均固定资产投资 4 个指标建立分区指标体系（见表 7-1），其中地均固定资产投资表示土地集约利用水平，建设用地贡献率和建设用地替代性来自第六章武汉城市圈各县（市、区）土地要素与经济增长的实证结果，土地资源空间异质性指数见第三章城市圈各县（市、区）土地资源空间异质性综合指数。

表 7-1　　　　　武汉城市圈建设用地差别化管理分区指标体系

因素	指标	单位	权重
建设用地贡献度	建设用地贡献率	%	0.386
建设用地替代性	建设用地替代性	—	0.187
土地利用特征	土地资源空间异质性指数	—	0.157
土地集约利用水平	地均固定资产投资	亿元/平方千米	0.270

2. 分区方法确定

分区的目的是划分不用区域建设用地利用特征和类型，为建设用地差别化管理提供参考。分区的依据便是不同区域建设用地特征与类型之间的差异。分区指标体系中，建设用地贡献率、建设用地替代性、土地资源空间异质性指数、地均固定资产投资的差异程度是判定区域建设用地利用特征的重要依据，因此采用变异系数法比较适合。变异系数法（Coefficient of variation method）是直接利用各项指标所包含的信息计算指标权重。它的理论依据是指标向量内部变异信息量反映了指标分量的波动大小，可根据各指标的变异信息量或相互关系来确定指标权重（穆旖旎，2009）。指标取值差异越大，提供的分辨信息越丰富，越能反映评价单元的差距，应赋予该指标较大的权重；如果某项指标提供的信息在各评价单元上变异程度为零，说明该指标的分辨信息为零，指标权重为零（张俊峰等，2014）。采用变异系数法，一方面，可以避免主观臆断和任意性，提高分区的科学合理性；另一方面，能够有效避免指标权重分配均衡化的缺陷，准确反映各指标数据的特性。利用变异系数法的具体计算公式如下：

$$\omega_i = \frac{\sigma_i/\mu_i}{\sum_{i=1}^{m} \sigma_i/\mu_i} \tag{7-5}$$

其中，ω_i、σ_i、μ_i、m 分别表示第 i 组指标权重、标准差、均值和指标组数；σ_i/μ_i 表示各组指标数据的变异系数。为解决数据之间的可比性问题，同时保留原始数据之间的关系，采用 Min-max 标准化方法对分区指标数据进行标准化。指标权重大小见表 7-1。

（五）分区结果

我们依据建设用地差别化管理分区思路和方法，将武汉城市圈各县（市、区）划分为优先供给区、重点供给区、适度供给区、内涵挖潜区四个管控区，具体分布见图 7-4。针对管控区类型的不同，实施总量控制和差别化调控。

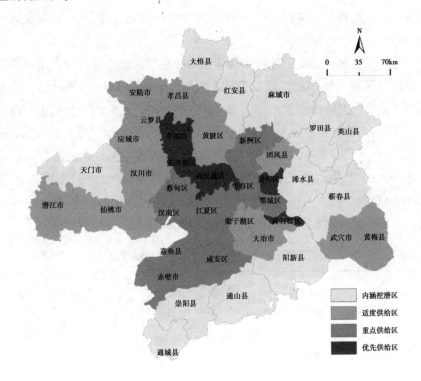

图 7-4　武汉城市圈建设用地差别化管控区

优先供给区。优先供给区指在建设用地总量控制中优先安排建设用地指标的区域。该区域涉及武汉城区、东西湖区、黄石城区、孝南区、黄州区等 4 市 5 县（市、区），占城市圈县级行政单元（武汉城区和黄石城区按两个县级行政单元处理）总数的 12.82%，土地面积为 0.29 万平方千米，人口规模 877.98 万人，其中第二和第三产业从业人员 465.97 万人，人均建设用地面积 113.06 平方米，固定资产投资 4180.33 亿元，人均 GDP8.21 万元，地均固定资产投资 4.21 亿元/公顷，建设用地对经济增长的平均贡献率为 29.01%。

重点供给区。重点供给区指在建设用地总量控制中需要重点安排建设用地指标的区域。该区域涉及汉南区、蔡甸区、江夏区、新洲区、华容区、鄂城区、咸安区、嘉鱼县、赤壁市等 3 市 9 县（市、区），占城市圈县级行政单元总数的 23.08%，土地面积 1.19 万平方千米，人口规模467.45 万人，其中第二和第三产业从业人员 195.57 万人，人均建设用地面积 298.78 平方米，固定资产投资 2008.77 亿元，人均 GDP 4.95 万元，地均固定资产投资 1.44 亿元/公顷，建设用地对经济增长的平均贡献率为 20.66%。

适度供给区。适度供给区指在建设用地总量控制中应适度供给建设用地指标的区域。该区域涉及黄陂区、大冶市、梁子湖区、孝昌县、云梦县、应城市、安陆市、汉川市、团风县、黄梅县、武穴市、仙桃市、潜江市等 7 市 13 县（市、区），占城市圈县级行政单元总数的 33.33%，土地面积 2.16 万平方千米，人口规模 922.64 万人，其中第二和第三产业从业人员 482.05 万人，人均建设用地面积 262.73 平方米，固定资产投资2201.80 亿元，人均 GDP 3.20 万元，地均固定资产投资 0.91 亿元/公顷，建设用地对经济增长的平均贡献率为 12.05%。

表 7-2　　　　　　　武汉城市圈建设用地管控区主要指标数据

管控区类型	所辖范围	土地面积（平方千米）	人口规模（万人）	人均建设用地面积（平方米）	人均 GDP（万元）	建设用地平均贡献率（%）	地均产值（亿元/平方千米）	地均固定资产投资（亿元/公顷）
优先供给区	4 市5 县	2937	877.98	113.06	8.21	29.01	2.46	4.21
重点供给区	3 市9 县	11906	467.45	298.78	4.95	20.66	0.19	1.44
适度供给区	7 市13 县	21583	922.64	262.73	3.20	12.05	0.14	0.91
内涵挖潜区	5 市12 县	21614	794.78	273.93	1.89	7.04	0.07	0.63
城市圈	9 市39 县	58040	3062.85	228.23	4.56	14.67	0.24	1.40

注：地均产值等于地区生产总值除以土地面积；地均固定资产投资等于固定资产投资除以建设用地规模。

内涵挖潜区。内涵挖潜区指在建设用地利用与管理中，应充分挖掘自身存量建设用地来满足社会经济发展用地需求的区域。该区域涉及阳新县、大悟县、红安县、罗田县、英山县、浠水县、蕲春县、麻城市、通城县、崇阳县、通山县、天门市等 5 市 12 县（市、区），占城市圈县级行政单元总数的 23.08%。内涵挖潜区土地面积 2.16 万平方千米，是所有管控区中土地面积最大的，人口规模 794.78 万人，其中第二和第三产业从业人员 377.20 万人，人均建设用地面积 273.93 平方米，固定资产投资 1363.47 亿元，人均 GDP 1.89 万元，地均固定资产投资 0.63 亿元/公顷，建设用地对经济增长的平均贡献率为 7.04%。

三 建设用地差别化调控模式

本研究针对不同管控区的经济发展阶段和建设用地特征，从建设用地"总量控制"和"调控措施"两方面建立差别化调控模式。"总量控制"包括建设用地总量和增量的管理，"调控措施"包括建设用地批、供、用、补、查等制度。建设用地差别化调控模式总体思路见表 7-3。

表 7-3　　　　　　　　　建设用地差别化调控模式总体思路

管控区	县（市、区）	差别化管理	
		总量控制	调控措施
优先供给区	武汉城区、东西湖区、黄石城区、孝南区、黄州区	优先安排建设用地供给，加大供给力度	实行更严格、更精细的建设用地管理方式
重点供给区	汉南区、蔡甸区、江夏区、新洲区、华容区、鄂城区、咸安区、嘉鱼县、赤壁市	重点安排建设用地供给，保障建设用地供给	加强建设用地管理，提高节约集约利用水平
适度供给区	黄陂区、大冶市、梁子湖区、孝昌县、云梦县、应城市、安陆市、汉川市、团风县、黄梅县、武穴市、仙桃市、潜江市	适度供给建设用地，实施建设用地"减量化"	强化土地规划与管理，规范建设用地管理，提高用地投入产出强度，最大程度发挥建设用地对经济增长的贡献
内涵挖潜区	阳新县、大悟县、红安县、罗田县、英山县、浠水县、蕲春县、麻城市、通城县、崇阳县、通山县、天门市	以存量挖潜和内部供给为主，严格控制增量	以低效用地再利用、提高建设用地经济效益为主

（一）优先供给区

优先供给区经济发展速度较快，经济发展水平高于其他管控区，是城市圈内部各城市的重要经济和政治中心，区位条件优越。管控区中，优先供给区建设用地贡献率最高，在区域经济增长中发挥了重要作用。而且，在现有经济发展阶段和生产力水平下，建设用地依然是重要的生产要素，难以被资本和劳动力有效替代。另外，该区域土地集约利用水平较高，土地开发利用强度大，经济产值高，建设用地比重大、扩张速度较快。针对优先供给区的区域特征，在实施建设用地总量控制和增量分配时，应优先安排建设用地供给，在控制总量的前提下加大供给力度；在建设用地管理中，实行更严格、更精细的管理方式。具体的差别化调控措施为：

一是优先安排建设用地供给。在土地利用总体规划编制中，在不突破上级规划控制指标的前提下，保障优先供给区各县（市、区）建设用地规模，满足其建设用地需求；在城市土地利用年度计划中，优先安排增量指标，保障该区域建设用地供应，尤其是国家、省、市重点项目用地。

二是严格建设用地管理。严格执行国家制定的土地使用标准，探索制定符合该区域特征的土地使用标准。继续优化建设用地审批程序，提高土地供应效率。实行建设用地全程监管，建立项目用地竣工核验、建设用地检查、项目节地评价制度，并强化违法违规用地问责。各县（市、区）国土资源部门要对建设用地"批、供、用、补、查"情况进行全程监管，联合多部门及时对企业违法用地、闲置土地行为进行处理。严格控制划拨土地使用权转让，严格审查出让土地使用权转让，规范建设用地转让管理，防止国有土地收益流失。

三是加强建设用地立体开发。科学编制地上地下空间开发利用规划，鼓励开发利用地上地下空间，选择性把城市交通（地铁和轨道交通、地下快速路、过江隧道）、基础设施（如停车库、污水处理厂、商场、餐饮、休闲娱乐等）尽可能建于地下，实现土地的多重利用，提高土地利用效率，并抓紧研究制订土地空间权利设定和登记的具体办法。

四是优化土地供应结构和建设用地空间布局。进一步优化该区域土地供应结构，提高居住用地供应比例，减少工矿用地供应。严格控制低附加值、高耗能、高污染项目用地，着力提高高附加值生产性项目用地比例。重点引进占地面积小、投资密度大、科技含量高、环保公益、能带动上下游产品形成产业链的项目。同时，推进城镇低效用地退出或二次开发、鼓励和引导城区工矿用地向城外或近郊区迁移，优化建设用地空间布局。

五是完善土地市场建设，推进建设用地市场化配置。积极推进国有建设用地使用权出让进入公共资源交易市场和网上交易（鄂政发〔2014〕24号）。创新土地有偿使用制度，缩小划拨用地范围，积极探索经营性基础设施和公益性项目等用地的有偿使用和租赁、先租后让等多种形式的土地有偿使用。

（二）重点供给区

重点供给区经济发展水平较高，处于快速增长阶段，建设用地利用水平处于加速上升时期，在城市圈内部具有重要的经济地位。该区域建设用地贡献率较高，在现阶段建设用地是促进区域经济增长的重要生产要素，难以被资本和劳动力有效替代。此外，整体上，该区域土地利用强度较高，建设用地投入产出强度快速增长，建设用地需求大，土地集约利用水平较高。因此，要在实施建设用地总量控制的前提下重点安排建设用地指标。同时，结合重点供给区土地利用特征，加强建设用地管理，规范土地管理秩序，提高建设用地管理水平，促进节约集约利用。具体的差别化调控措施为：

一是保障建设用地供给。在土地利用总体规划编制中，在不突破上级规划控制指标的前提下，科学预测该区域各县（市、区）建设用地规模，满足该区域各县（市、区）社会经济发展对建设用地需求；在城市年度用地计划安排中，重点保障该区域建设用地供应，满足其工业化和城镇化加速推进的用地需求。

二是加强建设用地管理。健全各类建设用地标准体系，对现有项目用地标准进行重新审改，提高用地标准。严格土地使用标准，项目用地符合产业政策、投资强度、用地指标、规划指标、环保要求、节能降耗、税收贡献等准入条件。改进和规范建设项目用地审查报批制度，提高建设用地审批效率。规范土地使用权交易市场，完善土地出让决策机制，确保土地出让的公开透明。严格土地出让收支管理，严禁虚列土地出让收支。

三是强化土地批后监管，完善节约集约用地评价。积极开展城市建设用地节约集约评价，建立新增建设用地计划指标分配与节约集约用地成效挂钩制度。各部门联合进行用地审查，严格执法，加大闲置土地处置力度，加强建设用地各环节管理，提高建设用地管理水平。

四是继续提高建设用地投入产出强度。分等别、分行业制定投资强度标准，在不低于设定的投资标准的前提下，优先选择投资强度大、投资总额多、土地开发进度快以及税收贡献度高的用地项目进驻，提高城镇用地投资标准和产出强度。

（三）适度供给区

适度供给区分布较广，人口众多，建设用地比重较高，经济发展速度较快，是城市圈经济增长的重要组成部分。但该区域建设用地投入产出强度不足，土地集约水平不高，建设用地对经济增长的贡献率不高，经济发展水平不高，资金等要素缺乏，在一定程度上限制了该区域社会经济发展。因此，在该区域建设用地管理中，一方面，要根据该区域社会经济发展对建设用地的需求，适度供给建设用地，在部分县（市、区）实施建设用地"减量化"；另一方面，要提高建设用地投入强度和产出效率，强化土地规划与管理，提高建设用地管理水平，发挥建设用地对经济增长的最大效益。具体的差别化调控措施为：

一是适度建设用地供给。在土地利用总体规划编制中，严格控制该区域建设用地规模，根据城镇化转移人口数量，科学测算城乡建设用地置换潜力，以及合理的城乡建设用地增减挂钩规模；建设用地来源应立足存量挖潜和增量消化，防止建设用地低效、粗放式外延扩张；探索建设用地减量配置方案和城乡建设用地置换指标流转，在保障优先开发区和重点开发区用地需求的同时，满足区域土地整治和经济发展的资金需求。

二是强化土地规划与管理。规范土地利用总体规划评估修改，建立土地利用总体规划实施定期评估和适时修改机制，强化土地规划的统筹与管控作用。严格依据土地利用总体规划，控制城镇用地规模和边界外延，从严审查建设用地审批、使用；严格落实工业和经营性用地招拍挂制度，落实工业用地规模预核定制度，调高土地使用税税额标准；加强工业用地批后监管，用开竣工、税收贡献约束企业开发建设行为，落实开竣工履约保证金制度，加大闲置用地检查力度和处置力度。

三是规范农村土地综合整治，提高集体建设用地集约水平。科学编制农村土地综合整治规划，确保农村土地综合整治与城镇建设、工业布局、新农村建设等相结合。加强对农村土地综合整治规划与实施方案的论证、审查批准、竣工验收以及资金使用管理。加大农村土地综合整治工作的督察力度，确保项目有序推进。积极开展城乡建设用地增减挂钩和农村集体建设用地整治，因地制宜推动人口向镇区集中、工业向园区集中，提高集体建设用地集约水平，改善农村生产生活条件。

四是优化城乡建设用地空间布局。统筹安排城乡建设用地，在保障重点项目建设的同时，减少城乡建设用地的低效和粗放利用。通过农村建设用地"减量"满足城镇建设用地"增量"，实现城乡建设用地数量优化；通过推动村庄人口向镇区或社区集中、产业向园区集中、农地向规模经营集中，实现城乡建设用地空间优化。

（四）内涵挖潜区

内涵挖潜区包含的县（市、区）较多，人口分布也较为密集，是城市圈土地、人口的重要组成部分。该区域经济发展相比其他管控区较为落后，经济发展水平较低。近年来，该区域建设用地扩张速度较快，但与其经济发展对建设用地的需求不相适应，建设用地对经济增长的贡献率很低。另外，该区域建设用地规模较大，尤其是农村集体建设用地，土地低效利用与闲置现象普遍；城镇用地投入产出不足，建设用地利用经济效益低。因此，内涵挖潜区建设用地总量控制，应以建设用地存量挖潜和内部供给为主，严格控制新增建设用地规模。建设用地管理应以低效用地再利用、提高建设用地经济效益为主。具体的差别化调控措施为：

一是严格控制建设用地总量和增量。在保障基本建设用地需求的基础上，逐步减少该区域增量用地的计划与供应，强化对城镇用地总规模的控制，合理引导乡村建设集中布局、集约用地（国土资发〔2014〕119号）。探索建设用地指标跨区域交易与减量配置方案，在满足区域用地需求的同时，为土地整治和经济发展提供资金保障。

二是大力推进低效用地再开发和闲置用地整顿。全面核查城镇闲置土地、低效利用的工业用地、城市更新改造范围内建设用地和农村集体存量建设用地等的数量、结构和分布状况，科学编制城镇存量用地挖潜、改造专项规划及年度实施计划，大力开展低效用地再开发和闲置用地整顿，将存量用地挖潜、闲置用地处理与城镇化建设、产业结构调整、民生改善、历史文化保护有机结合。

三是强化节约集约用地措施，提高建设用地利用水平。严格执行各行业建设用地使用标准，加大城镇建设用地投入产出强度，同时加强建设用地审批、供应、监管、验收以及效益评价，提高建设用地利用效率。

四是大力开展农村土地整治和村庄治理，盘活农村建设用地。编制农村土地整治规划，大力开展农村土地综合整治、村庄治理、美丽乡村建设，结合城乡建设用地增减挂钩政策，推进农村人口向城镇集中、居住向社区集中、产业向园区集中，提高农村土地利用效率，缩减农村建设用地规模。积极探索集体经营性建设用地入市、农村宅基地有偿退出模式，盘活农村建设用地，构建利益共享机制，合理分配土地收益。

五是提高建设用地管理水平，加强建设用地全程监管及执法督察。开展国土部门业务知识培训，提高国土管理人员的专业技能水平和执行力。强化土地利用总体规划的统筹与管控作用，以规划引导调控用地行为。建立健全建设用地全程监管机制，加大违法违规用地排查力度。做好建设用地批准、供应、核查工作，强化土地出让金收支管理，提高建设用地管理水平。

第三节　产业供地差别化管理模式

一　产业供地差别化管理思路

（一）产业供地差别化政策意义

2012 年，国土资源部和发展改革委制定并颁布了《限制用地项目目录（2012 年本）》和《禁止用地项目目录（2012 年本）》，对我国产业供地目录进行了调整；国土资源部出台了《关于推进土地利用计划差别化管理的意见》，指出有保有压安排产业用地，支持战略性新兴产业以及高技术、高附加值、低消耗、低排放的项目用地。之后，国土资源部一直在积极研究支持战略性新兴产业发展的地价、供地政策，探索以产业转型、相关项目发展状态和前景为依据的差别化产业供地政策。目前，在符合国家产业政策和供地政策的前提下，各地区也在积极探索开展产业供地差别化政策，以推进经济转型升级，提高土地利用综合效益。产业差别化供地已经成为国家产业发展和土地利用的长远选择，是土地参与国家宏观调控的重要手段。

实施产业供地差别化政策具有重要意义。首先，产业供地差别化政策是促进产业结构转型，转变经济发展方式的重要途径。对战略性新兴产业以及高技术、高附加值、低消耗、低排放的产业项目优先供地，对高排放、高消耗、低产值的产业项目禁止和限制供地，能够促进产业结构优化与升级，推动经济发展方式由低效粗放向高效集约转变。其次，产业供地差别化政策能够提高土地资源利用与配置效率。产业供地差别化管理将有限的土地资源配置给高产出、低消耗的产业，避免了土地资源的低效利用，提高了土地资源配置效率。再次，产业差别化供地政策可以有效缓解建设用地需求矛盾。产业差别化供地政策提高了产业准入门槛，能够倒逼各类产业节约集约利用土地资源，以技术创新和资本、劳动投入增加实现增产增效，而不是依赖扩大土地要素投入，从而降低产业发展对土地要素的依赖。同时，产业差别化供地政策能够引导区域产业向技术依赖型、劳动密集型和资本依赖型转型，进而减少耗地产业类型，缓解供地压力。最后，产业差别化供地政策是实现土地管理职能转变的有效手段。产业差别化供地政策能够使土地管理部门职能由需求决定供给向供给引导需求转变，由无限供给向有限引导转变，由粗放式管理向精细化管理转变，由被动供地向主动引导转变（刘富华等，2013），以适应新时期土地管理需求。

（二）产业供地差别化管理分析框架

产业供地差别化管理是新时期土地管理、产业发展和经济方式转变的现实要求，是有其理论基础和依据的。首先，从资源稀缺性理论来说，土地资源是稀缺的，应节约集约利用土地。土地资源总量是固定的，所以土地资源自然供给也是固定不变的，即所谓的绝对稀缺性。同时，相对于社会经济发展对土地的需求而言，土地供给也是有限的，即所谓的相对稀缺性。因此，土地资源的稀缺性，尤其是建设用地供给的有限性提醒我们，在社会发展和经济建设活动中，必须集约节约利用土地，发挥土地最大价值。其次，从可持续发展理论来讲，经济增长不能以牺牲资源和环境为代价，尤其是土地资源，必须转变经济发展方式，实行可持续发展战略。我国建设用地规模扩张为经济增长做出了重大贡献，但是这种以资源消耗为代价的增长是不可持续的，必须控制建设用地规模扩张和资源消耗，实现土地资源可持续利用。最后，从边际收益递减规律来看，在其他要素固定不变的条件下，若超过要素供给的边际界限，持续加大土地要素供给，土地投入的边际报酬是递减的，存在边际报酬和生产弹性为负的情况，即进入了边际报酬为零的边际界限，增加土地投入反而减少了土地补偿。可见，产业供地差别化管理是以资源稀缺性理论、可持续发展理论和边际报酬递减规律为依据的，具有理论支撑和现实背景。

从产业供地差别化的管理意义和管理依据可知，产业供地差别化的管理目标是调整产业结构、提高产业用地绩效，最终实现产业结构优化、土地资源节约集约利用、经济结构转型升级。因此，产业供地差别化管理应创新产业供地方式，调整土地供应结构。产业供地差别化管理模式创新可以从两方面进行探索：一是产业用地准入管理模式。制定产业进入门槛，对不符合产业供地标准的，限制或禁止供地；对符合产业供地标准的，根据产业用地效率，确定产业用地优先顺序，即用地效率高，优先供地，提高土地供应效率。二是产业用地退出管理模式。对已供应的产业用地，实施监督检查，定期评估用地绩效，对违法违规用地实行产业用地退出政策；对用地效率不高、达不到行业标准的产业，督促用地单位限期整改，拒绝整改或整改不合格的实施产业用地退出，鼓励和引导用地效率不高的产业转型升级。总之，要从对未来产业供地结构的调控和对已有产业用地的整改两方面构建产业供地差别化管理模式，优化产业结构，提高产业用地绩效。产业供地差别化管理模式框架见图7-5。

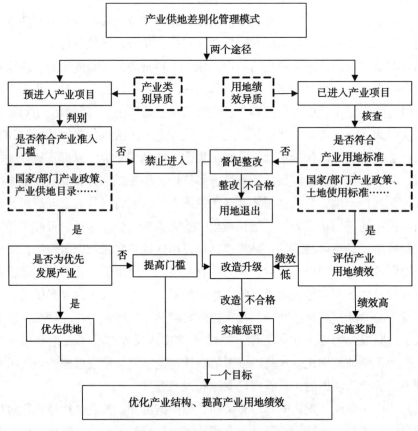

图7-5　产业供地差别化管理模式框架

二　产业用地绩效评价及差异性

产业用地绩效是确定产业发展优先顺序和进行产业用地管理的重要依

据，因此产业用地绩效评价的科学性和准确性至关重要。我国目前产业分类体系中有 20 个门类，1000 多个小类，对每类产业用地进行绩效评价是一项复杂的系统工程。同时，每类产业用地绩效差异性显著，缺乏一定的可比性。从产业供地差别化管理的内容和目标可知，产业供地差别化管理重点是对产业项目用地的管理。再者，我国产业用地供应总量中，工矿仓储用地一直占有很大比重。2008—2012 年，工业用地供应量占建设用地供应总量的平均比重为 35.15%，占工业、住宅、商业三大用地供应量的一半以上，工业增加值占国内生产总值的 85% 以上。因此，工业用地管理在产业用地管理中具有非常重要的地位，分析和评价工业用地绩效，能够很好地反映出区域产业用地绩效。为此，我们以工业项目用地为例，通过评价工业用地绩效，确定工业发展优先顺序，以研究产业供地差别化管理模式。

（一）评价体系

土地作为一种稀缺资源，是人类生产、生活、生存的物质基础和来源，土地资源的集约利用与社会经济发展和生态环境保护密切相关，且土地资源是有限的、稀缺的。土地利用涉及社会发展、经济建设和环境保护、城镇化进程等方方面面。从可持续利用角度看，土地利用不是为了追求最高的土地利用程度，而是实现社会、经济、生态综合效益最大化（张俊峰、董捷，2012）。因此，产业用地也应该追求综合效益最大化，产业用地绩效评价应综合考虑产业用地的社会、生态、经济效益。从土地功能价值角度看，产业发展的直接目的是为人们提供工业产品和服务产品，工业产品和部分服务产品的输出量反映了产业的经济产出效益，因此产业用地经济效益应该纳入产业用地绩效评价体系。此外，产业发展提供的服务产品还以就业率、出行便捷度、居住空间等产品形式被人们消费，反映了产业的社会产出效益，因此产业用地社会效益也应作为产业用地绩效评价标准。人类需求不仅是对工业品和服务产品的需求，还包括对清新空气、清洁水源、宜人气候等生态产品的需求（国发〔2010〕46 号）。产业发展除提供工业产品和服务产品外，还应提供部分生态产品，至少不能减少生态产品的输出，因此产业用地生态效益状况理应纳入产业用地绩效评价标准。土地作为一种特殊的资源，除具有数量、质量等资源基本属性外，还具有区位、结构等属性。其中，土地资源利用程度与结构现状是区域自然、经济、社会活动的综合表现，土地利用结构及其布局对产业输出产品效率具有重要影响。因此，产业用地绩效评价还需要考虑土地利用的结构。另外，从动态发展角度来看，未来的市场需求、行业前景以及政策导向决定了产业未来发展潜力。产品市场需求度高、符合产业政策要求，则产业发展能够输出更多产品，以满足人们生产生活对该产品的需求。所以，产业用地综合效益高，则产业具有很大的发展潜力。如果该产业输出的产品已经饱和，继续给该产业提供用地，追加生产的产品没有被消费，生产和投入得不到回报，产业用地社会、经济效益低下。因此，产业用地绩效评价还需要适当考虑产业发展潜力。

综上所述我们从产业用地的经济效益、生态效益、社会效益和结构现状、产业发展潜力等方面，构建产业用地绩效评价指标体系。按照代表性、系统性、可操作性、独立性等指标选取原则，结合我国《开发区土地集约利用评价规程（2014 年度试行）》和区域产业用地现状，根据分层评价指标体系要求，选取地均从业人员、地均固定资产投入强度、地均产出强度、容积率、建设密度、生产用地面积比、地均废弃物排放量、产品销售率 8 个指标作为产业用地绩效的评价指标。其中产业用地经济效益、产业用地生态效益、产业用地社会效益、产业用地利用现状、产业发展潜力为一级指标，进一步将其细分为产业用地利用程度、产业用地利用结构、产业用地投入产出效益、产业用地社会效益、产业用地生态效益、市场需求度 6 个二级指标。其中，用地均从业人员反映产业用地社会效益，地均废弃物排放量反映产业用地生态效益，容积率、建设密度、生产用地面积比反映产业用地利用程度与结构，用地均固定资产投入强度、地均产出强度表示产业用地投入产出效益，用产品销售率表示市场对产业产品的需求程度。具体指标见表 7-4。

表 7-4　　　　　　　　　　　产业用地绩效评价指标体系

一级指标	二级指标	三级指标	权重
产业用地利用现状	产业用地利用程度	容积率	0.177
		建设密度	0.100
	产业用地利用结构	生产用地面积比	0.135
产业用地经济效益	产业用地投入产出效益	地均固定资产投入强度	0.152
		地均产出强度	0.155
产业用地社会效益	产业用地社会效益	地均从业人员	0.107

一级指标	二级指标	三级指标	权重
产业用地生态效益	产业用地生态效益	地均废弃物排放量	0.105
产业发展潜力	市场需求度	产品销售率	0.069

（二）评价方法及数据

（1）评价方法

产业用地绩效评价采用多因素综合评价法，指标权重值的确定采用变异系数法。这是因为，产业用地绩效评价的目的是区分产业用地绩效差异，进而确定产业供地优先顺序。采用变异系数法确定权重值，一方面避免了主观因素的影响，另一方面指标数据值的变异信息越大，越能区分出产业用地绩效的差异，与评价目的吻合。变异系数法计算权重方法见式（7-5）。根据评价指标体系和指标权重，利用多因素综合评价法对产业用地绩效进行评价，计算公式为：

$$D_i = \sum_i^n \omega_i T_i \qquad (7-6)$$

其中，D_i 为产业用地绩效；ω_i 为第 i 种指标的权重值；T_i 为第 i 种指标的标准化值；n 为评价指标数。为解决数据之间的可比性问题，同时保留原始数据之间的关系，采用 Min-max 标准化方法对指标数据进行标准化处理。计算公式如下：

正效应指标：$d_i = (x_i - x_{min})/(x_{max} - x_{min})$

负效应指标：$d_i = (x_{max} - x_i)/(x_{max} - x_{min})$　　　（7-7）

其中，d_i 为指标标准化值，x_i 为指标原始值，x_{max}、x_{min} 分别为指标极大值和极小值。

（2）指标数据来源与处理

为方便数据收集，本研究选取武汉市工业用地信息数据作为产业用地绩效评价的基础数据。武汉市是湖北省省会，也是武汉城市圈的中心城市。2012 年，武汉市有开发区 16 个，包括 4 个国家级经济技术开发区，12 个省级经济技术开发区，工业企业三万多个，能够提供丰富的产业用地信息。因此，本研究利用武汉市开发区典型工业企业的调查数据对武汉市工业用地绩效进行评价。

《工业项目建设用地控制指标》（2008 年）将工业产业分为 30 类，

《武汉统计年鉴》（2012）将工业产业分为三大类 41 个小类。可见，工业产业分类众多，获得数据难度大。为便于进行产业用地数据调查和收集，同时又能够准确反映产业发展状况，在尽可能多地涵盖武汉市工业企业类型的原则下，选择武汉市开发区作为调查区域，并从中选取典型企业。典型企业是区域产业发展的增长点和重要动力，也是衡量区域产业发展情况的重要依据之一。同时，典型企业所在行业通常是区域产业的主导产业，典型企业的发展情况在较大程度上反映了区域产业主导产业的发展状况。在选取典型企业时，当开发区属于同一行业类别的典型企业有多家时，选取总收入或总产值排名靠前的企业作为典型企业；对于开发区同一行业类别的典型企业较少的情况，将全部企业作为典型企业进行调查；典型企业行业类别应覆盖区域主要行业类型；典型企业发展情况应能在较大程度上反映区域产业发展的阶段及发展状况；典型企业数量越多越好，且企业运行状况良好。由于采用的是典型企业的用地数据，同一行业不同企业数据可能存在较大差异，造成此类行业数据有较大的浮动，因此采用同行业其他同等规模企业数据替换的方法来避免数据的整体偏移（王梅、曲福田，2004），尽量反映行业水平。工业企业调查样本分布如表 7-5 所示。

表 7-5   工业企业调查样本分布

行业名称	企业样本数量	行业名称	企业样本数量
工艺品制造业	1	食品加工业	1
纺织业	9	化工制造业	2
汽车修理行业	6	机械制造业	2
木材加工业	1	交通运输	4
非金属矿物制造业	4	家具制造业	1
医药制造业	7	金属制造业	8
设备制造业	18	印刷业	2
造纸业	3	水泥制造业	1
光电信息产业	5	化学原料及化学制品制造业	3

产业用地绩效评价指标数据中，生产用地面积比等于工业企业厂房及配套用地面积与批准用地面积之比；地均固定资产投入强度等于工业企业实际完成投资额与批准用地面积之比，单位为万元/公顷；地均产出强度等于工业产值与批准用地面积之比，单位为万元/公顷；地均从业人员等

于企业从业人数与批准用地面积之比，单位为人/公顷；工业企业废弃物排放量采用武汉市同类产业废弃物排放平均标准与该企业产值进行折算，即地均废弃物排放量等于产业平均排放标准×企业产值/批准用地面积，单位为吨/公顷；产品销售率等于工业企业销售收入与工业产值之比，单位为%。

（三）产业用地绩效差异分析

本研究收集的工业企业数据涵盖了武汉市18个行业，运用上述评价方法，以武汉市典型企业数据（2011年）为样本数据，实施产业用地绩效评价，结果见表7-6。

表7-6 不同产业用地绩效

序号	产业类别	用地绩效	产业用地特征
1	光电信息产业	0.7345	集约型、产出型、就业型、潜力型
2	工艺品制造业	0.6762	集约型、产出型、就业型
3	纺织业	0.5247	集约型、产出型、就业型
4	汽车修理行业	0.4562	集约型、产出型、就业型、潜力型
5	木材加工业	0.4202	——
6	非金属矿物制造业	0.4094	集约型、产出型、潜力型
7	设备制造行业	0.3912	集约型
8	医药制造业	0.3887	集约型、产出型
9	化学原料及化学制品制造业	0.3868	集约型、产出型
10	造纸业	0.3859	潜力型
11	食品加工业	0.3704	就业型
12	化工制造业	0.3642	产出型、就业型
13	交通运输	0.3601	环保型
14	机械制造业	0.3593	环保型、潜力型
15	家具制造业	0.3042	环保型、潜力型
16	金属制造业	0.2971	就业型
17	印刷业	0.2313	环保型
18	水泥制造业	0.2100	——

从表7-6中可以看出，在武汉市18个产业类别中，用地绩效最高的是光电信息产业，效率值达到0.7345，然后依次是工艺品制造业、纺织

业、汽车修理行业等；用地绩效最低的是水泥制造业，效率值仅为0.2100。不同的产业影响用地绩效的因素及其程度不一样。从多因素综合得分值来看，光电信息产业用地投入产出强度是最大的，吸纳社会就业人员的能力也是最强的，容积率和建筑密度远高于所调研产业类型的平均水平，无论从市场需求还是从国家产业政策要求看，光电信息产业都具有巨大的发展潜力，使得光电信息产业用地绩效最高。工艺品制造业用地绩效较高主要是因为其产业用地投入产出效益贡献大、产业用地程度高、用地结构合理。纺织业和汽车修理行业用地绩效较高，主要是因为其产业用地程度较高，土地利用结构合理，同时产业创造的就业机会较多，废弃物排放量相对较少，生态效益良好。另外，汽车修理行业市场需求度高，发展潜力较大，也提高了产业用地绩效。从产业特征来看，依据各二级指标对产业用地绩效贡献率进行划分，光电信息产业、工艺品制造业、纺织业、汽车修理行业均属于产业用地集约型、产出型和就业型产业，其中光电信息产业和汽车修理行业还属于潜力型产业。水泥制造业产业用地绩效最低，主要是因为水泥制造业吸纳就业人员能力较弱，产业用地面积大，同时土地利用结构不合理，废弃物排放量较多。从二级指标贡献率来看，印刷业虽然属于环保型产业，但是其产业用地利用程度太低，投入产出强度不高，吸纳就业人数能力不强，总体绩效不高。因此，基于土地资源节约和产业用地绩效最大化原则，在产业用地供应和区域经济发展过程中，应优先引进和发展用地效率高的产业，提高产业用地进入门槛，严格产业用地供给标准。

三 产业用地准入管理模式

（一）制定本地产业供地目录，健全产业分类目录体系

2012年，国土资源部与国家发展改革委结合国家产业政策，对2011年产业供地目录进行了调整，发布了《限制用地项目目录（2012年本）》与《禁止用地项目目录（2012年本）》。各地区应结合本地实际情况，在符合国家产业政策和供地目录的基础上，抓紧制定和完善本地产业供地目录，调整产业结构与政策。一是要在国家限制和禁止用地目录的基础上，制定或修订符合本地实际的《限制用地项目目录》和《禁止用地项目目录》，严格控制高能耗、高污染、低产出、占地规模大的产业项目用地，坚决禁止别墅类房地产、高尔夫球场、赛马场、党政机关接待场

所、各类培训中心等项目用地。二是根据本地资源禀赋、经济条件、技术水平，结合《国家鼓励类产业目录》和战略性新兴产业发展规划，制定本地《鼓励类产业用地目录》，鼓励支持节能环保、高新技术、新能源等战略性新兴产业和低污染、低耗能、少占地、高产出等投入产出效益高的产业用地。从鼓励产业、限制产业、禁止产业等方面，制定符合本地实际的产业供地目录，健全产业分类目录体系，为产业用地准入管理提供参考和准则。

（二）建立和完善各类产业用地使用标准

严格控制产业用地使用标准，提高产业用地准入门槛，是产业用地准入管理模式的关键内容。但是，产业土地使用标准存在空间差异性，用地标准在不同产业和不同空间中是不同的。首先，针对单个项目用地，应根据区域土地不同等别，分行业制定本地区产业用地使用标准，包括投资强度、产值能耗、容积率以及项目进度等控制性指标，对个别特殊产业可以增加相应的控制标准。其次，针对产业园区项目用地，应根据不同层次级别确定不同产业用地使用标准，包括投资强度、利税额度、容积率、建筑密度、用地结构等控制指标，国家级开发区土地使用标准应高于省级开发区和其他工业集中区。以武汉市工业项目为例，国家级、省级开发区和其他工业集中区新建工业项目亩均投资分别不低于 300 万元、200 万元、100 万元；亩均税收分别不低于 25 万元、15 万元、10 万元；容积率不低于 1.0，建筑系数不低于 40%，绿地率不超过 15%，行政办公和生活服务设施用地面积不超过总面积的 7%，等等（鄂政发〔2014〕24 号）。因此，应通过单个产业项目和产业园区项目两个方面，建立和完善各类产业用地使用标准，引导各地区产业向低能耗、高产出、少占地方向调整，提高土地使用标准。

（三）建立产业用地准入的分类管理制度

产业用地准入的分类管理制度是指对预进入产业项目的用地审批实施差别化对待、分类管理的制度。由于用地指标紧缺，并不能保证每个符合产业项目用地标准的产业项目都能获得用地指标，所以，有必要对预进入产业项目用地实施分类管理制度。首先，按照本地区产业用地绩效，确定本地区产业发展优先顺序。其次，建立差别化的产业分类管理制度。对鼓励和优先发展产业，成立专门的管理小组负责，落实岗位负责制，完善用地审批规章制度，优化审批程序，提高产业用地审批效率，优先提供用地保障；对用地绩效不高的产业，严格用地审查，采用分期供地、适当提高产业准入门槛、制定差别化的税收标准和产业激励政策等调控手段，引导预进入产业项目提高投入标准、改进技术装备。再次，通过创新产业用地供应模式和补贴生产设备、物业租金等方式吸引本地区需求度高的产业项目进驻。比如，本地区劳动资源丰富，可以通过优先供地模式引进就业型产业项目，通过补贴设备吸引先进制造业项目进驻等。最后，在产业用地绩效相同时，优先选择投资强度大、投资总额多、土地开发进度快以及税收贡献率高的产业用地项目进驻，提高城镇用地投资标准和集约节约利用水平。

（四）加强产业用地审查，提高产业用地管理水平

在产业项目用地准入后，必须强化对产业用地利用的全程监管，提高产业用地管理水平，严格执行土地使用标准，对批后不合理利用或未达到批前标准的产业项目，要严厉查处，保障产业用地高效利用。一是严格土地批中管理、批后监管，实行全程责任追究制。建立和完善产业用地建设项目全程监管、竣工用地专项验收和土地分期供应制度，保证产业项目按照审批标准进行建设，发挥产业用地效益。对于违反用地审批标准和土地使用标准的产业项目落实到地，追究到人，限制土地后期供应甚至回购已供应土地。二是开发和完善产业用地管理系统，提高管理水平。运用先进技术与软件，建立产业用地监管系统、动态信息发布系统、可视化查询系统，加强产业项目用地的动态巡查，随时掌握与公布合同履行、土地供应、项目建设进度等信息；同时，建立企业用地诚信档案，做好企业用地违规违约记录，为相关行政监管部门提供管理依据。三是定期对产业用地标准进行审查和修订，对用地标准不符合社会经济发展现状的地区，重新审改产业项目用地标准，及时修订产业用地标准和管理模式。

四　产业用地退出管理模式

（一）产业用地退出认定

产业用地退出管理的前提与基础是对应退出的产业用地进行认定。产业用地退出分为两种形式，一种是产业用地的退出，即收回不符合国家产业政策、本地产业用地控制标准的产业用地，实现产业用地退出；另一种是低效产业用地的退出，即符合产业用地相关政策与标准，但是产业用地绩效较低的产业用地，由低效用地向高效用地转变，实现低效用地退出。

从退出目的和对象来说，前者是从当前低效利用企业中退出使用，退出的对象是产业用地，实质是土地使用权的转移；后者是将产业用地绩效提高至符合既定的绩效标准，是绩效状态的改变（汪勋杰、郭贯成，2013）。第一种需退出的产业用地主要包括以下几种类型：不符合国家产业政策的项目用地，即国家明令淘汰、禁止建设的建设项目；本地产业分类目录体系中禁止和部分限制的产业项目用地；不符合或未达到国家和本地区用地标准的产业用地；高耗能、高污染和群众反映强烈的产业用地；其他违法违规的产业用地；等等。第二种需退出的产业用地主要包括以下几种类型：生产设备、厂房老旧，有翻新扩建增产能力的产业用地；能耗高，产出效益低，产品竞争力不足，有引进技术、改造升级潜力的产业用地；处于闲置、遗弃或未完全利用状态的产业用地；与当前市场经济发展趋势不协调，处于衰退或产业调整期的产业用地；等等。以武汉市工业项目用地为例，武汉市印刷业、水泥制造业等行业规模小，注重短期经济效益，绩效较低，属于第二种低效用地退出范围。

（二）产业用地退出途径

产业用地退出途径是实现产业用地退出管理模式的关键和重要实现手段。应根据产业用地退出认定类型的不同，实施差别化的产业用地退出方式。对于产业用地使用权的退出，可以采取关闭企业、政府参与回购、市场转让等方式；对于低效产业用地的退出，可以采取企业改造升级、关停、整改、引导转型等方式。产业用地使用权退出应以政府为主导，低效产业用地退出应以市场机制为主导。无论采用哪种方式的退出、谁来主导，政府调控和市场机制协同作用都至关重要，是发挥产业用地退出管理模式绩效的关键。以武汉城市圈产业用地利用与管理为例，可以从以下几方面进行探索和完善：①国家、省和各县（市、区）产业目录列出的禁止类、淘汰类产业用地，由政府主导，依法关闭、关停，采用产业用地直接退出模式。②不符合安全生产与环保要求的高能耗、高污染、低效益产业用地，由相关部门实施淘汰或限期整改；限期内拒绝整改或整改不合格的，依法实施企业关停甚至关闭，产业用地可实施产业用地退出，腾出空间发展高效行业。③产业用地绩效较低的，如土地粗放利用，投资强度、容积率和产出水平较低，应督促指导追加投资、改扩建生产规模、更新技术设备与优化生产线，着力提高土地集约节约利用水平；对限期内达不到产业用地要求，依然低效利用的产业用地，减少土地后期供给，甚至无偿回收或等价置换。④对产业用地效率低，但发展潜力与市场前景较好的产业，给予政策引导和优惠，积极发挥市场激励机制。⑤对闲置或部分闲置的工业用地，按规定征收土地闲置费，限期动工，在限期内经整改仍未达标者，无偿回收。以武汉市为例，对印刷业和造纸业等低效产业用地，应加大整改力度，督促企业进行技术改造和升级，限期内达不到要求的可通过回收低效用地、有偿退出、减少后期土地供给等方式实施产业用地退出。总之，产业用地退出方式与途径应遵循激励与约束作用并存的原则，坚持政府调控与市场机制共同调节，根据产业用地特征和低效障碍，选择和创新适合的用地退出模式。

（三）产业用地退出机制创新

一是完善产业用地退出激励机制。低效产业用地不愿退出的主要原因是地方政府的保护和企业利益分配问题，政府要弱化微观方面的管理职能，使其由"管控"向"服务"转变，发挥市场的调节作用，保障企业在退出过程中以市场利益为导向，完善退出激励机制，引导低效产业由"被动退出"向"主动退出"转变。建议从财政补偿、税收减免、政策优惠等方面完善低效产业用地退出激励机制。对用地绩效高的产业给予财政补偿、税收减免等政策优惠，激励企业继续高效利用土地，同时引导和调动低效用地产业集约节约利用土地和资源的积极性。二是完善低效工业用地惩罚退出机制。加快制定完善的低效产业用地退出法规条例，明确低效工业在退出过程中所承担的职责和义务，用法律法规约束用地退出行为；实行差别化税收标准，对低效产业用地，加大土地使用税、房产税征收力度；依法坚决淘汰高污染、低效益产业，为新型产业项目腾出环境容量和用地空间。采用土地分期供应管理，对用地绩效未达到要求的产业，限制后期土地供应或增加后期土地供应成本，督促产业用地高效利用。三是建立和完善资源要素市场化配置运行机制，发挥市场在资源配置中的决定性作用。低效产业用地退出应该是企业自身的市场行为，可通过市场机制来实现，但是我国市场机制尚不健全，不能实现低效用地的有效退出。完善土地资源市场化配置机制，发挥市场配置土地资源的基础性作用，是实现产业用地退出、提高产业用地集约节约利用的长效机制。减少非公益性用地划拨，完善土地租赁、转让、抵押二级市场，扩大市场配置土地范围，利用土地市场供求和价格机制，激励投资者选择最佳的资本、劳动、土地要素组合，盘活存量用地，引导产业用地高效利用。通过调整能源资源价格，将企业用地过程中的环境污染、能源过度消耗等负外部性问题内部化成企业的生产成本，提高企业用地成本，倒逼低效产业用地退出（汪勋杰、郭贯成，2013）。建立有效调节工业用地和居住用地合理比价机制，切实加强土地供需调节，促进地价合理回归和土地市场健康发展。

第四节　土地用途差别化管制模式

一　用途差别化管制模式设计

我国实行土地用途管制制度，即通过编制各级土地利用规划，划定各类用地的规模和布局，形成土地用途分区，实行分区和分类型管制（陈利根，2000）。土地用途管制的客体是土地用途，内容是土地利用行为，重点是土地用途的确定和变更，目标是土地利用整体效率最大化、协调"吃饭"与"建设"的矛盾以及消除土地利用的负外部性，实现土地可持续利用（陆红生，2007）。但是，随着我国市场经济的发展和土地市场的发育以及土地利用制度的改革，土地利用者主体无论是个人还是集体，乃至不同政府间，均扩展了行为选择空间，趋向选择经济效益较高的土地利用方式，相应地带来了土地利用的较大变化及土地需求与供给状况的改变（郭川，2001）。这一背景的变化，暴露出了土地用途管制的不足。同时，土地利用具有经济效益、社会效益和生态效益，土地利用经济效益在消费上往往具有较强的竞争性与排他性，而社会效益、生态效益的消费具有完全的非排他性、非竞争性，被置于公共领域，成为纯粹的公共物品（王文刚等，2012）。土地用途的分区和管制改变了土地利用功能的供给，为土地利用主体违反管制制度寻租提供了空间，土地利用的社会效益、生态效益因为其公共物品的属性被个体忽略。这种制度本身（用途分区）的变化，没能将区域土地利用整体效益与土地用途区功能有机结合，存在土地利用社会效益、经济效益、生态效益同时供给的可能。总而言之，土地用途管制保护了耕地数量，但是忽视了耕地质量；土地资源过度开发，社会经济得到快速发展，但是土地生态环境遭到破坏；土地利用经济效率提高，但是土地利用整体效率不高，土地用途管制难以实现平衡。

针对我国耕地减少过快、生态损害严重、环境问题凸显、空间结构不合理、城乡和区域发展不协调等突出问题，2010 年国务院颁布实施了

《全国主体功能区规划》（国发〔2010〕46号），以推进主体功能区建设，构建高效、协调、可持续的国土空间开发格局。主体功能区规划为我国土地利用、农业发展、城镇化建设、经济转变、环境保护的协调发展指明了方向，尤其是对区域土地用途、资源环境和经济活动的有机结合、土地功能与其他功能的关系，起到了约束和指导作用。但是主体功能区规划在实施过程中，也面临着一些问题。一是主体功能区划的基本单元问题。主体功能区规划原则上以县为单元，但县级单元不是一个均质性的单元，地域分异明显，主体功能区需进一步细分。二是主体功能区功能评价和定位问题。要划分主体功能区，首先应明确区域主体功能，但是不同区域存在多种功能，如何确定区域主体功能是个难题。建立和完善差别化的区域功能评价体系，科学评价和确定主体功能是非常有必要的。三是差别化区域政策问题。主体功能区规划在保障措施中对不同功能区提出了分类管理的区域政策，但仅仅是政策导向和调整方向，还需要制定有效的差别化区域政策，采取相应的管理方式。

综上可知，从管理尺度和目的来看，土地用途管制是对地块用途和利用行为的管制，属于微观层面，更注重对地块特定用途的管理，忽视了土地整体功能的发挥；而主体功能区规划是以县（市、区）为区划基本单位，属于宏观层面，更侧重区域整体功能的实现，忽视了地块的异质性。无论是土地用途管制还是主体功能区规划，都没有有效解决由于土地用途和功能异质性存在而导致的土地利用和区域主体功能不协调的问题。

2008年《全国土地利用总体规划纲要（2006—2020年）》首次明确提出"按照不同主体功能区的功能定位和发展方向，实施差别化的区域土地利用政策"，以促进区域的协调发展，实质上为解决由于土地用途和功能异质性存在而导致的土地利用和区域主体功能不协调的问题指明了方向，即实行差别化土地政策。2011年，国土资源部和国家发改委组织调研，提出了"区域差别化、产业差别化和管理差别化"的土地差别化政策框架，为协调土地用途管制与主体功能区建设提供了解决途径。因此，根据国家在全国范围内推广实施差别化政策的导向和现实要求，我们提出了土地用途差别化管制模式。所谓土地用途差别化管制模式，是指根据土地用途及其异质性而实施的差别化的管制规则和管理模式。它能够弥补主体功能区规划的"过粗"和土地用途管制的"过细"问题，解决因土地用途和功能异质性存在而导致的土地利用和区域主体功能不协调的问题。

土地用途差别化管制模式具体思路为：首先，明确土地用途差别化管制的政策或制度依据、管制原则、管制目标。用途差别化管制模式设计主要依据土地用途管制制度和主体功能区规划，管制目标是发挥土地利用综合效益和整体功能。管制过程中应遵循以下原则：①因地制宜原则：根据不同区域不同用途采取不同的管制模式；②可操作性原则：管制模式在现有政策和制度下能够顺利实施和操作；③重点突出原则：不同用途区应重点突出主体功能；④以乡镇为基本单元，地块为管制对象：管制基本单元以乡镇为主，管制措施落实到地块。其次，划分不同土地用途区，为差别化土地用途管制奠定基础。为避免土地用途管制"过细"和主体功能区规划"过粗"的问题，根据土地用途划分不同用途区。在县级和乡（镇）土地利用规划中一般划分 11 种土地用途区（陆红生，2007）。结合土地利用主体功能与生态效益、社会效益、经济效益，为方便土地用途差别化管制模式的实施，将土地用途区分为农业保护区、生态保护区、城镇发展区。最后，针对不同用途区提出差别化管制模式。从土地用途管制规则、主体功能区定位、市场化进程等方面建立土地用途差别化管制模式。土地用途差别化管制模式框架见图 7-6。

二　农业保护区土地管制模式

农业保护区是根据土地用途和主体功能专门为农业生产划定的区域。武汉城市圈的天门市、潜江市、云梦县、孝昌县、仙桃市、新洲区、汉川市、应城市等地区耕地异质程度较高，农业基础条件好，农业发达，应是农业保护区重点保护区域。农业保护区的划定方便了土地用途差别化管制措施的实施，能够提高土地管理效率，同时能够稳定农业发展，推动农业现代化。针对农业保护区的土地主导用途和区域主体功能以及区划目标，农业保护区应加强土地用途管制，引导区内非农用地退出和减量；同时强化农业保护区农业生产功能，促进农业持续增产稳产和开展现代化建设。农业保护区具体的土地用途管制措施应从增加农地数量、提高农地质量、强化用途管制、推动农业发展等方面着手，建议制定《农业保护区法》（党国英，2013）。

（一）加强土地用途管制，严格耕地保护制度

近年来，农地"非农化""非粮化"的问题比较突出，已经严重影响了农地生产功能，造成了粮食安全问题。加强土地用途管制，严格耕地保

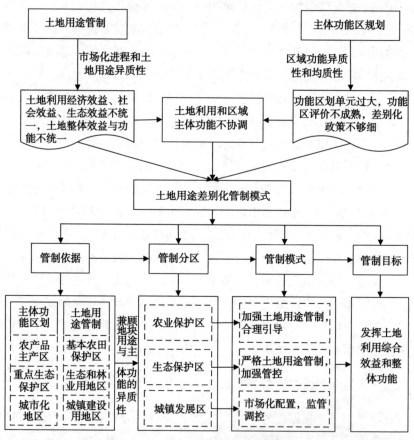

图 7-6　土地用途差别化管制模式框架

护制度，能够有效遏制农地"非粮化"，避免"非农化"，是规范农业保护区基本生产行为的制度保障。农业保护区主要为农业用地，不得建设经营性住宿、餐饮、娱乐设施，禁止发展任何非农产业，与农业生产和产品流通相关的企业和机构要转移到城镇发展区或其他区域（党国英，2013），区内生产经营活动必须坚持以用途管制和符合规划为前提。保护区应严格执行耕地和基本保护制度，确定保护规模与边界，任何单位和个人不得擅自占用或改变用途。完善包括耕地数量、质量、空间、环境、变化量、变化率、现有耕地状况、占用优等地等在内的耕地保护考核体系及责任追究制度，多部门联合组成耕地保护责任追究机构。实行差别化的绩效考核，调动农业保护区干部保护耕地的积极性；同时，通过多种手段对全社会的耕地利用行为进行引导、激励和监督，形成法律约束、政府管制、公众参与、社会监督相结合的耕地保护长效机制（国家土地督察南京局国土资源部咨询研究中心，2012）。

（二）推动农村土地流转，促进农地规模经营

土地流转和适度规模经营是发展现代农业的必由之路，有助于土地资源配置效率和劳动生产率的提高，保障主要农产品供给与粮食安全，促进农业技术推广应用与农业增收、增效，是发挥农业保护区农业生产功能的重要途径（中办国办，2014）。推动农村土地流转，促进农地规模经营，可以从以下五个方面进行：一是充分利用第二次土地调查成果，大力开展农村集体土地确权登记，提高农村集体土地登记发证率，进一步明晰农村土地使用权主体、权利、义务、利益和责任，明确农村集体土地所有权、使用权权能，使产权主体行使相应的权力，承担相应的责任和义务，为农地流转奠定法律基础（张俊峰等，2013）。二是创新土地流转形式，鼓励土地长期流转，合理调整农地承包经营权权属，强化和增加承包经营权权能，鼓励"以地入股、以权入股"，推动土地流转等（宁启文，2014）。三是培育新的农业经营主体，鼓励地方扩大对家庭农场、专业大户、农民合作社、龙头企业、农业社会化服务组织的扶持资金规模（中办国办，2014），促进农地规模经营，提高农业规模经营效益。四是出台农村土地流转规范条例，严禁农地流转为非农用途，严禁农地流转破坏农田设施、污染农田环境，规范农地流转行为，保护农户合法权益。五是建立以农地承包经营权为主，包括农村集体经济组织"四荒地"使用权、农村集体经济组织养殖水面承包经营权、农村集体林地使用权等权利在内的信息交易平台，为流转双方提供信息发布、政策咨询等服务。

（三）建立和完善农业保护区宅基地有偿退出机制

实施农村宅基地退出，不仅能够提高农村建设用地集约利用水平，盘活农村闲置资产，而且宅基地的退出复垦能够增加耕地数量，拓展了农业生产空间。农业保护区农村宅基地存在的主要问题是量多面广，布局分散，人均建设用地面积严重超标，宅基地大量闲置，与农业保护区主体功能和土地主导用途不符。保护区内可以保留一部分宅基地作为农户的常住地，但要控制在一定比例。对于其他形式存在的宅基地，鼓励和引导宅基地有偿使用和退出。一方面，宅基地退出是一个漫长的过程，不能一蹴而就，要遵循政府主导、农民自愿原则，与土地整治、村庄建设、土地利用等规划相衔接。项目开展要经过多方论证，先易后难，适时有序推进，坚

决避免强制退出、大拆大建、无序推进。另一方面，各地区自然、经济、社会状况存在差异，应探索符合当地实际的宅基地有偿使用和退出模式。提倡区内退出复垦、区外安置模式，逐步引导非农产业及用地与非农业人口离开农业保护区（党国英，2013），增加保护区耕地数量，保护农业生产。

（四）大力推进农业保护区高标准农田建设

高标准农田建设能够提高农田旱涝保收和增产稳产能力，符合农业保护区主体功能和土地用途，应是农业保护区的重要建设内容。实施高标准农田建设，一是要加大投资力度，推进资金整合。加大土地整治、农业综合开发、新增粮食产能建设以及小型农田水利等涉农项目的投资力度，同时积极吸收社会资金，投向高标准农田建设，赋予县级政府资金整合的权利，集中投入、连片治理、整县推进高标准农田建设。二是要加强高标准农田建设项目后期监管，发挥工程效益。高标准农田建设项目验收后，引导和激励多种农业经营主体参与高标准农田设施的日常管护，探索委托养护、合同养护和承包养护等管护长效机制，确保工程效益发挥。三是要落实高标准农田保护责任，确保建一片成一片，永久保护。各部门应落实高标准农田保护公示制度，设立保护标志，登记发证，将高标准农田保护落实到村组，落实到地块，落实到农户，明确保护责任，确保建一片成一片，实施永久保护；建立高标准定期统计核查制度，准确掌握高标准农田变化情况，及时发现和纠正占用高标准农田的违法行为，对违反规定乱批、乱占、滥用高标准农田的，依法坚决查处，决不姑息，确保保护区内高标准农田质量不下降，总量不减少。

（五）加大惠农强农政策力度，推动农业稳定发展

农业保护区内拥有优质的耕地和农业资源，具备优越的农业生产条件，土地主导用途是从事农业生产，区域主体功能是输出农产品。因此，农业保护区是我国农业生产和粮食安全的核心区域。加大农业保护区政策支持力度，促进农业生产稳步发展，是我国农业发展的必然选择。一是要加大农业保护区科技支持力度，提高农产品市场竞争力。在农业保护区大力开展良种繁育、节水灌溉、配方施肥和植物保护等先进产品和技术的推广应用，增加农业生产和农产品科技含量，促进农业增效、农民增收。二是要加大农业保护区农业基础设施建设支持力度，加速农业现代化进程。中央应在项目和资金上加大对农业保护区的投入力度，鼓励和吸引社会资

金投入到农业基础设施建设上，提高农业基础设施及配套设施标准，改善农田灌排条件和机械化作业水平。三是要建立和完善农业保护区补偿机制。农业保护区土地发展受限，应对保护区内从事农业生产的农户给予农业补贴，同时对农业保护区内的管理机构给予财政补贴，通过补偿机制保障农业保护区内农民对农业生产和耕地保护的积极性，推动农业稳定发展。四是要加大对农产品种植、收购、加工、销售的政策优惠，提高农业比较效益，调动和激励社会资本和人力资本投入到农业生产和耕地保护中来。

三　生态保护区土地管制模式

生态保护区是根据土地用途和主体功能，专门为保护环境、提供生态产品而划定的区域。生态保护区土地主要是用于输出生态产品的水域、林地、草地、园地等生态用地以及为保护生态环境服务的设施用地。武汉城市圈的英山县、通山县、罗田县、崇阳县、通城县、红安县、蕲春县、大悟县等地区林地异质程度较高，生态环境良好，应是生态保护区重点保护区域。生态保护区的划分能够明确《主体功能区规划》的管理范围和强化土地用途管制的目的，方便土地用途差别化管制，增强土地生态功能，保障区域生态安全。根据保护区土地主导用途和区域主体功能，生态保护区应严格土地用途管制，加强土地管控，优化生态系统格局，最大程度发挥区域土地生态功能。具体可从明确权属、加强管控、用途管制和做好规划等方面实施生态保护区土地管制。

（一）明晰土地产权及权能，落实保护责任

根据《土地管理法》和《自然保护区条例》以及《森林法》《草原法》等有关土地权属的规定可以发现，生态保护区土地为国家和集体所有，国家可以限制农民和集体行使土地使用权。但是相关法律法规对保护区国家和集体土地所有权之间、土地所有权和使用权之间的关系界定不明确，不同种类土地使用权之间存在交叉，保护区土地经营权与所有权合一，地方政府在保护区土地利用问题上存在趋利动机（周训芳、吴晓芙，2006）。同时，生态用地类型复杂，涉及较多部门和诸多历史遗留问题，导致生态用地确权难度大、工作滞后，土地权属冲突问题严重。明晰生态保护区土地产权及权能，落实保护责任，是实施土地用途差别化土地管制的基础和前提。首先，应结合国家有关土地权属的规定，明确保护区内土地的所有权，区别国家所有和集体所有类型，界定所有权占有、使用、收益和处分的权能。其次，抓紧开展保护区内土地确权登记工作，通过确权定界落实土地权属。最后，明确生态保护区各土地产权主体的责任与义务，落实保护责任，实行责任追究制度，约束各产权主体合理利用土地。

（二）严格土地用途管制，建立生态保护制度

生态保护区是提供生态产品和保障生态安全的重要区域，必须严格执行土地用途管制制度，禁止开展与保护区土地主导用途和主体功能不符的生产活动。保护区土地主要用于生产生态产品以及作为生态建设和保护服务的设施用地，尽量将有重要生态功能价值的用地划入保护区；保护区内与生态用地功能不协调的土地类型（用于发展旅游、观光的设施除外）应逐步调整为生态用地，严格控制建设用地扩张；保护区内土地开发利用活动应与保护区主导用途协调一致，不能开展破坏生态景观和污染环境的生产建设活动，协调土地利用与生态环境保护；保护区内土地用途确需改变的，在符合相关规划的情况下，经过相关部门审查同意，由土地管理部门依法审查批准，方能实施；建立生态保护区生态保护制度，加大保护区土地利用监督与检查力度，严惩违反生态保护制度、破坏保护区土地、污染保护区环境的行为。

（三）严格控制土地开发强度和产业准入标准

工业化、城镇化进程的加快和大规模、高强度土地开发利用活动是破坏生态环境，造成生态系统退化的主要原因。而生态保护区生态功能重要或生态系统脆弱，资源环境承载力不高，必须严格控制大规模、高强度的工业化、城镇化活动，以稳定和保护生态为主。一是要控制土地开发强度。为维持生态保护区生态系统的稳定性，应禁止保护区内新建各类开发区和建设用地规模扩张，以及开展与保护区功能不一致的土地开发活动。因保护生态环境而有必要进行的土地利用开发活动，必须要经过严格论证，尽量降低开发强度，减少对其他生态功能的损害。二是要控制产业准入标准。严格控制保护区产业准入门槛，禁止高污染、高能耗、高物耗产业进入，对保护区内存在的"三高"产业，依法关停或迁出。对保护区内部与土地主导用途和主体功能不符的产业进行整改，整改不到位的产业，依法关停或迁出。在不损害生态系统功能的前提下，因地制宜发展旅游、休闲、观光等与主体功能相符的环境友好型产业，提高生态产品输出能力（《全国主体功能区规划》，2010）。三是降低土地承载力。生态保护

区以输出生态功能为主，不适宜高密度的人口集聚和高强度的农业生产活动。积极引导保护区内人口向城镇发展区迁移，调整农业种植结构，使其向生态功能转变，降低生态保护区土地承载力，提高生态承载力。

（四）做好生态保护规划，健全生态补偿机制

生态环境安全是人类生存与发展的需求与保障，生态保护区应以保护和改善生态环境为目标，编制"生态保护规划"，保障生态产品持续输出和生态功能长期稳定。首先，"生态保护规划"应与"土地利用总体规划""城市规划""主体功能区规划"等规划相衔接，一是保护范围即保护界限相衔接，二是保护内容相衔接，提高规划的可操作性。其次，对生态保护区按照生态功能、保护类型和建设内容进行划分。按照生态功能可以将其划分为水源供给型、森林保育型、景观保护型、草原放牧型；按照保护类型可以将其划分为水源涵养型、水土保持型、防风固沙型、生物多样性维护型等（《全国主体功能区规划》，2010）；按照建设内容可以将其划分为生态恢复型、生态重建型、生态维护型等。应针对不同的生态功能、保护类型和建设内容，实施差别化的生态保护和土地利用空间管制措施。最后，健全生态补偿机制。生态保护区提供了大量的生态产品，但是土地发展严重受限，与城镇发展区和农业保护区相比，比较利益最低，需要建立健全生态补偿机制，保障生态保护区资金需求。一方面，中央和地方财政应加大对生态保护区的补偿力度和政策优惠；另一方面，探索多样化的生态补偿模式，在明确生态产品的生产与消费地区的基础上，根据成本贡献和外部性原理，探索建立不同地区间横向的生态补偿机制（李干杰，2014）。

四　城镇发展区土地管制模式

城镇发展区是根据土地用途和主体功能专门为城镇发展需要而划定的区域。城镇发展区土地主要用于城市、建制镇和村镇建设以及为城镇发展服务，因此，该区域土地的主导用途和主体功能是提供工业品和服务产品，同时也提供部分农业和生态产品。武汉城市圈的武汉城区、黄石城区、鄂城区、东西湖区、华容区、大冶市、汉南区、黄州区等地区城镇占地规模大、土地经济产值高，建设用地异质程度高，应是城镇重点发展区域。城镇发展区具有人口密度大、土地利用开发强度高、经济基础好等特点，是重要的人口和经济集聚区。城镇发展区的划分，明确了区域土地主

导用途和主体功能，方便土地用途差别化管制，提高土地资源利用与管理效率，发挥区域比较优势和要素集聚效应，加速推进城镇化、工业化、信息化发展，增加工业品和服务产品的输出。根据城镇发展区土地主导用途和主体功能以及区域特点，城镇发展区应放松土地用途管制，推进资源市场化配置，优化用地结构与布局，提高土地利用强度与管理水平。具体可以从土地规划调控、土地市场建设、土地结构调整与空间布局、节约集约用地等方面实施城镇发展区土地管制。

（一）放松土地用途管制，推进资源市场化配置

我国区域自然环境和社会经济的差异性导致统一的制度和政策很难在所有地方发挥绩效，为资源市场化配置创造了条件。随着市场经济的发展，资源市场化配置手段在资源定价、资源保护以及资源节约方面都发挥了重要作用，应提升资源市场化配置地位。改革开放以来，我国市场化进程并不是区域经济差异、粗放式增长和生态环境恶化的原因，正是因为市场化进程的滞后，才产生了许多区域问题和区域大战（踪家峰，2011）。城镇发展区经济密度高，资源丰富，有一定的市场基础，且城镇化、工业化进程都处于加速期，推进资源市场化配置非常有必要。在推进市场化进程中，首先应放松土地用途管制。城镇发展区以高强度的土地利用、高密度的经济建设为主要特征，土地用途管制限制了土地发展权的转移和土地要素的集聚，土地由低效向高效、由粗放向集约转移的难度增加，这无疑限制了城镇发展区土地主导用途的实现。因此，城镇发展区应放松土地用途管制，扩大市场配置国有土地的范围，允许集体建设用地进入土地交易市场，促进建设用地高效利用和集体资产显化。其次，建立城乡统一的建设用地市场。城镇发展区国有建设用地和集体建设用地权能不对等，集体建设用地经营与流转受限，利用水平和使用效益与国有建设用地差距较大。建立城乡统一的建设用地市场，使集体经营性建设用地与国有土地同等入市、同权同价，保障农民权益，使其能分享城镇化、工业化进程中的要素价值增值收益（曲福田、田光明，2011）。

（二）优化土地利用结构和空间布局，调整城镇空间结构

城镇发展区在提供工业产品的同时，还要提供服务产品以及部分生态和农产品。然而，在我国城镇化进程中，更多注重城镇建设规模的扩张和经济总量的增长，对城镇发展质量关注不够。这一方面导致土地利用结构和布局不合理，城镇经济空间扩大，社会、生态空间被压缩；另一方面造

成产业结构与布局不合理，限制了工业产品和服务产品的输出能力，空间利用效率不高。因此，优化土地利用结构和空间布局，调整城镇空间结构，是城镇发展区土地管理的重要内容。一是要合理安排城镇发展区各类用地，优化土地供应结构。在土地结构优化过程中，建立有效调节居住用地和工业用地的合理比价机制，适当控制工业用地规模，提高生态、住宅用地比例，提高工业用地价格。二是要优化土地利用空间布局，提升城镇发展区空间结构效率。推动人口向城镇中心或社区集中、产业向园区集中，工业布局向城镇集中，发挥产业集聚和用地规模效应，拓展生态、社会空间。

（三）健全节约集约用地制度，提高土地利用水平

近年来，我国城镇建成区规模不断扩大，导致城镇建设用地批而未用土地总量大，农村集体建设用地闲置、低效利用现象突出。但是，随着城镇化建设的推进，社会经济发展对建设用地的需求仍在不断增加。这就形成了建设用地数量紧缺、用地空间受限，但同时建设用地低效利用现象普遍的矛盾局面。城镇发展区包括城镇建成区和村镇聚集区，低效用地与土地紧缺问题突出，健全节约集约用地制度，提高土地利用水平，是城镇发展区的必然选择。一是完善城镇发展区各类建设用地标准体系，严格执行土地使用标准。参照国家限制用地和禁止用地项目目录，在符合国家与部门产业政策的原则下，出台符合城镇发展区类型的土地使用标准和供地目录，并适时调整完善限制和禁止供地政策，在不低于设定的投资标准情况下，优先选择投资强度大、投资总额多、土地开发进度快以及税收贡献度高的用地项目进驻，提高城镇用地投资标准和集约节约利用水平。二是对不同区域不同产业实施差别化的土地供应和管理政策。按照城镇发展区土地利用水平和产业特征，实施差别化的用地标准、审批与供应模式，对区域土地供给和需求、短期和长期、紧缩和扩张等实行双向调控。三是创新用地方式，加大对存量建设用地和低效用地的挖潜和再利用。利用增减挂钩、低丘缓坡开发、工矿废弃地复垦、城镇低效用地再开发等政策和手段，将用地方式由"重新增"转变为"重存量"、由"占好地"转变为"占劣地"，真正做到"小土地、大发展"。四是创新举措，打造节约集约用地升级版。按照"先易后难、平衡推进、逐年消化、年底结账"的思路，多措并举推进闲置低效用地处置，着力转变用地方式；将单位 GDP 地耗指标纳入经济和干部考核体系，着力提高节地水平；加速建立涵盖

"批—供—用"全过程的土地批后综合监管体系，着力改善服务能力。

（四）强化土地规划的管控和引领作用，提高土地管理水平

土地利用总体规划是指导土地管理的纲领性文件，但在实施过程中，由于建设用地项目的难以精确性、地方政府的行政干预以及政策性调整等原因，擅自修改规划、随意违反规划的问题比较突出，造成土地利用规划频繁调整，规划统筹管控能力不强，影响了规划的严肃性和权威性。城镇发展区用地需求大、土地利用方式多样、土地价值差异显著，同时用地空间受限、人地矛盾突出，必须加强土地利用规划的管控作用，规范和引领土地资源合理利用，尤其是在引入市场机制后，土地利用规划的统筹管控与引领作用更加凸显。强化土地利用规划的管控和引领作用需做到以下几点：第一，在土地规划编制阶段，加强土地利用规划与各部门和行业编制的城市、村镇、交通、水利、能源、旅游、生态保护等相关规划相互衔接，从统计口径、规划原则、指导思想、规划基期等多种渠道探索多规融合机制，增强规划之间的衔接性；第二，从严审查城乡建设、区域发展、产业布局、基础设施建设、生态环境建设等相关规划，确保各类规划在土地利用上相互连接，不得随意改变土地利用总体规划确定的用地规模、结构和布局安排，树立土地规划的权威性；第三，严格控制土地利用总体规划随意修改调整，防止为短期利益盲目上马项目，修改调整土地利用规划。对符合土地利用总体规划修改调整要求，确需修改调整的，必须就修改的必要性、合理性和合法性等进行评估，组织专家论证，开听证会，向社会公示，并按照规定程序和权限报批。另外，要及时引进和更新土地科学管理技术，建立土地利用规划管理信息系统和规划数据库，定期对国土管理人员进行针对性的专业技能和职能职责培训，加强和完善土地管理机构和队伍建设，整体提高土地管理水平。

第五节 小结与讨论

一 本章小结

本章在研究差别化土地管理经济原理、内涵、目标的基础上，设计了差别化土地管理政策框架，按照框架体系分别从建设用地差别化管理、产业供地差别化管理和土地用途差别化管制三个方面对差别化土地管理模式

的内容、实施路径、预期效果进行了探究。主要内容如下：

（1）通过对差别化土地管理的理论解释以及相关研究文献梳理，明确了差别化土地管理的内涵和目标，并设计了差别化土地管理框架体系。差别化土地管理是在新时期为了发挥土地计划调控作用、提高土地资源集约高效利用、平衡区域发展而创新的土地管理模式，是集时间、空间、地类和产业、部门等于一体的差别化国土管理模式，目标是在提高土地资源利用效率的同时兼顾社会公平。差别化土地管理可从建设用地管理、产业供地模式、土地用途管制出发，实施差别化土地管理措施，实现建设用地水平提高、产业用地结构优化、社会生态友好、区域均衡发展等管理目标。

（2）综合考虑建设用地对经济增长的贡献率、替代性、用地特征和用地效率等因素，将建设用地划分为优先供给区、重点供给区、适宜供给区和内涵挖潜区等管控区类型，在管控区的基础上实施总量控制和差别化调控，进而构建建设用地差别化管理模式。

（3）依据国家和部门产业政策以及产业供地目录，对预进入产业项目用地实施差别化供地模式；在对已进入产业项目用地绩效进行评价的基础上，实施产业用地差别化管理。通过预进入产业项目供地和已进入产业项目用地差别化管理两种途径构建产业供地差别化管理模式，优化产业用地结构，提高产业用地绩效。

（4）依据土地用途管制制度和主体功能区规划，按照区域主体功能与土地用途将区域划分为农业保护区、生态保护区、城镇发展区，从土地用途管制规则、主体功能区定位、市场化进程等方面制定差别化管制规则与实施措施，解决由于土地用途和功能异质性存在而导致的土地利用和区域主体功能不协调的问题，进而发挥土地利用综合效益和整体功能。

二　讨论

（1）土地资源空间异质性与差别化土地管理模式的衔接。土地资源空间异质性不仅体现在土地利用与管理方面，对经济发展、产业调整和区域协调等也有着很大影响。从资源属性角度定量研究土地资源空间异质性，能从宏观层面为建设用地差别化管理提供依据，但在微观层面，为产业用地差别化管理模式提供的参考有限。在土地用途差别化管制方面，由于研究尺度和研究数据获取难度大，对管制分区的定量研究不够，区划异质性与研究区域结合不够，还只停留在宏观层面的政策与模式研究。因此，本研究在土地资源空间异质性与差别化土地管理衔接上还存在不足，需要完善相关数据，采用定性与定量相结合的方法，寻找更好的切入点，为差别化土地管理提供技术依据。

（2）建设用地差别化管理分区。本章根据建设用地替代性、贡献率、土地资源空间异质性以及土地集约利用水平的差异性，在异质中寻求均质区域，将建设用地划分为不同的均质单元，实施差别化管理。但是，建设用地贡献率和替代性指标来自2001—2012年城市圈土地要素对经济增长贡献的实证结果，是静态均值指标，忽视了建设用地贡献率的动态变化和未来发展趋势，未能反映区域建设用地的现实需求和利用特征，可能造成管控区均质程度降低。为此，本章在分区时结合了区域社会经济发展和城镇规划，以反映未来建设用地需求特征和发展趋势等，提高管控区均质程度，但是在考虑建设用地贡献率动态变化问题上还有待进一步探究。

（3）产业供地差别化管理。产业供地差别化管理需要考虑产业类别、区域产业类型、产业生命周期及成长阶段等差异性因素。产业类别不同，对土地资源依赖程度也不同；不同区域产业资源禀赋不同，产业用地绩效和对土地资源的需求就会存在差异；另外，产业都要经历一个由成长到衰退的过程，在产业项目用地审核中应充分考虑产业生命周期的长短和产业用地需求差异性。本章从预进入产业供地和已进入产业用地管理两个方面构建产业供地差别化管理模式，主要依据的是产业类别的差异性和区域产业用地特征差异性，对产业在生命周期的不同成长阶段对土地资源的依赖和需求程度还欠缺考虑，是下一步研究的方向和待完善的内容。

第八章 差别化土地管理政策支撑体系

第一节 差别化土地管理政策支撑体系框架

差别化土地管理是对土地管理方式的创新，同时也是土地管理制度改革的实践探索。土地管理涉及众多领域与部门，在创新与改革实践中必然伴随着参与主体利益的变革、部门职能的调整、产业类型的转变以及国土空间管制程度的变化等，难免遇到现行相关体制与机制阻碍。因此，为保障差别化土地管理模式顺利执行，发挥差别化土地管理模式的整体效益，同时兼顾区域均衡发展与社会公平，需要建立和完善差别化土地管理模式政策支撑体系。

本章根据差别化土地管理内涵与模式，从差别化土地管理模式的试点政策、补偿政策和监管政策三个方面建立和完善差别化土地管理政策体系。首先，通过选择典型试验区、划分试点类型、实施分类管理等路径，实施试点政策，并及时总结试点经验，不断完善试点政策，为差别化土地管理政策顺利执行和全国性实施提供参考依据。其次，依据建设用地指标、产业类型与区域土地用途的差异，制定补偿政策，对土地发展受限和规划管制强的区域和需扶持的产业进行补偿，保障区域均衡发展和社会公平。最后，通过建设用地和耕地总量的实施控制预警、差别化政策执行的动态监测与绩效评估以及差别化政策的可视化管理等路径，加强对差别化土地管理模式的监管，发挥差别化土地管理政策的整体效益。差别化土地管理政策支撑体系框架见图8-1。

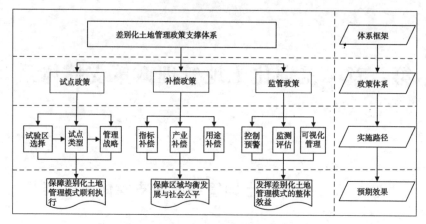

图 8-1 差别化土地管理政策支撑体系框架

第二节 差别化土地管理模式试点政策

一 试点类型与试验区选择

（一）试点类型

在我国改革开放进程中，许多政策和改革措施的出台都经过了严格的论证，广泛采取"先试点后推广"的工作方法。差别化土地管理还不是一项完善和成熟的政策与机制，为避免出现过激、过快的推进方式与不可控因素，应采取"先试点后推广"的工作路线，不断积累和总结经验，改进和完善差别化土地管理政策。

从差别化土地管理模式可知，差别化土地管理涉及多种地类、多种产业、多种功能与用途，为体现和突出差别化土地管理的针对性和精细化，可将试点政策进一步细化。按照试点政策目标与内容，结合差别化土地管理模式，可将试点政策细分为建设用地差别化管理试点、产业供地差别化管理试点和土地用途差别化管制试点三种类型。建设用地差别化管理试点政策主要是在试验区改革与创新建设用地管理模式，探索和完善建设用地总量控制与计划用地指标管理政策，解决城镇规模过度扩张、建设用地低效配置与粗放利用的问题。产业供地差别化管理试点政策主要是在试验区改革与创新产业供地方式、产业项目用地管理模式，优化产业结构，提高产业项目用地效率。土地用途差别化管制试点政策主要是对试验区不同用途与功能的土地实施差别化的管制规则，发挥土地整体功能。可见，对于不同的试点类型，其试点政策目标、组织设计、试验区选择等需要差别化对待。实际上，随着城镇化的发展，土地利用呈现出复杂化、精细化、多样化特征，根据土地利用特征与区域特点，可以对建设用地差别化管理试点、产业供地差别化管理试点和土地用途差别化管制试点进行进一步细化，提高政策的针对性与有效性。按照总量控制标准，建设用地差别化管理试点可以分为建设用地总量控制、耕地总量控制、林地总量控制等试点。按照产业要素依赖性，产业供地差别化管理试点可以分为劳动密集型、技术依赖型、土地依赖型等产业差别化试点。按照土地用途与功能，土地用途差别化管制试点可以分为城镇发展区、农业保护区、生态保护区等多种形式的试点。在组织设计差别化土地管理试点政策时，应充分结合区域资源特征与土地利用状况，选择适合的试点类型开展差别化土地管理政策试点。

（二）试验区选择

试验区选择是试点政策成功的关键。合适的实验区能有效地运作差别化管理模式，丰富差别化管理实践经验，为全面推广差别化管理模式提供借鉴和参考。根据差别化土地管理运行模式，首先，试点政策应明确试点政策范围。试点范围可大可小，但落实主体范围越小，区域差异性越容易度量，差别化土地管理针对性越强，越能发挥差别化政策绩效。试点政策范围可根据政策需要确定，落实主体最好为乡镇级行政区，达不到条件的地区可落实到县（区）。这是因为乡镇相对均衡度较高，土地管理模式单一，刚好可以作为落实差别化土地管理政策的主体和终端，是试点政策理想的实施主体。其次，确定典型试验区的原则与标准。试验区选择应遵循以下原则与标准：①代表性。试验区要能够代表区域整体发展趋势，具有先导性，能够反映多数区域资源禀赋、社会经济发展状况和土地利用特征等情况。②差异性。试验区在土地用途、产业类别、建设用地需求等方面存在的差异性越显著，差别化土地管理政策越容易执行，政策绩效越高。③稳定的土地管理运行机制和良好的财政基础。试点"先行先试"在获得一定政策优惠和财政资金的同时，也面临一些风险和改革成本，需要试验区具有稳定的土地管理运行机制、财政基础和高素质的土地管理执行人员，在最大程度上规避试点失败风险。④确定试验区划定方式。试验区划定方式有地方申请和试点主导方指定两种。差别化土地管理试点应综合两种方式，在自愿申请的基础上，由政策执行部门审核选定。

二　试点政策督导与反馈

通过试点可以对试行政策的质量进行验证，了解试点政策实施过程中出现的问题，总结经验，如政策试行地区具备条件、政策实施措施、监督管理模式等，并不断修改和完善政策，为试点政策进一步推广实施积累经验（黄秀兰，2000）。因此，建立试点政策监督和反馈机制，不断总结和积累经验，是试点政策成功的关键。首先，应成立试点政策专班领导小组，专门负责试点政策的组织设计、执行、监督、反馈、评估和考核等，将差别化土地管理试点监督和反馈作为土地管理日常工作，将工作任务和责任落实到部门和个人。其次，完善试点政策的指导和监督机制。试点政策领导小组按照试点政策组织设计与实施方案以及政策预期目标，对试验区进行监督指导，定期检查政策执行情况，调研和听取试点工作进展情况。监督指导工作可由试点政策领导小组负责，如派出督导与调研组、开展试点政策解读与培训、试验区参观学习等。再次，建立政策执行反馈机制。按照相对封闭原则和系统管理原则，试点政策反馈机制应是一个多元的闭合回路，要建立多元的政策反馈机制。政策主导部门是反馈信息的接收点和处理点，政策执行部门是信息反馈机构，试点政策涉及的各利益主体是反馈信息源，调研组和专家学者也应该是政策执行过程中的信息反馈主体。最后，完善试点政策改进机制。根据试点政策调研情况和反馈信息，分析试点政策的成功经验和失败教训，不断完善和创新差别化管理模式，为差别化土地管理模式"扩点"或全国性推广奠定基础。

三　试点分类管理与评估

由于区域社会经济发展状况、土地利用与管理现状以及土地管理政策需求（有些区域用地空间受限，需要更多的用地指标，有些区域耕地保护压力大，需要更为严格的土地用途管制制度，有些区域生态保护形势严峻，需要土地生态规划和污染防控政策）等存在差异，差别化土地管理试点政策并不一定能够在某一区域全部进行试点。差别化土地管理试点政策执行中，可能一个试验区同时开展建设用地差别化管理、产业供地差别化管理和土地用途差别化管制等多种试点政策，也可能某个区域只是农业保护区或土地依赖型产业供地试点政策的试验区。因此，需要根据试点类型，对差别化土地管理试点实施分类管理与评估。一是建设用地差别化管理试点管理与评估。建设用地差别化管理试点政策管理重点内容为土地利用总体规划确定的建设用地总规模控制、新增建设用地规模控制、城镇用地边界管控、土地利用年度计划执行等，试点政策绩效评估应围绕政策实施前后建设用地节约水平、优化布局、土地利用年度计划指标使用情况等开展。二是产业供地差别化管理试点管理与评估。产业供地差别化管理试验区管理内容应以产业用地供应模式、供应结构、产业项目用地监督等为主，绩效评估应围绕政策实施前后产业结构优化程度、产业用地投入产出强度、容积率等情况开展。三是土地用途差别化管制试点管理与评估。土地用途差别化管制试验区管理内容应集中在各用途区边界划定、用途区管制规则制定与执行等方面，政策绩效评估应围绕政策实施前后功能产品输出能力、土地综合效益、国土空间优化格局等进行。

第三节　差别化土地管理模式补偿政策

一　建设用地差别化管理补偿政策

建设用地差别化管理实质上就是依据要素投入对经济增长的贡献率重新配置建设用地资源。建设用地对经济增长贡献显著的区域，将得到更多的建设用地指标和用地空间，对于建设用地贡献率低的地区，适当扣除部分建设用地指标，控制建设用地规模扩张，从而提高建设用地使用效率，优化资源配置。将稀缺的土地资源配置在高效的地区，有利于区域整体经济的增长和资源效率的提高，但同时损害了低效地区的利益，意味着这部分地区土地资本要素投入的减少。由索洛增长模型可知，资本投入要素的减少势必会降低稳态水平下的经济产出，不利于经济增长。由理性经济人的假设可知，缩减建设用地指标的地区作为一个独立的经济体，在不公平的政策下势必会产生抵抗情绪，阻碍政策的顺利实施。建设用地差别化管理补偿政策对于建设用地差别化管理的顺利实施具有重要的作用。通过实施建设用地差别化管理补偿政策，对扣减新增建设用地指标的地区给予补偿，弥补其因建设用地资源减少而造成的损失，在一定程度上会大大降低执行政策的阻力，促进建设用地差别化管理的顺利实施。更为重要的是，建设用地差别化管理补偿政策能够缩小区域差异，保障社会公平，平衡区域发展。因此，补偿政策是差别化土地管理模式的重要支撑政策。

建设用地差别化管理补偿政策主要由补偿对象、补偿方式、补偿标准、资金来源等内容组成，其补偿对象为因减少建设用地指标安排而造成经济损失或区域发展受限的区域。这部分地区建设用地边际产出低，但并不代表土地要素对经济增长没有贡献，建设用地供应指标的减少势必会影响其经济增长和社会发展，属于"后发地区"。补偿方式有经济补偿、政策补偿、项目补偿等多种形式，经济补偿又可分为财政补偿和资金补偿等形式。建设用地差别化管理补偿方式的选择可因地制宜，结合地区的实际情况，选择适合其自身发展的方式，采取政策补偿和经济补偿为主、多种形式补偿结合的方式。鼓励将其他补偿方式如项目补偿、定点扶持等与政策补偿和经济补偿方式有效组合，因地制宜创新补偿方式。补偿标准是补偿政策的核心，补偿标准的测算应科学合理，标准过低达不到补偿效果，政策执行容易受阻；标准过高，容易造成财政困难，可能加剧区域不均衡发展，引发其他区域低效用地。建设用地差别化管理经济补偿标准理论上应为因减少建设用地指标而带来的经济损失，原则上不得低于建设用地指标市场价格；政策补偿标准要有利于受偿区域产业结构调整和社会经济稳定持续发展，为受偿区域经济结构转型以及城镇化进程提供"政策红利"；对能够促进受偿区域社会经济发展的项目，在同等条件下应优先安排在受偿区域。建设用地差别化管理补偿政策稳定的资金来源渠道是补偿政策顺利执行的关键。在省级层面，补偿资金可来源于中央资金和省级财政转移支付，在市（县）级层面，补偿资金主要来源于中央资金和上级财政补贴以及财政转移支付。其中，中央资金和财政补贴可以项目资助和资金形式拨付，财政转移由补偿区域向受偿区域支付。在补偿政策实施过程中，鼓励探索资金多元化筹措途径，加大财政转移支付形式的实践探索。以经济补偿方式为例，将武汉城市圈作为研究区域，可得到建设用地差别化管理补偿政策实例，见表8-1。

表 8-1　　　　武汉城市圈建设用地差别化管理货币补偿政策案例

受偿区域	补偿区域	补偿方式	补偿标准	资金来源
阳新县、大悟县、红安县、罗田县、英山县、浠水县、蕲春县、麻城市、通城县、崇阳县、通山县、天门市	武汉城区、东西湖区、汉南区、蔡甸区、江夏区、新洲区、黄石城区、孝南区、黄州区、华容区、鄂城区、咸安区、嘉鱼县、赤壁市	货币补偿	土地发展权价值×建设用地减量规模	财政转移支付、上级财政补贴

二　产业供地差别化管理补偿政策

产业供地差别化管理模式虽然能够优化产业结构，加速产业升级转型，提高产业用地绩效，但是，由理性经济人假设可知，在经济效益的驱动下，投资主体为获得最大的经济效益，依然会比较产业收益，选择相对经济效益更高的产业进行投资。低成本高产出、高污染高产出等具有明显负外部性的产业仍然会成为投资对象，而公益性产业、重点扶持产业和环保节能产业等具有显著正外部性的产业，由于负外部性内部化，生产成本高、社会生态产出增加而经济产出相对较低，往往容易被忽视。另外，环保性、公益性等产业因其经济比较效益低，私人企业的参与度普遍不高，再加上市场经济运行机制的作用，社会公益性产业、环保节能型产业更加得不到发展空间。因此，需要实施产业供地差别化管理补偿政策，从根本上改变公益、环保、节能等社会、生态效益显著的产业的经济弱势地位。

产业供地差别化管理补偿政策主要内容是对社会公益性产业、环保节能产业、重点扶持产业、高新技术产业等经济效益相对不高但社会生态效益突出的产业类型实施补偿，目的是优化产业结构，推进产业健康持续发展。产业供地差别化管理补偿政策可通过减税、经济补偿、政策红利等方式实现产业类型补偿。具体来说，对公益性、环保节能型等产业，通过减免一定税收，降低企业经营成本；通过经济补偿方式，如对完成投资、运行投产的产业类型给予一定资金奖励，保障企业正常运营，弥补其在市场机制下的经济损失；通过给予一定政策优惠，如减免水电费、优先审批供地、产品宣传等，降低企业生产经济成本，增加企业经营效益。公益性、环保节能等产业补偿标准应根据各地区社会经济发展水平、产业结构及调整方向和产业投资生产规模等综合确定，但补偿标准应使该类产业利润率不低于本地区产业平均利润率。各地区应根据上级文件和本地区社会经济发展对产业类型的需求以及产业规划，制定适合本地区的产业补偿目录，确定补偿类型、方式、标准和实施方案。

三 土地用途差别化管制补偿政策

从效率目标来看，土地用途差别化管制模式将区域按土地用途与功能划分管制区，并制定适宜的土地管理方式，有利于发挥土地利用的综合效益和整体功能。但是，从公平目标来看，管制分区和管制规则在一定程度上改变了区域发展权限。城镇发展区相对具有优先发展权，而农业保护区和生态保护区则从某种意义上被剥夺了发展权，成为受限区域，不利于当地经济发展，理应获得相应的经济补偿。实践证明，如果仅仅通过行政手段来平衡区域发展，必然存在发展受限程度不一的情况，难以保障社会公平。因此，应将行政手段和经济手段综合运用，在发展受限区和优先发展区之间建立利益补偿机制，这样才能从根本上实现优势互补。土地用途差别化管制补偿政策能够解决差别化管制带来的不公平问题，是实现土地用途差别化管制的重要保障措施。

土地用途差别化管制补偿政策应包括补偿对象、补偿方式、补偿标准以及资金管理等内容。首先，确定补偿对象。由于土地发展权受限和比较效益低下，农业保护区和生态保护区成为受限制区域，应属于受偿区域，而城镇发展区比较利益更高，获得经济效益更高，应作为补偿区域，实际上这也是土地发展权的转移，补偿对象应具体到乡镇。其次，确定补偿方式。目前普遍采用的补偿方式有经济补偿、政策补偿和项目补偿，如财政补偿、惠农政策、土地整治项目等。财政补偿可采取横向转移支付和纵向转移支付相结合的方式，筹措补偿资金。应建立和完善补偿区域和受偿区域之间的利益补偿机制，探索市场化补偿机制。再次，确定补偿标准。补偿标准测度依据是因用途管制导致土地发展受限进而造成的经济损失，测度的是土地发展权价格差额。生态保护区补偿标准应依据保护区生态系统服务价值、生态保护成本、发展机会成本等综合确定。农业保护区补偿标准应依据农业保护成本、发展机会成本、保障粮食安全和维护社会稳定的社会价值等综合确定。最后，对资金的管理。补偿资金的用途是维持保护区土地功能和弥补保护区居民福利损失，应专款专用，建立专门的资金管理平台，对补偿资金使用情况进行专项审计，做到资金流向哪里，审计就追查到哪里，确保资金合理利用。

第四节　差别化土地管理模式监管政策

一　差别化土地管理控制预警

差别化土地管理中，由于监管不到位、政策待完善、执行主体投机行为等的存在，可能出现违背政策初衷、偏离政策运行模式的情况，对区域社会经济发展和土地利用管理造成难以估量的损失。为及时发现政策执行和运行效果的偏差，掌握政策运行动态，防患未然，从建设用地总量和耕地总量两方面建立差别化土地管理控制预警机制，提高差别化土地管理的社会和生态效益，保障差别化土地管理处于良性循环状态。

（一）建设用地总量控制预警

建设用地总量控制预警是指对建设用地总量进行控制，通过判断建设用地总量变化与利用状况，对差别化土地管理模式运行进行预警。建设用地总量控制预警包括总量控制和预警机制两方面内容。总量控制即是对土地利用总体规划中建设用地总规模和新增建设用地规模以及土地利用年度计划指标等数量指标进行控制。下级土地利用总体规划中所确定的建设用地规模和新增建设用地数量不得突破上级土地利用总体规划中确定的控制指标，本年度用地指标不能突破上级下达计划指标。差别化土地管理的一个重要目标是通过优化建设用地配置、提高建设用地效率来满足建设用地需求。如果差别化土地管理实施后建设用地总量突破了相关控制指标，表明建设用地需求矛盾依然存在，差别化土地管理模式可能运行不畅。建立建设用地总量预警机制，能够及时发现问题、找出原因、解决问题，确保建设用地差别化管理模式正常运行。预警机制包括以下内容：一是定义建设用地总量安全的内涵，明确建设用地总量预警的警义、警源，它是预警活动的起点。以建设用地总量控制指标为基础，差别化土地管理为依据，定义建设用地总量安全的警义，即是存量建设用地挖潜和新增建设用地规模在数量上满足社会经济发展对建设用地的需求，不会对农村土地造成过度占用，并且在质量上处于节约集约的合理程度，可确保持续利用。二是根据警义与警源建立恰当的预警指标体系，用来反映土地利用与管理的实际状况。在参考权威专家对于城市土地利用所采用的安全评价指标的基础上，构建建设用地利用安全预警指标体系，包括警情、警源和警兆等指标，根据指标数据信息对区域土地利用安全的重要性确定指标权重。三是准确划分警限和警度区间。通过将相关指标值与理想值、警戒值进行比较，划分警限和警度区间。如以单位 GDP 占用建设用地面积为指标值，以北京、上海等地区指标值为理想值，以城市圈指标平均值为警戒值，比较确定城市圈建设用地数量变化和利用状况警情。四是制定相应的应急预案，对已经出现或可能出现的警情进行排除。在完善建设用地差别化管理模式、修订政策实施方案、加大督导力度、奖惩结合等方面制定一系列排警措施，保障建设用地差别化管理模式处于良性循环状态。

（二）耕地总量控制预警

耕地总量控制预警是指在差别化土地管理实施过程中，对耕地总量进行控制，通过对耕地数量和质量变化情况进行预警，预判差别化土地管理模式运行状况。城镇化建设和社会经济发展不可避免地会占用部分耕地，由于人口与耕地在空间分布上高度相关，耕地质量也难免受到影响。而在土地利用与管理中，耕地保护往往被忽视。虽然差别化土地管理模式强化了农业保护区的管制规则，加强了耕地保护，但还不够具体。通过对耕地总量进行控制预警，有利于促进土地资源安全体系的建立，能够提高差别化土地管理社会效益，对引导和推进差别化土地管理模式高效运行具有重要作用。耕地总量控制主要是对耕地总量、常用耕地面积、基本农田面积、优质耕地面积、人均耕地面积、耕地后备资源等进行控制。耕地保有量和基本农田数量应不低于上级土地利用总体规划控制指标，优质耕地和常用耕地面积不减少，建设用地占用大量耕地状况得到缓解。耕地预警指对耕地数量与质量的变化进行提前监测和预判。耕地预警应该能反映出耕地数量、质量、利用方式的变化情况，以便确定差别化土地管理模式运行中耕地利用与管理偏离正常状态或控制指标的程度。建立耕地总量预警机制，首先，应确定耕地总量预警信号源。预警信号应包括耕地总量控制指标内容及其他能准确反映耕地数量和质量变化的指标。其次，明确警情并分析警度。一是利用实地调研和土地信息系统等手段获取预警信号，根据预警信号结果明确警情；二是通过比较控制指标和预警信号，分析耕地数量和质量运行状况，判断警度。最后，警情排除和偏离修正。有关部门根据预警系统判定的警情和耕地利用系统自身规律，运用行政、法律、技术等手段对耕地利用与管理进行干预和引导，确保耕地利用安全。根据预警运行机制，找出导致耕地利用与管理偏离正常状态的因素，对差别化土地管理相关措施进行修正，完善差别化土地管理模式。

二　差别化土地管理监测评估

（一）差别化土地管理动态监测

土地利用是一个动态变化过程，土地管理方式也应随着土地利用的动态变化而不断调整。我国差别化土地管理模式与政策还处于探索和完善阶段，应对差别化土地管理进行动态监测与定量评估，掌握政策执行情况、执行效果，并及时反馈信息，对差别化土地管理模式与政策进行调整与修正，保障差别化土地管理模式高效运行。差别化土地管理动态监测具有层次性、区域性、综合性等特征。所谓层次性，是指差别化土地管理动态监测不仅需要对建设用地差别化管理、产业供地差别化管理和土地用途差别化管制三种管理模式进行监测，而且要对不同行政机构如省、市、县（区）等差别化土地管理执行情况进行动态监测。区域性是指我国区域自然地理条件、社会经济发展状况和土地利用与管理水平等存在差异，差别化土地管理执行情况和效果与区域条件有着一定相关度。综合性是指差别化土地管理动态监测需要通过多种手段和方法来实现，如采用实地调查法、统计报表调查法和开发综合信息系统等相结合的方法。在动态监测中，必须要考虑差别化土地管理监测特征，方能准确获得监测数据。差别化土地管理动态监测的内容应尽可能详细丰富，主要包括差别化土地管理实施方案、部门执行效率、运行情况、执行效果、信息反馈与政策调整、存在问题等。因此，有必要根据动态监测特征、内容，在3S技术支撑下，建立和开发差别化土地管理监测系统，实现对当前差别化管理模式与政策执行的实时、定量监测，并针对性地提出政策调整与改善意见，完善差别化土地管理模式与运行机制。

（二）差别化土地管理绩效评估

差别化土地管理模式运行是否顺利、政策是否合理、措施是否可行、调整是否及时、执行是否到位，直接影响着差别化土地管理政策绩效。为促进差别化土地管理政策的高效执行，发挥政策整体效益，有必要对差别化土地管理政策绩效进行评估。首先，确定绩效评估对象。不是任何政策都可以而且有必要进行评估，评估针对的是"可评估性政策"（高兴武，2008）。差别化土地管理因其层次性，不具备评估可行性，可有选择地进行评估，即对建设用地差别化管理、产业供地差别化管理和土地用途差别化管制政策进行评估。其次，构建绩效评估体系。根据评估对象的差异，建立不同的评估体系。无论哪种评估体系，都应包括政策执行成本、政策需求与满意度、政策执行能力、政策影响等内容。不同的是，建设用地用差别化管理的政策影响主要体现在建设用地总量、新增建设用地规模、建设用地产出率等方面，产业供地差别化管理的政策影响主要体现在产业用地结构、产出强度、容积率、建筑密度等方面，土地用途差别化管制的政策影响主要体现在土地利用空间格局、土地功能布局等方面。最后，实施绩效评估与结果应用。采用评价指标加权平均的计分方法，分别对政策绩效进行评估，将评估结果作为政策改进和完善的重要依据。需要注意的是，当差别化土地管理模式完善和成熟后，可以开展不同区域差别化土地管理政策的绩效评估，并以此作为国土部门土地管理绩效、奖励建设用地计划指标的依据，激励土地管理部门提高差别化土地管理政策执行能力和监管力度，推进土地管理方式的转变。

三　差别化土地管理可视化

差别化土地管理可视化是指利用 IT 系统和 3S 技术，将差别化土地管理模式的执行情况、执行效果、动态变化、政策改进方向等图形化、数据化，让土地管理者有效掌握土地利用与管理信息，实现土地管理工作的透明化和可视化。可视化管理能够方便土地管理者直接获取土地管理信息，迅速有效地传递信息，并及时做出决策，提高土地管理效率，是差别化土地管理模式顺利、高效运行的重要支撑。差别化土地管理可视化系统可分为三个子目，即建设用地差别化管理、产业供地差别化管理和土地用途差别化管制，每个子目均具有政策执行效果、管理区域、政策执行情况、政策优化改进等属性，可以实现政策绩效评估、动态监测，获取政策执行过程中执行主体、实施主体以及各利益主体的反馈信息，并根据反馈信息和政策效果设计政策决策模型，提出政策改进方向。另外，在区域管理属性中，可以获取各类型区如省、市、县、乡等土地利用与管理现状，以及差别化土地管理政策的执行效果、运行情况、反馈信息、改进方向等数据。差别土地管理可视化系统见图 8-2。

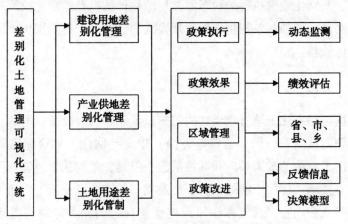

图8-2　差别化土地管理可视化系统

第五节　小结与讨论

一　本章小结

为保障差别化土地管理模式的顺利高效实施，同时兼顾社会公平和区域均衡发展，本章对差别化土地管理政策支撑体系进行了探讨，主要研究内容如下：

（1）差别化土地管理政策体系框架。根据差别化土地管理内涵与模式建立了"政策体系—实施路径—预期效果"的差别化土地管理政策体系框架。从差别化土地管理模式的试点政策、补偿政策和监管政策三个方面建立和完善差别化土地管理政策体系。

（2）差别化土地管理试点政策。通过选择典型试验区、划分试点类型、实施分类管理等，实施试点政策，并及时总结试点经验，不断完善试点政策，为差别化土地管理政策顺利执行和全国性推广实施提供参考依据。

（3）差别化土地管理补偿政策。依据建设用地指标、产业类型与区域土地用途的差异，实行补偿政策，对土地发展受限和规划管制强的区域和需扶持的产业进行补偿，保障区域均衡发展和社会公平。

（4）差别化土地管理监管政策。通过对建设用地和耕地总量实施控制预警、差别化政策执行的动态监测与绩效评估以及差别化政策的可视化管理等路径，加强对差别化土地管理模式的监管，发挥差别化土地管理政策的整体效益。

二　讨论

为推进差别化土地管理模式的实施以及兼顾社会公平，本章从差别化土地管理的试点、补偿和监管等方面，建立差别化土地管理政策支撑体系，提出了具体的政策导向和调控措施。但是，差别化土地管理涉及产权主体利益变革、部门职能的调整、产业类型的转变以及国土空间管制程度的变化等众多内容，其支撑政策理应涵盖现行的相关体制与机制以及制度。因此，为保障差别化土地管理模式的顺利实施，并发挥政策绩效，还需在两方面进行深入研究：一是丰富差别化土地管理政策支撑体系，如土地税收、土地财政、土地市场机制等支撑政策；二是创新管理手段和技术方法，提高政策的可操作性。

第九章 结论与展望

第一节 结论

一 土地资源空间异质性及测度

（1）土地资源空间异质性内涵应包括土地资源数量异质性、质量异质性、时间异质性、结构异质性、区位异质性、组合异质性等内容。从资源经济学角度看，土地资源空间异质性是土地资源数量、质量、时间、结构、区位、组合等属性的异质，即土地资源属性的异质性。从系统观点看，土地资源空间异质性是土地价值性、稀缺性、动态性、多功能性、不可替代性、区域性等自然特性和商品特性、产权特性、增值特性等资产特性的差异性。无论是属性异质还是特性异质，都表现为土地资源自然属性和经济属性的异质，而土地资源自然属性和经济属性也是相互作用和影响的，共同构成了土地资源属性内容。因此，基于资源属性和特性的角度，土地资源空间异质性内涵应包括土地数量、质量、时间、结构、区位、组合等属性异质性内容。其中，组合异质性指土地资源与其他社会、经济、自然资源的组合利用与匹配关系的差异性。

（2）自然客体异质性和土地资源属性异质性是土地资源空间异质性的形成原因。根据马克思主义认识论观点，土地资源有"第一自然"和"第二自然"之分。土地资源"第一自然"差异性是导致土地资源数量、质量、功能和价值差异的直接原因，人们对土地资源"第一自然"的改造程度的差异性，形成了土地资源"第二自然"的空间异质性。土地资源"第一自然"和"第二自然"的异质性便形成了土地资源空间异质性。从土地资源属性来看，土地资源的数量和空间分布、自然质量、负载资源等自然属性本身就是非均质的，也就造成了区域土地资源的空间异质性。

人类在土地上的实践活动是存在差异的，导致土地资源的相对位置、经济质量、利用方式等发生变化，反映在土地社会属性变化上，于是人类实践改造程度的差异便形成了土地社会属性的异质性。因此土地资源自然和社会属性异质性综合形成了土地资源空间异质性。

（3）利用土地资源空间异质性测度模型，能够实现对土地资源空间异质性的综合测度，反映区域土地资源利用方式、特征，为均质区域划分和差别化土地管理提供依据。本书选取能够反映土地资源各属性特征的指标，建立空间异质性变量集，运用主成分分析法，构建土地资源空间异质性综合测度模型，并对武汉城市圈进行实证分析。结果表明：城市圈土地资源质量异质性最大，其次为结构异质性，土地数量和禀赋异质性相对较小；土地集中化、林地比重、地形特征指数对城市圈土地资源空间异质性指数具有负向影响，而土地多样化、均衡度、组合系数、区位指数及土地质量具有正向影响；城市圈土地资源空间异质性指数区间为［0.038，0.829］，按空间异质性指数可分为高异质区、中高异质区、一般异质区、中低异质区、低异质区 5 个梯度区，不同梯度区异质单元数量和空间分布存在显著差异；异质性与经济、产业发展和土地利用存在正相关关系。这些研究结果能够为城市圈均质区域划分和差别化土地管理提供依据。

二　经济增长对土地要素的依赖程度空间异质性

（1）土地要素仍然是城市圈经济增长的重要投入要素，且暂时很难被资金和劳动要素有效替代。本书运用面板数据模型和拓展的 C−D 生产函数，对城市圈 2001—2012 年建设用地对经济增长的贡献率进行估算，得出武汉城市圈土地、资本、劳动要素对经济增长的贡献率分别为 6.07%、62.18%、17.68%，城市圈 $(\alpha + \beta)/\gamma = 3.897 > 1$，表明武汉城市圈土地要素在总体经济增长中依然起到重要作用，且在现有技术水平和经济结构下，土地要素很难被资本和劳动要素有效替代。武汉城市圈城镇化、工业化起步较晚，经济发展在很大程度上还依赖于土地等资源投入，还处于马尔萨斯式增长时期，土地要素供给限制依然是制约经济增长的因素。

（2）不同发展阶段经济增长对土地要素的依赖程度存在差异。将城市圈划分为 2001—2004 年、2005—2008 年、2009—2012 年三个发展阶段，在不同发展阶段城市圈土地要素对经济增长的贡献作用存在显著的差异，由 2001—2004 年的 3.01% 增加到 2009—2012 年的 10.03%，说明城市圈近年来的建设用地扩张有力促进了区域经济增长，土地要素对经济增长的贡献还没有随着工业化、城镇化水平的上升而降低。2001—2004 年，城镇化、工业化进程较慢，城镇建设用地扩张速度较慢，土地要素投入增长速度慢，产出效益较低，经济增长对土地要素依赖程度不高。2005—2008年，城市圈建设用地扩张规模加大，土地要素对经济增长的贡献不断增加。2009—2012 年，城镇化快速发展，建设用地扩张速度加快，土地要素投入增长速度加快，土地利用整体水平提高，有力地促进了经济增长。

（3）不同区域经济增长对土地要素的依赖程度存在差异。武汉城市圈各县（市、区）土地要素弹性系数和替代性存在差异。武汉城区、汉南区、黄陂区、黄石城区、黄梅县等地区土地弹性较小，在现有生产力水平和经济发展阶段下，土地要素被资金和劳动力要素替代的难度很大，而仙桃市、新洲区、潜江市、东西湖区等地区，土地要素弹性系数较大，土地要素理论上能够被资本和劳动力有效代替。此外，城市圈各县（市、区）之间土地要素贡献率存在显著差异。39 个县（市、区）中，土地要素贡献率在 30% 以上的单元占了 15.38%，但有一半的县（市、区）土地贡献率低于 10%，城市圈土地要素贡献率最大的是东西湖区，其次为孝南区，均达到 40% 以上，而最小的通山县贡献率不到 1%，可见城市圈各县（市、区）土地要素贡献率差异巨大。

三　产业发展对土地要素的依赖程度空间异质性

（1）武汉城市圈不同产业类别用地绩效存在差异性。本书按照可持续发展理论和土地综合效益最大化原则，从产业用地的社会效益、经济效益、生态效益和结构现状、产业发展潜力等方面，建立产业用地绩效评价指标体系，且以武汉市 78 个典型工业企业调查数据为样本，采用多因素综合评价法和变异系数法对武汉市 18 种产业类别用地绩效进行了评价。评价结果表明，武汉市 18 个产业类别中，产业用地绩效最高的是光电信息产业，效率值达到 0.7345，然后依次是工艺品制造业、纺织业、汽车修理行业等，而金属制造业、印刷业、水泥制造业产业用地绩效较低。不同产业类别用地绩效存在显著的差异性。

（2）在不同的产业类别中，用地效率影响因素、程度及产业特征类型存在差异。城市圈产业用地绩效评价结果表明，光电信息产业土地投入产出强度最大，吸纳社会就业人员能力最强，容积率和建筑密度高于其他产业类型，且具有巨大的发展潜力，使得光电信息产业用地效率最高。工艺品制造业用地效率较高，主要是因为其产业用地投入产出效益贡献大、产业用地程度高、用地结构合理。而水泥制造业产业用地绩效最低，主要是因为水泥制造业吸纳就业人员能力较弱，产业用地面积大，而且土地利用结构不合理，废弃物排放量较多。从产业特征类型来看，光电信息产业、工艺品制造业、纺织业、汽车修理行业均属于用地集约型、产出型和就业型产业，其中光电信息产业和汽车修理行业还是城市圈潜力型产业。而交通运输、机械制造业、家具制造业、印刷业等产业用地效率不高，从二级指标贡献率来看，属于环保型产业。不同产业类别产业特征类型存在差异。在产业用地供应和区域经济发展过程中，应优先引进和发展用地效率高的产业，适当保护潜力型和环保型产业，提高产业准入门槛，严格产业用地使用标准。

四　土地资源空间异质性传导机制

（1）土地资源空间异质性通过直接和间接两种传导机制影响和作用于土地管理。土地资源空间异质性直接传导机制有土地资源属性传导和特性传导两种形式。土地资源属性传导机制通过土地资源自然属性和社会属性两种途径影响和作用于土地管理。土地自然质量、现状结构、地理位置等自然属性异质性，引导人们认识和确定土地的不同功能和用途。土地资产增值潜力、产权主体特征、产权转移与权能大小等社会属性异质性，直接影响着土地增值收益分配、土地产权制度设计、土地市场运行机制等土地管理活动。土地资源特性传导机制指土地资源稀缺程度、价值功能、动态变化的异质性，直接作用于土地资源利用与管理，影响并引导着土地资源利用方式、开发程度、利用方向与观念转变。土地资源空间异质性间接作用机制主要表现为土地资源空间异质性通过作用于经济发展、产业结构、土地利用等影响土地管理。其中，经济发展通过影响土地稀缺性、土地用途、土地增值、土地资产等特性，影响土地供应、管理方式、土地产权权能、土地收益分配、用途管制、土地规划等。产业结构调整通过改变土地投入产出强度、容积率、建筑密度等土地使用标准，影响土地价值与用途、土地区位、用地结构与布局等特性，进而推进土地管理方式的变革。土地的利用方式、利用程度和利用效果则直接影响到土地资源的管理。

（2）土地资源空间异质性与土地管理存在双向的格兰杰因果关系，两者相互作用、相互影响。武汉城市圈土地资源空间异质性与土地管理的检验结果表明：土地资源各属性异质变量序列与产业结构、经济发展和土地利用变量序列存在协整关系；土地资源数量、质量、结构、区位属性异质性与土地利用、经济发展及产业结构存在双向的格兰杰因果关系。土地资源数量、质量、结构、区位等属性异质通过作用于经济发展、产业结构、土地利用等土地管理内容，影响着土地管理。反过来，建设用地总量控制、产业供地、土地用途管制、土地集约利用等土地管理制度与模式通过作用于经济发展、产业优化、土地利用，也会造成和改变土地资源数量、质量、结构和区位等属性的异质性。

五 差别化土地管理模式及支撑政策

（1）经济增长、产业发展对土地要素依赖程度的异质性以及土地资源空间异质性，是差别化土地管理的重要依据，可从建设用地差别化管理、产业供地差别化管理和土地用途差别化管制三个方面构建差别化土地管理模式，并建立和完善相应的政策支撑体系，创新差别化土地管理模式与政策体系。差别化土地管理是在新时期为了发挥土地计划调控作用、促进土地资源集约高效利用、平衡区域发展而创新的土地管理模式，是集时间、空间、地类和产业、部门等于一体的差别化国土管理模式，目标是在提高土地资源利用效率的同时兼顾社会公平。在宏观尺度上，不同阶段不同区域经济增长对土地要素的依赖程度存在异质性。在微观尺度上，产业类别、产业区位以及产业发展阶段和生命周期对土地要素的需求存在异质性；同时，不同区域土地资源本身数量、质量、结构、区位等异质性显著。因此，经济增长、产业发展对土地要素依赖程度的异质性以及土地资源空间异质性，为建设用地总量控制与管理、产业供地管理、土地用途管制与主体功能建设提供了技术依据。按照微观、宏观尺度上的异质性，结合土地资源空间异质性，从建设用地差别化管理、产业供地差别化管理、土地用途差别化管制等方面构建差别化土地管理模式与相关政策支撑体系，能够提高土地资源利用效率，同时保障区域均衡发展和社会公平。

（2）建设用地差别化管理可在划分管控区的基础上进行设计，通过总量控制和差别化调控两方面实现。根据建设用地对经济增长的贡献率，结合土地资源空间异质性和土地集约利用水平，运用变异系数法将研究区域划分为建设用地优先供给区、重点供给区、适度供给区、内涵挖潜区等均质管控区，为建设用地差别化管理提供依据和平台。针对各管控区建设用地利用特征、管理方式与政策诉求，从建设用地"总量和增量控制"与建设用地"批、供、用、补、查"差别化调控措施两方面构建建设用地差别化管理模式。均质管控区的划分提高了建设用地差别化管理的可操作性，而差别化调控措施提高了建设用地差别化管理的针对性，能够解决建设用地管理指标分配、指标管理与差别化管理执行问题，是建设用地差别化管理模式的创新。

（3）产业供地差别化管理可依据产业类别和产业用地绩效的异质性，从产业用地准入管理和产业用地退出管理两方面实现。我们可以对未来产业项目供地结构的调控和对已有产业项目用地的整改两方面构建产业供地差别化管理模式，优化产业结构，提高产业用地效率。未来产业供地结构的调控可通过产业用地准入管理来实现，已有产业用地的整改可通过产业用地退出管理实现。产业用地准入管理主要内容是根据产业类别差异，制定产业进入门槛，提高产业供地标准；同时根据产业用地绩效差异，确定产业供地优先顺序，提高土地供应效率。产业用地退出管理主要内容是对已供应的产业用地，实施监督检查，定期评估用地绩效，对违法违规用地实行产业用地退出政策，对用地效率不高、达不到行业标准的产业，督促用地单位限期整改，鼓励和引导用地效率不高的产业转型升级。因此，创新产业用地准入管理和产业用地管理模式可以很好地实现产业供地差别化管理。

（4）土地用途差别化管制可在划分管制分区的基础上通过制定差别化管制规则来实现。土地用途管制是对地块用途和利用行为的管制，属于微观层面，更注重对地块特定用途的管理，忽视了土地整体功能的发挥。主体功能区规划是以县（市、区）为区划基本单位，属于宏观层面，更侧重区域整体功能的实现，忽视了地块的异质性。根据主体功能区规划和土地用途管制制度的分区依据，将区域划分为农业保护区、生态保护区和城镇发展区，从土地用途管制规则、主体功能区定位、市场化进程等方面，分别制定差别化的土地用途管制规则，并以此构建土地用途差别化管制模式。土地用途差别化管制模式能够弥补主体功能区规划"过粗"和土地用途管制"过细"的问题，解决因土地用途和功能异质性存在而导致的土地利用和区域主体功能不协调的问题。

（5）通过建立和完善差别化管理模式的试点、补偿、监管等政策支撑体系，能够保障差别化管理模式的顺利实施和高效运行，兼顾区域均衡发展与社会公平。差别化土地管理目前尚处于探索阶段，没有成熟的体系和可套用的经验。而且差别化土地管理涉及众多领域与部门，在创新与改革实践中必然伴随着参与主体利益的变革、部门职能的调整、产业类型的转变以及国土空间管制程度的变化等，难免与现行相关体制与机制冲突。同时，差别化土地管理模式更侧重于提高土地利用效率和土地整体效益，在促进区域调整均衡发展方面还存在不足。因此，从试点政策、补偿政策和监管政策三个方面建立和完善差别化土地管理模式政策支撑体系，可以保障差别化土地管理模式顺利实施，发挥差别化土地管理模式的整体效益，同时兼顾区域均衡发展与社会公平。差别化土地管理试点政策主要包括试点类型划分、试验区选择、督导反馈机制建立以及分类管理与评估等内容，通过试点，可及时总结经验，不断完善试点政策。差别化土地管理补偿政策从建设用地总量补偿、产业类别补偿和区域土地用途补偿等方面建立补偿机制，对土地发展受限和规划管制加强的区域和需扶持的产业进行补偿，保障区域均衡发展和社会公平。差别化土地管理监管政策则是对差别化土地管理模式实施控制预警、监测评估和可视化管理，对违背政策初衷、偏离政策运行模式的情况进行监督管理，提高政策执行与管理效率。

第二节　展望

一　不足之处

（1）在估算建设用地对经济增长贡献率的过程中，本书采用的是武汉城市圈 2001—2012 年的样本数据，估算结果反映的是城市圈 2001—2012 年建设用地对经济增长的贡献率。然而，建设用地对经济增长的贡献率是动态变化的，基于要素贡献率实施建设用地差别化管理应该考虑到建设用地贡献率的变化和未来预期。虽然本书在建设用地管理分区时，参考了区域社会经济发展和城镇规划，以反映未来建设用地需求特征和发展趋势等，但是在考虑建设用地贡献率动态变化问题上还存在不足。

（2）每个产业都要经历初创、成长、成熟、衰退等阶段，每个阶段对土地资源的依赖和需求程度都是不同的，即每个产业都有生命周期和用地需求曲线。产业供地差别化管理模式理应考虑到产业生命周期和产业用地需求曲线。但是，由于产业数据获取难度大，本书在构建产业供地差别化管理模式时，主要依据国家产业供地目录和相关产业政策以及产业用地绩效，在产业生命周期和产业用地需求曲线等问题上还欠缺考虑。

（3）土地管理涉及土地利用、经济发展、城镇化建设、产业调整等众多领域，土地管理内容包括土地法律法规制定、土地调查与评价、土地登记、用地审批、土地规划、土地督察、土地市场调控、土地开发与保护等一系列活动，是一项复杂的工作。为了便于操作、提高针对性，本书结合宏观和微观尺度的异质性，从建设用地差别化管理、产业供地差别化管理和土地用途差别化管制三个方面来构建差别化土地管理模式，还需要进一步丰富差别化土地管理内容，完善差别化土地管理模式。

（4）研究土地资源空间异质性，一方面是为了明确差别化土地管理政策的必要性和现实性，另一方面是期望为差别化土地管理政策制定提供参考。本书从资源属性角度定量研究土地资源空间异质性，忽略了异质性对经济发展、产业调整和区域协调的影响及测度，虽然能从宏观层面为建设用地差别化管理提供依据，但在微观层面，对产业用地差别化管理模式提供的参考有限。同时，由于研究尺度过大和数据获取难度大，土地用途差别化管制模式对管制分区的定量研究不够，区划异质性与研究区域结合不紧密，只停留在宏观层面的政策与模式研究。因此，土地资源空间异质性定量研究为差别化土地管理模式构建提供的技术支撑力度不够，衔接不足。

二　进一步展望

（1）创新土地资源空间异质性定量测度方法。土地资源空间异质性对土地利用与管理有着重要影响，准确测度土地资源空间异质性是实施差别化土地管理模式的重要依据。然而，当前开展土地资源空间异质性的研究还比较少见，已有研究也多通过单项指标或单一属性刻画土地资源空间异质性，忽视了土地资源自然和经济的双重属性。因此，非常有必要对土地资源空间异质性进行深入探讨，创新土地资源空间异质性定量测度方法，掌握区域土地资源数量、质量、结构、区位、利用方式与特征的异质性，为差别化土地管理政策设计提供有力支撑。

（2）土地要素与经济增长的关系。土地要素与经济增长水平、阶段、经济周期及波动的关系，是土地要素供给与土地政策调控的重要依据。城镇化、工业化发展阶段不同，经济增长对土地要素的依赖程度存在差异，土地要素被资金和劳动等要素替代的难度也不同。而经济繁荣、衰退、萧条、复苏的周期及波动差异，对土地要素的需求也呈现不同特征，土地政策供给是调控经济周期和波动的重要手段。因此，探讨土地要素贡献率、替代性与总体经济增长、经济发展阶段的关系，对土地政策参与宏观调控、合理安排土地要素供给、促进土地资源集约高效利用、保障经济稳定增长具有重要作用，值得深入研究。

（3）建设用地资源配置与差别化管理问题。建设用地合理配置是建设用地差别化管理的关键内容。很多学者围绕建设用地边际产出（罗永明、朱明仓，2007）、土地集约利用程度（王广洪等，2007）、土地利用空间效率差异（陈江龙等，2004）等方面提出了建设用地配置方案，但建设用地指标的区域分配是预先的安排，未来的不可预见性易使原先确定的建设用地指标分配方案在实践中脱离实际（陆张维等，2010）。因此，应从动态发展视角配置建设用地。在建设用地动态分配方面，已有部分学者开展了相关研究，但还远远不够，而且建设用地动态配置与差别化管理相结合的研究还比较少见，需要在今后深入研究。

（4）产业供地差别化管理与产业类别、产业所在区位、产业生命周期及成长阶段的异质性有关。产业在不同发展周期内，应采取不同的用地管理方式，如在衰退期应限制供地甚至禁止供地，在成长期应保障供地。不同产业类别与所在区位对土地依赖程度不同，应根据产业用地需求特征进行供地。产业生命周期和用地需求特征是制定产业供地差别化管理的重要依据，但目前考虑产业类别、区位、产业生命周期和产业用地需求的异质性来制定或设计产业供地差别化管理模式的研究还鲜有见到。研究不同产业类别、区位、产业生命周期和成长阶段对土地资源的需求特征，绘制各类产业的生命周期曲线和产业用地需求曲线，根据区域产业类型所处发展阶段和用地需求特征，确定产业用地管理模式，是下一步研究的内容。

（5）丰富和完善差别化土地管理模式与政策。差别化土地管理目前尚处于探索阶段，并没有成熟的体系和可套用的经验。虽然本书中构建了包括建设用地差别化管理、产业供地差别化管理和土地用途差别化管制在内的差别化土地管理模式，但是仍然难以满足当前社会经济发展和土地管理对差别化政策的需求。丰富和完善差别化土地管理模式与政策，构建集时间、空间、部门、地类、产业、制度等于一体的差别化土地管理模式，对提高土地资源利用效率具有重要作用，也是需要继续深入研究的方向与内容。

参考文献

[1] 阿兰·兰德尔:《资源经济学》,施以正译,北京商务印书馆 1989 年版。

[2] 约翰·罗尔斯:《正义论》,何怀宏、何包钢、廖申白译,中国社会科学出版社 2001 年版。

[3] 阿瑟·奥肯:《平等与效率》,王奔洲等译,华夏出版社 1999 年版。

[4] 白仲林:《面板数据模型的设定、统计检验和新进展》,《统计与信息论坛》2010 年第 10 期。

[5] 鲍克:《新加坡科技工业园区的制度安排》,国务院发展研究中心报告,2002 年。

[6] 毕宝德:《土地经济学》,中国人民大学出版社 2006 年版。

[7] 毕秀水:《现代经济增长的演化论分析——兼评新经济增长理论》,《当代经济研究》2004 年第 9 期。

[8] 蔡玉梅、赵紫阳、吴素琴、王冠珠:《五台县耕地数量变化驱动力分区和差别化耕地保护政策研究》,2010 年中国土地学会学术年会论文集。

[9] 蔡玉梅、郑伟元:《土地利用分区与差别化的土地利用政策》,《农村工作通讯》2009 年第 1 期。

[10] 蔡玉梅:《英格兰:差别化管理促节约》,《地球》2013 年第 6 期。

[11] 曹端海:《从新加坡土地管理经验谈土地可持续利用》,《中国国土资源经济》2012 年第 6 期。

[12] 车前进、曹有挥、于露、宋正娜、董雅文:《景观空间异质性及城市化关联——以江苏省沿江地区为例》,《生态学报》2011 年第 23 期。

[13] 陈江龙、曲福田、陈雯:《农地非农化效率的空间差异及其对土地利用政策调整的启示》,《管理世界》2004 年第 8 期。

［14］陈立定：《新加坡工业用地政策对我国工业用地年租制的启示》，《浙江树人大学学报》2007 年第 4 期。

［15］陈利根：《土地用途管制制度研究》，博士学位论文，南京农业大学，2000 年。

［16］陈俐伶、陈英、张仁陟：《秦巴山区城乡建设用地增减挂钩分区研究——以陕西省平利县为例》，《西南农业学报》2014 年第 3 期。

［17］陈美华：《中英土地制度的比较及借鉴》，《企业经济》2009 年第 7 期。

［18］陈美球、刘桃菊、周丙娟、吴萍：《试论土地伦理及其实践途径》，《中州学刊》2006 年第 5 期。

［19］陈晟：《中国土地差别化政策》，http：//www. bwchinese. com/article/1022228_ 2. html，2011 年 10 月 20 日。

［20］陈彦光、刘继生：《城市土地利用结构和形态的定量描述：从信息熵到分数维》，《地理研究》2001 年第 2 期。

［21］陈勇：《英国土地制度及其实践》，《山东国土资源》2007 年第 2 期。

［22］陈玉福、董鸣：《生态学系统的空间异质性》，《生态学报》2003 年第 2 期。

［23］陈志勇、陈莉莉：《财税体制变迁、"土地财政"与经济增长》，《财贸经济》2011 年第 12 期。

［24］成邦文、刘树梅、吴晓梅：《C-D 生产函数的一个重要性质》，《数量经济技术经济研究》2001 年第 7 期。

［25］崔荣芳：《创新经济学的理论意义与现实启示》，《求索》2011 年第 4 期。

［26］大卫·李嘉图：《政治经济学及赋税原理》，商务印书馆 1962 年版。

［27］党国英：《连片保耕地带活整盘棋》，《中国国土资源报》2013 年 12 月 4 日第 7 版。

［28］狄剑光、武康平：《建设用地的扩张对我国非农经济增长贡献研究》，《数理统计与管理》2013 年第 3 期。

［29］董祚继：《以差别化管理展拓建设用地空间》，《中国地产市场》2012 年第 4 期。

［30］杜黎明：《主体功能区土地政策研究》，《改革与战略》2009 年第

10 期。

[31] 杜雪君、黄忠华、吴次芳：《中国土地财政与经济增长——基于省际面板数据的分析》，《财贸经济》2009 年第 1 期。

[32] 樊纲、王小鲁、马光荣：《中国市场化进程对经济增长的贡献》，《经济研究》2011 年第 9 期。

[33] 范柏乃、张维维、贺建军：《我国经济社会协调发展的内涵及其测度研究》，《统计研究》2013 年第 7 期。

[34] 丰雷、魏丽、蒋妍：《论土地要素对中国经济增长的贡献》，《中国土地科学》2008 年第 12 期。

[35] 冯科、吴次芳、韩昊英、吴宇哲：《杭州市土地利用总体规划的建设用地控制成效研究——界线评价法的引进与实践》，《自然资源学报》2010 年第 3 期。

[36] 冯小杰：《城市增长边界（UGBs）理论与应用探析》，硕士学位论文，西北大学，2011 年。

[37] 干春晖、郑若谷、余典范：《中国产业结构变迁对经济增长和波动的影响》，《经济研究》2011 年第 5 期。

[38] 甘藏春：《土地宏观调控创新理论与实践》，中国财经经济出版社 2009 年版。

[39] 高鸿业：《西方经济学》，中国人民大学出版社 2007 年版。

[40] 高向军、董菊卉、彭爱华、程正平、吴次芳、谭荣：《促进产业转型升级的用地政策评析：基于沪浙闽地区的调研》，《中国土地科学》2012 年第 5 期。

[41] 高兴武：《公共政策评估：体系与过程》，《中国行政管理》2008 年第 2 期。

[42] 高永年、高俊峰、韩文权：《基于生态安全格局的湖州市城乡建设用地空间管制分区》，《长江流域资源与环境》2011 年第 12 期。

[43] 葛立成：《产业集聚与城市化的地域模式——以浙江省为例》，《中国工业经济》2004 年第 1 期。

[44] 耿献辉、张晓恒、宋玉兰：《农业灌溉用水效率及其影响因素实证分析——基于随机前沿生产函数和新疆棉农调研数据》，《自然资源学报》2014 年第 6 期。

[45] 龚建周、夏北成、刘彦随：《基于空间统计学方法的广州市生态安

全空间异质性研究》，《生态学报》2010 年第 20 期。

[46] 顾湘、曲福田、付光辉：《中国土地利用比较优势与区域产业结构调整》，《中国土地科学》2009 年第 7 期。

[47] 郭川：《论经济转型中的土地用途管制》，博士学位论文，南京农业大学，2001 年。

[48] 郭冬艳、毛良祥：《国内外差别化土地政策实践与启示》，《中国国土资源经济》2015 年第 2 期。

[49] 国家土地督察广州局：《珠海市实施差别化供地政策推动产业结构调整》，http：//www. gjtddc. gov. cn/gzdt/gjdfzfjxgbm/201011/t20101125_797646.htm，2010 年 11 月 25 日。

[50] 国家土地督察南京局、国土资源部咨询研究中心：《构筑守红线"动力系统"》，《中国国土资源报》2012 年 9 月 6 日第 3 版。

[51] 国土资源部：《关于推进土地利用计划差别化管理的意见》，http：//www. zjdlr. gov. cn/art/2013/4/10/art_569_2360. html，2013 年 4 月 10 日。

[52] 国务院办公厅：《国务院关于印发全国主体功能区规划的通知（国发〔2010〕46 号）》，http：//www. gov. cn/zwgk/2011-06/08/content_1879180. htm，2011 年 6 月 8 日。

[53] 韩晓东：《国土资源部：探索差别化土地供应管理政策》，《中国证券报》2010 年 6 月 22 日。

[54] 胡存智：《差别化土地政策助推主体功能区建设》，《行政管理改革》2011 年第 4 期。

[55] 胡和兵、刘红玉、郝敬锋、安静：《南京市九乡河流域土地利用程度空间异质性分析》，《地球信息科学学报》2012 年第 5 期。

[56] 湖北省人民政府：《关于实行最严格节约集约用地制度的通知》，http：//wwwhblrgovcn/wzlm/zwdt/tzgg/30535htm，2014 年 5 月 5 日。

[57] 黄少安、孙圣民、宫明波：《中国土地产权制度对农业经济增长的影响——对 1949—1978 年中国大陆农业生产效率的实证分析》，《中国社会科学》2005 年第 3 期。

[58] 黄贤金、张安录：《土地经济学》，中国农业大学出版社 2008 年版。

[59] 黄秀兰：《浅谈改革开放进程中的政策试验》，《理论与改革》2000 年第 4 期。

［60］黄益东：《我国区域经济增长的空间计量实证分析》，硕士学位论文，厦门大学，2009 年。

［61］黄彧：《武汉城市圈水资源承载力综合评价研究》，硕士学位论文，华中师范大学，2012 年。

［62］黄志基、贺灿飞、王伟凯：《土地利用变化与中国城市经济增长研究》，《城市发展研究》2013 年第 7 期。

［63］姜海、曲福田：《不同发展阶段建设用地扩张对经济增长的贡献与响应》，《中国人口·资源与环境》2009 年第 1 期。

［64］姜开宏、陈江龙、陈雯：《比较优势理论与区域土地资源配置——以江苏省为例》，《中国农村经济》2004 年第 12 期。

［65］蒋省三、刘守英、李青：《土地制度改革与国民经济成长》，《管理世界》2007 年第 9 期。

［66］孔伟、郭杰、欧名豪：《不同经济发展水平下的建设用地集约利用及区域差别化管控》，《中国人口·资源与环境》2014 年第 4 期。

［67］李灿、张凤荣、朱泰峰、曲衍波：《大城市边缘区景观破碎化空间异质性——以北京市顺义区为例》，《生态学报》2013 年第 17 期。

［68］李干杰：《"生态保护红线"——确保国家生态安全的生命线》，《求是》2014 年第 2 期。

［69］李茂：《美国土地审批制度》，《国土资源情报》2006 年第 6 期。

［70］李孟刚、蒋志敏：《产业经济学理论发展综述》，《中国流通经济》2009 年第 4 期。

［71］李名峰：《土地要素对中国经济增长贡献研究》，《中国地质大学学报》（社会科学版）2010 年第 1 期。

［72］李明月、胡竹枝：《土地要素对经济增长贡献的实证分析：以上海市为例》，《软科学》2005 年第 6 期。

［73］李鑫、欧名豪：《建设用地供给创新：总量控制+差别化调控》，《中国土地》2011 年第 8 期。

［74］李鑫、张瑞平、欧名豪、孙敏：《建设用地二三产业增长贡献及空间相关性研究》，《中国人口·资源与环境》2011 年第 9 期。

［75］李永乐、吴群：《中国经济增长与耕地资源数量变化阶段性特征研究——协整分析及 Granger 因果检验》，《长江流域资源与环境》2011 年第 1 期。

[76] 梁维平、黄志平、黄发:《广西钟山县林地功能分区及差别化管理探讨》,《林业调查规划》2013 年第 4 期。

[77] 林目轩:《美国土地管理制度及其启示》,《国土资源导刊》2011 年第 1 期。

[78] 刘建生、赵小敏:《求同存异:土地整治的差别化——探析浙江省湖州市吴兴区的做法》,《中国土地》2012 年第 2 期。

[79] 刘黎明:《土地资源学》,中国农业大学出版社 2004 年版。

[80] 刘琼、欧名豪、盛业旭、郭杰:《建设用地总量的区域差别化配置研究——以江苏省为例》,《中国人口·资源与环境》2013 年第 12 期。

[81] 刘书楷:《土地经济学》,中国矿业大学出版社 1993 年版。

[82] 刘志彪:《产业经济学的主要流派和研究方法》,《中国经济问题》2002 年第 1 期。

[83] 柳岸林:《新加坡土地利用举措及其发展对策》,《国土资源导刊》2005 年第 3 期。

[84] 龙莹:《空间异质性与区域房地产价格波动的差异——基于地理加权回归的实证研究》,《中央财经大学学报》2010 年第 11 期。

[85] 卢为民:《土地政策促进产业结构调整的路径分析》,《上海经济研究》2008 年第 3 期。

[86] 鲁春阳:《城市用地结构演变与产业结构演变的关联研究》,博士学位论文,西南大学,2011 年。

[87] 陆红生:《土地管理学总论》,中国大地出版社 2007 年版。

[88] 陆军、钟丹:《泰勒规则在中国的协整检验》,《经济研究》2003 年第 8 期。

[89] 陆张维、吴次芳、岳文泽:《土地利用总体规划建设用地指标区域动态分配问题研究》,《中国土地科学》2010 年第 8 期。

[90] 罗必良、何一鸣:《资源特性、行为能力与产权匹配——来自中国农地制度变迁的经验证据（1949—2009）》,《制度经济学研究》2014 年第 3 期。

[91] 罗明、王军:《中国土地整理的区域差异及对策》,《地理科学进展》2001 年第 2 期。

[92] 罗文斌、吴次芳:《中国农村土地整理绩效区域差异及其影响机理

分析》，《中国土地科学》2012 年第 6 期。

[93] 罗永明、朱明仓：《优化建设用地增量配置保障区域社会经济协调发展》，《四川师范大学学报》（社会科学版）2007 年第 1 期。

[94] 马劲松、刘晓峰、左天惠：《南京市土地利用强度指数异质性研究》，《测绘科学》2010 年第 4 期。

[95] 马晓妍：《中国西部土地利用差别化政策研究》，硕士学位论文，长安大学，2013 年。

[96] 毛振强、左玉强：《土地投入对中国二三产业发展贡献的定量研究》，《中国土地科学》2007 年第 3 期。

[97] 苗圩：《优化产业结构是加快转变经济发展方式的重点任务》，《经济日报》2012 年 11 月 21 日第 6 版。

[98] 闵捷、高魏、李晓云、张安录：《江汉平原耕地资源非农化空间差异分析》，《国土资源科技管理》2006 年第 6 期。

[99] 宁国民、陈国金、秦华刚、肖音：《武汉城市圈地质环境与可持续发展》，《中国地质大学学报》（社会科学版）2006 年第 2 期。

[100] 穆旖旎：《变异系数指标权重约束的 DEA 改进方法》，《统计与决策》2009 年第 22 期。

[101] 宁启文：《让土地流转和规模经营健康发展》，《农民日报》2014 年 10 月 18 日第 1 版。

[102] 欧名豪、刘芳、宗臻铃：《试论土地伦理利用的基本原则》，《中国土地科学》2000 年第 5 期。

[103] 欧胜彬、农丰收、陈利根：《建设用地差别化管理：理论解释与实证研究——以广西北部湾经济区为例》，《中国土地科学》2014 年第 1 期。

[104] 潘竟虎、石培基：《干旱内陆河流域土地利用空间结构的计量地理分析——以甘肃省酒泉市为例》，《农业现代化研究》2008 年第 2 期。

[105] 彭快先：《土地资源调控与产业结构优化——以浙江省为例》，《浙江经济》2009 年第 20 期。

[106] 彭薇、冯邦彦：《经济学关于空间异质性的研究综述》，《华东经济管理》2013 年第 3 期。

[107] 皮啸菲、周生路、吴绍华：《江苏省土地资源禀赋度空间变化研

究》，《土壤》2010 年第 4 期。

[108] 祁元、王一谋、王建华：《农牧交错带西段景观结构和空间异质性分析》，《生态学报》2002 年第 11 期。

[109] 曲福田、田光明：《城乡统筹与农村集体土地产权制度改革》，《管理世界》2011 年第 6 期。

[110] 曲福田：《资源经济学》，中国农业大学出版社 2001 年版。

[111] 任旭峰：《经济增长理论演进中的土地利用思想综述与辨析》，《经济学动态》2012 年第 4 期。

[112] 邵挺、崔凡、范英、许庆：《土地利用效率、省际差异与异地占补平衡》，《经济学》（季刊）2011 年第 3 期。

[113] 沈虹：《增量选优，土地供应"差别化"》，《海宁日报》2013 年 11 月 6 日第 3 版。

[114] 宋伟、陈百明、陈曦炜：《常熟市耕地占用与经济增长的脱钩（decoupling）评价》，《自然资源学报》2009 年第 9 期。

[115] 苏松锦：《格氏栲天然林土壤空间异质性及其生长适宜性评价》，硕士学位论文，福建农林大学，2012 年。

[116] 孙利：《从美国的土地利用和管制分析中国土地管理存在的问题及对策》，《国土资源》2006 年第 4 期。

[117] 孙雪梅：《土地差别化政策或年内出台》，《京华时报》2011 年 8 月 30 日第 3 版。

[118] 谭术魁、饶映雪、朱祥波：《土地投入对中国经济增长的影响》，《中国人口·资源与环境》2012 年第 9 期。

[119] 谭术魁、朱祥波、张路：《基于计量地理模型和信息熵的湖北省土地利用结构地域差异研究》，《地域研究与开发》2014 年第 1 期。

[120] 谭文兵：《英国的土地市场管理及其对我国的借鉴意义》，《广东土地科学》2008 年第 1 期。

[121] 田春华：《"差别化"成真——土地利用计划改革解读》，《中国土地》2009 年第 3 期。

[122] 田楠、雷国平、张慧、卢贺：《土地利用分区与经济区划分的区别与联系》，《商业经济》2011 年第 1 期。

[123] 童彤：《实现土地差别化管理需配套制度》，《中国经济时报》2012 年 9 月 12 日第 2 版。

［124］万丽:《基于变异函数的空间异质性定量分析》,《统计与决策》2006 年第 2 期。

［125］汪勋杰、郭贯成:《产业用地低效退出的理论分析与机制设计》,《财贸研究》2013 年第 5 期。

［126］王博:《实行差别化的地价管理政策》,《中国国土资源报》2009 年 5 月 20 日第 1 版。

［127］王广洪、黄贤金、姚丽:《国家级园区用地相对集约度及其时空分异研究》,《中国土地科学》2007 年第 4 期。

［128］王国杰、廖善刚:《土地利用强度变化的空间异质性研究》,《应用生态学报》2006 年第 4 期。

［129］王良健、韩向华、李辉、罗宁波:《土地供应绩效评估及影响因素的实证研究》,《中国人口·资源与环境》2014 年第 10 期。

［130］王梅、曲福田:《昆山开发区企业土地集约利用评价指标构建与应用研究》,《中国土地科学》2004 年第 6 期。

［131］王美今、余壮雄:《协整检验的 DGP 识别》,《统计研究》2007 年第 7 期。

［132］王万茂、韩桐魁:《土地利用规划学》,中国农业出版社 2002 年版。

［133］王文博、陈昌兵、徐海燕:《包含制度因素的中国经济增长模型及实证分析》,《统计研究》2002 年第 5 期。

［134］王文刚、庞笑笑、宋玉祥:《土地用途管制的外部性、内部性问题及制度改进探讨》,《软科学》2012 年第 11 期。

［135］威廉·配第:《赋税论》,商务印书馆 1978 年版。

［136］魏建、张广辉:《山东省耕地资源与经济增长之间的关系研究》,《中国人口·资源与环境》2011 年第 8 期。

［137］文兰娇、张安录:《武汉城市圈土地资源诅咒空间差异性、空间传导机制及差别化管理》,《中国土地科学》2013 年第 9 期。

［138］吴斌、郭杰、殷爽、欧名豪:《江苏省建设用地利用效益区域差异及分区管制》,《中国土地科学》2013 年第 12 期。

［139］吴次芳、叶艳妹:《土地利用中的伦理学问题探讨》,《浙江大学学报》(人文社会科学版) 2001 年第 2 期。

［140］吴海燕:《效率与公平:理论探析及政策选择》,硕士学位论文,

厦门大学，2007 年。

[141] 吴邛：《论公平与效率的统一》，《求实》2005 年第 1 期。

[142] 吴玉鸣：《中国区域研发、知识溢出与创新的空间计量经济研究》，人民出版社 2007 年版。

[143] 吴郁玲、冯忠垒、曲福田：《比较优势理论与开发区土地资源配置效率的地区差异分析》，《工业技术经济》2006 年第 3 期。

[144] 吴泽斌、刘卫东、罗文斌、汪友结：《我国耕地保护的绩效评价及其省际差异分析》，《自然资源学报》2009 年第 10 期。

[145] 夏方舟、严金明、徐一丹：《基于随机边界分析的土地要素对中国经济技术效率影响研究》，《中国土地科学》2014 年第 7 期。

[146] 夏燕榕：《基于建设用地扩张经济效率的土地利用计划差别化管理研究》，硕士学位论文，南京农业大学，2009 年。

[147] 熊俊：《从要素投入和全要素生产率看经济增长理论》，《江西社会科学》2002 年第 9 期。

[148] 熊凯：《主体功能区差别化的土地政策建议》，http：//www. mlr. gov. cn/zljc/201010/t20101025_ 787309. htm，2010 年 10 月 25 日。

[149] 熊政春：《中国耕地质量等级调查与评定》（湖北卷），中国大地出版社 2010 年版。

[150] 徐璐璐：《行政管理视角下城市土地的规划和控制系统——新加坡城市规划案例研究》，《网络财富》2010 年第 10 期。

[151] 许根林、施祖麟：《主体功能区差别化土地政策建设的思考与建议》，《改革与战略》2008 年第 12 期。

[152] 许和连、邓玉萍：《经济增长、FDI 与环境污染——基于空间异质性模型研究》，《财经科学》2012 年第 9 期。

[153] 许恒周、吴冠岑、郭玉燕：《耕地非农化与中国经济增长质量的库兹涅茨曲线假说及验证——基于空间计量经济模型的实证分析》，《中国土地科学》2014 年第 1 期。

[154] 薛付忠：《人类群体遗传空间结构异质性理论与定量分析方法研究》，博士学位论文，山东大学，2005 年。

[155] 亚当·斯密：《国民财富的性质和原因的研究》，商务印书馆 1983 年版。

[156] 严成樑、王弟海：《统一增长理论研究述评》，《经济学动态》2012

年第 1 期。

[157] 杨刚强、张建清：《构建差别化土地政策体系助推区域协调发展》，《光明日报》2012 年 12 月 1 日第 7 版。

[158] 杨刚强、张建清、江洪：《差别化土地政策促进区域协调发展的机制与对策研究》，《中国软科学》2012 年第 10 期。

[159] 杨遴杰：《什么是真正的差别化土地管理》，《东方早报》2012 年 9 月 10 日第 A23 版。

[160] 杨遴杰：《利益补偿机制完善差别化政策》，《中国国土资源报》2008 年 9 月 23 日第 3 版。

[161] 杨万利：《土地政策与经济增长研究》，博士学位论文，清华大学，2007 年。

[162] 杨依山：《经济增长理论的成长》，博士学位论文，山东大学，2008 年。

[163] 杨志荣、靳相木：《基于面板数据的土地投入对经济增长的影响——以浙江省为例》，《长江流域资源与环境》2009 年第 5 期。

[164] 杨重光：《运用土地政策优化产业结构》，《中国国土资源报》2010 年 3 月 12 日第 8 版。

[165] 姚丽：《产业用地调控应刚柔相济》，《中国国土资源报》2011 年 8 月 1 日第 7 版。

[166] 叶剑平、马长发、张庆红：《土地要素对中国经济增长贡献分析——基于空间面板模型》，《财贸经济》2011 年第 4 期。

[167] 易丹辉：《数据分析与 EViews 应用》，中国人民大学出版社 2008 年版。

[168] 易广波：《基于不平衡发展理论的河南省入境旅游区域差异性研究》，硕士学位论文，四川师范大学，2011 年。

[169] 尹锋、李慧中：《建设用地、资本产出比率与经济增长——基于 1999—2005 年的中国省际面板数据的分析》，《世界经济文汇》2008 年第 2 期。

[170] 游春亮：《差别化供地差别化地价促进产业转型》，《法制日报》2013 年 1 月 19 日。

[171] 余良晖：《重要矿产资源保护与合理利用综合评价及差别化管理研究》，博士学位论文，中国地质大学（北京），2014 年。

[172] 喻燕、卢新海：《建设用地对二三产业增长贡献定量研究：武汉实证》，《地域研究与开发》2010 年第 3 期。

[173] 郧文聚：《美国土地利用与管理》，中国农业出版社 2014 年版。

[174] 翟腾腾、郭杰、欧名豪：《基于相对资源承载力的江苏省建设用地管制分区研究》，《中国人口·资源与环境》2014 年第 2 期。

[175] 张红霞、谭术魁：《城市土地供给总量调控的绩效评价——基于 14 个城市的数据》，《中国房地产》2012 年第 22 期。

[176] 张健、濮励杰、彭补拙：《基于景观生态学的区域土地利用结构变化特征》，《长江流域资源与环境》2007 年第 5 期。

[177] 张杰：《土地政策促进产业结构调整的经济学分析》，《山东经济》2011 年第 2 期。

[178] 张金萍、汤庆新、张保华：《县域土地利用强度变化的空间异质性研究——以山东省冠县为例》，《资源开发与市场》2008 年第 10 期。

[179] 张军、吴桂英、张吉鹏：《中国省际物质资本存量估算：1952—2000》，《经济研究》2004 年第 10 期。

[180] 张俊峰、董捷：《基于"两型社会"的武汉城市圈土地集约利用评价》，《中国人口·资源与环境》2012 年第 1 期。

[181] 张俊峰、张安录、董捷：《武汉城市圈土地利用碳排放效应分析及因素分解研究》，《长江流域资源与环境》2014 年第 5 期。

[182] 张俊峰、张安录、董捷：《武汉城市圈土地利用效率评价及时空差异分析》，《华东经济管理》2014 年第 5 期。

[183] 张俊峰、张安录：《城镇化进程中的农地产权制度改革——以湖北省为例》，《中国土地》2013 年第 7 期。

[184] 张俊峰、张安录：《武汉城市圈土地资源空间异质性及效应分析》，《农业现代化研究》2014 年第 4 期。

[185] 张乐勤、陈素平、陈保平：《安徽省近 15 年土地要素对经济贡献及 Logistic 曲线拐点探析》，《地理科学》2014 年第 1 期。

[186] 张莉：《深圳前海探索差别化土地供应新模式》，《中国证券报》2013 年 5 月 25 日第 A02 版。

[187] 张文彪：《美国的土地管理及其借鉴》，《广东行政学院学报》2002 年第 4 期。

[188] 张永兴：《新加坡：严格管理土地使用》，《中国国土资源报》2005年10月20日第3版。

[189] 赵可、张安录、马爱慧、苏向学：《中国1981—2007年经济增长与城市建设用地关系分析》，《资源科学》2010年第12期。

[190] 赵可：《农地城市流转与经济增长质量研究》，博士学位论文，华中农业大学，2011年。

[191] 赵翔：《银行分支机构效率测度及影响因素分析——基于超效率DEA与Tobit模型的实证研究》，《经济科学》2010年第1期。

[192] 赵玉涛、余新晓、关文彬：《景观异质性研究评述》，《应用生态学报》2002年第4期。

[193] 赵振华：《怎样看待效率与公平的关系》，http://theory.people.com.cn/GB/40540/3258988.html，2005年3月21日。

[194] 中共中央办公厅、国务院办公厅：《关于引导农村土地经营权有序流转发展农业适度规模经营的意见》，http://news.xinhuanet.com/politics/2014-11/20/c_1113339197.htm，2014年11月20日。

[195] 中华人民共和国国务院：《关于印发全国土地利用总体规划纲要（2006—2020年）的通知》，http://www.jianshe99.com/html/2008/11/wa81222131351721180021 6585.html，2008年10月6日。

[196] 钟海燕、赵小敏、黄宏胜：《土地利用分区与主体功能区协调的实证研究——以环鄱阳湖区为例》，《经济地理》2011年第9期。

[197] 钟太洋、黄贤金、王柏源：《经济增长与建设用地扩张的脱钩分析》，《自然资源学报》2010年第1期。

[198] 钟祥财：《萨伊经济思想再议》，《贵州社会科学》2010年第4期。

[199] 钟志威、雷钦礼：《Johansen和Juselius协整检验应注意的几个问题》，《统计与信息论坛》2008年第10期。

[200] 周旋、邢代洪：《三亚实行差别化供地，确保优势产业优质用地》，http://news.hn.fang.com/2011-05-11/5010967.htm，2011年5月11日。

[201] 周训芳、吴晓芙：《我国自然保护区土地权属法律制度及其存在的主要问题》，《林业经济问题》2006年第4期。

[202] 庄大方、刘纪远：《中国土地利用程度的区域分异模型研究》，《自然资源学报》1997年第2期。

［203］ 踪家峰:《主体功能区建设任重道远》,《人民论坛》2011 年第 17 期。

［204］ 邹秀清:《中国土地财政与经济增长的关系研究——土地财政库兹涅茨曲线假说的提出与面板数据检验》,《中国土地科学》2013 年第 5 期。

［205］ Andre B. L. , Jack A. , "Applying Landscape Ecological Concepts and Metrics in Sustainable Landscape Planning", *Landscape and Urban Planning*, Vol. 59, 2002, pp. 65-93.

［206］ Anselin L. , *Spatial Econometrics*, *Methods and Models*, Boston: Kluwer Academic Publishers, 1988.

［207］ Anselin L. , "Thirty Years of Spatial Econometrics", *Papersin Regional Science*, Vol. 3, 2010, pp. 3-25.

［208］ Beatley T. , "*Ethical Land Use*", Johns Hopkins University Press Baltimore and London, 1994, pp. 119-137.

［209］ Bitter C. , Gordon M. , Sandy D. , "Incorporating Spatial Variation in Housing Attribute Prices: A Comparison of Geographically Weighted Regression and the Spatial Expansion Method", MPRA, 2006.

［210］ Boucekkine R. , et al. , "Early Mortality Declines at the Dawn of Modern Growth", *Journal of Economics*, Vol. 105, 2003, pp. 401-418.

［211］ Brunsdon C. A. S. , Fortheringham M. Charlton, "Some Notes on Parametric Significance Tests for Geographically Weighted Regression", *Journal Regional Science*, Vol. 39, No. 3, 1999, pp. 497-524.

［212］ Daniel R. M. , "*Land Use Law*, *Fifth Edition*", Copyright 2003 Matthew Bender & Company, Inc, apart of Lexis Nexis.

［213］ Denison E. F. , "The Sources of Economic Growth in the United States and the Alternatives Before us", New York: Committee for Economic Development, 1962.

［214］ Pardedes D. J. C. , "A Methodology to Compute Regional Housing Price Index Using Matching Estimator Methods", *The Annals of Regional Science*, Vol. 46, No. 1, 2011, pp. 139-157.

［215］ Galor O. , et al. , "Inequality in Land Ownership, the Emergence of Human Capital Promoting Institutions, and the Great Divergence", *Re-*

view of Economic Studies, Vol. 76, 2009, pp. 143-179.

[216] Galor O., Moav O., "From Physical to Human Capital Accumulation: Inequality and the Process of Development", *Review of Economic Studies*, Vol. 71, 2004, pp. 1001-1026.

[217] Galor O., "Toward a Unified Theory of Economic Growth", *World Economics*, Vol. 9, 2008, pp. 97-151.

[218] Granger C. W. J., "Testing for Causality: A Personal Viewpoint", *Journal of Economic Dynamics and Control*, Vol. 2, 1980, pp. 329-352.

[219] Hansen G., Prescott E., "From Malthus to Solow", *American Economic Review*, Vol. 92, 2002, pp. 1205-1217.

[220] Harris R., Dong G. P., Zhang W. Z., "Using Contextualized Geographically Weighted Regression to Model the Spatial Heterogeneity of Land Prices in Beijing, China", *Transactions in Gis*, Vol. 17, No. 6, 2013, pp. 901-919.

[221] Jongman R. H. G., Braak C. J. F., Tongeren O. F. R., *"Data Analysis in Community and Landscape Ecology"*, Wageningen: Pudoc, 1987.

[222] Kruska R. L., Reid R. S., Thornton P. K., et al., "Mapping Livestock-Oriented Agricultural Production Systems for the Developing World", *Agricultural Systems*, Vol. 77, No. 1, 2003, pp. 39-63.

[223] Lesage J. P., "Family of Geograpically Weighted Regression Models in Advance in Spatial Econometrics", *Toledo*, 2001.

[224] Li H., Reynolds J. F., "On Definition and Quantification of Heterogeneity", *Oikos*, Vol. 73, No. 2, 1995, pp. 280-284.

[225] Lin G. C. S., Ho S. P. S., "The State, Land System, and Land Development Processes in Contemporary China", *Annals of the Association of American Geographers*, Vol. 95, 2005, pp. 411-436.

[226] Lucas, R., "On the Mechanism of Economic Development", *Journal of Monetary Economics*, Vol. 22, 1988, pp. 1-42.

[227] Marina van Geenhuizen, *"Agglomeration Economies and Heterogeneity between Innovative Young Firms"*, 45th Congress of the European Regional Science Association, 2005.

[228] McIntosh R. P., "Concept and Terminology of Homogeneity and Hetero-

geneity in Ecology", In: Kolasa J. and Pickett S. T. A. eds, Ecological Heterogeneity. New York: Springer-Verlag, 1991, pp. 24-46.

[229] Mottet A., Ladet S., Coque N., et al., "Agricultural Land-use Change and its Drivers in Mountain Landscapes: A Case Study in the Pyrenees", *Agriculture, Ecosystems & Enuironment*, Vol. 114, No. 2 - 4, 2006, pp. 296-310.

[230] Ngai L. R., "Barriers and the Transition to Modern Growth", *Journal of Monetary Economics*, Vol. 51, No. 7, 2004, pp. 1353-1384.

[231] Paul M. Romer., "Increasing Returns and Long-Run Growth", *The Journal of Political Economy*, Vol. 94, No. 5, 1986, pp. 1002-1037.

[232] Pendal R., Martin J., Fulton W., "Holding the Line: Urban Containment in the United States", Washington, D. C.: The Brookings Institution Center on Urban and Metropolitan Policy, 2002.

[233] Peneder M., "Structural Change and Aggregate Growth", *Structural Change and Economic Dynamics*, Vol. 14, 2002, pp. 427-448.

[234] Perkins D. H., "Reforming China's Economic System", *Journal of Economic Literature*, Vol. 26, No. 2, 1988, pp. 601- 645.

[235] Prescott E. C., "Needed: A Theory of Total Factor Productivity", *International Economic Review*, Vol. 39, No. 3, 1998, pp. 525-552.

[236] Robert M. Solow., "Technical Change and the Aggregate Production Function", *The Review of Economies and Statistics*, Vol. 39, No. 3, 1957, pp. 312-320.

[237] Romer David., "Advanced Macroeconomics", *The McGraw - Hill Companies*, Inc. 1996.

[238] Solow R., "A Contribution to the Theory of Economic Growth", *Quarterly Journal of Economics*, Vol. 70, No. 1, 1956, pp. 65-94.

[239] Swan T. W., "Economic Growth and Capital Accumulation", *Economic Record*, Vol. 32, No. 2, 1956, pp. 334-361.

[240] Wang Yan, Yao Yudong., "Sources of China's Economic Growth, 1952-1999: Incorporating Human Capital Accumulation", *World Bank Working Paper*, 2001.

[241] Wu J., Loucks O. L., "From Balance-of-nature to Hierarchical Patch

Dynamics: A Paradigm Shift in Ecology", *Quarterly Review of Biology*, Vol. 70, 1995, pp. 439-466.

[242] Wu Yanrui., "Has Productivity Contributed to China' Growth", *Pacific Economic Review*, Vol. 8, No. 1, 2003, pp. 15-30.